U0534377

贵州省人力资源与社会保障厅招标项目"贵州省就业特点和发展趋势研究"（项目编号：2018HX031）

贵州财经大学2020年度在校学生科研资助项目"乡村振兴背景下农村基层协调治理机制研究"（项目编号：2020ZXSY34）

贵州省就业特点与趋势研究

A Study on Research on Characteristic and Trendency of Employment in Guizhou Province

王见敏 钟鑫 著

中国社会科学出版社

图书在版编目（CIP）数据

贵州省就业特点与趋势研究/王见敏等著. —北京：中国社会科学出版社，2020.12
ISBN 978-7-5203-7683-9

Ⅰ.①贵… Ⅱ.①王… Ⅲ.①就业问题—研究—贵州 Ⅳ.①D677.3

中国版本图书馆 CIP 数据核字（2020）第 264224 号

出 版 人	赵剑英
责任编辑	刘晓红
责任校对	周晓东
责任印制	戴　宽
出　　版	中国社会科学出版社
社　　址	北京鼓楼西大街甲 158 号
邮　　编	100720
网　　址	http：//www.csspw.cn
发 行 部	010-84083685
门 市 部	010-84029450
经　　销	新华书店及其他书店
印刷装订	北京市十月印刷有限公司
版　　次	2020 年 12 月第 1 版
印　　次	2020 年 12 月第 1 次印刷
开　　本	710×1000　1/16
印　　张	16.5
插　　页	2
字　　数	247 千字
定　　价	96.00 元

凡购买中国社会科学出版社图书，如有质量问题请与本社营销中心联系调换
电话：010-84083683
版权所有　侵权必究

目 录

第一章 绪论 ··· 1
    第一节 研究背景与目的 ······································· 1
    第二节 研究对象与过程 ······································· 2
    第三节 研究框架与内容 ······································· 3
    第四节 主要研究发现 ··· 4

第二章 全球就业形势分析 ·· 6
    第一节 国际经济形势分析 ····································· 6
    第二节 国内经济与就业形势分析 ······························· 7
    第三节 就业基本情况 ·· 11

第三章 贵州省总体就业特点与发展趋势 ······························ 13
    第一节 贵州省总体就业状况 ·································· 14
    第二节 就业分布变化特点 ···································· 17
    第三节 贵州省总体就业问题 ·································· 26
    第四节 贵州省总体就业趋势 ·································· 28
    第五节 对策建议 ·· 31

第四章 贵州省各行业就业特点与发展趋势 ···························· 35
    第一节 贵州省就业的行业类型分布状况 ························ 35
    第二节 贵州省各行业就业发展状况 ···························· 47
    第三节 贵州省各行业就业问题研判 ···························· 62
    第四节 贵州省就业发展趋势研判 ······························ 65
    第五节 经验借鉴 ·· 68

第六节 对策建议 …………………………………………… 70

第五章 贵州省各市（州）就业特点与发展趋势 …………… 74
第一节 各市（州）就业规模发展状况 …………………… 74
第二节 各市（州）就业特点 ……………………………… 77
第三节 各市（州）就业问题研判 ………………………… 82
第四节 各市（州）就业发展趋势预测 …………………… 83
第五节 经验借鉴 …………………………………………… 84
第六节 对策建议 …………………………………………… 87

第六章 贵州省女性群体就业特点与发展趋势 ……………… 90
第一节 全国女性就业规模状况 …………………………… 90
第二节 贵州省女性就业规模发展状况 …………………… 91
第三节 贵州省女性群体就业的行业分布状况 …………… 95
第四节 贵州省女性群体的就业问题研判 ………………… 104
第五节 女性就业的发展趋势研判 ………………………… 107
第六节 经验借鉴 …………………………………………… 109
第七节 对策建议 …………………………………………… 112

第七章 贵州省大中专毕业生群体就业特点与发展趋势 …… 115
第一节 全国大学生群体就业状况 ………………………… 115
第二节 贵州省大中专毕业生就业规模发展状况 ………… 117
第三节 贵州省大中专毕业生规模分布特点 ……………… 121
第四节 贵州省大学毕业生就业问题研判 ………………… 129
第五节 贵州省大学生就业发展趋势研判 ………………… 131
第六节 经验借鉴 …………………………………………… 133
第七节 对策建议 …………………………………………… 136

第八章 贵州省农民工群体就业特点与发展趋势 …………… 139
第一节 全国农民工发展状况 ……………………………… 139
第二节 贵州省农民工就业规模发展状况 ………………… 142
第三节 贵州省农民工就业分布状况 ……………………… 151

第四节 贵州省农民就业问题研判 …………………………… 155
第五节 贵州省农民工就业发展趋势研判 ……………………… 157
第六节 经验借鉴 …………………………………………… 160
第七节 对策建议 …………………………………………… 163

第九章 贵州省失业群体再就业特点与发展趋势 …………… 166
第一节 贵州省农民工就业规模发展状况 ……………………… 167
第二节 贵州省失业群体分布与再就业状况 …………………… 172
第三节 贵州省失业群体再就业问题研判 ……………………… 176
第四节 贵州省失业群体发展趋势研判 ………………………… 177
第五节 经验借鉴 …………………………………………… 178
第六节 对策建议 …………………………………………… 180

第十章 贵州省助力脱贫攻坚的就业特点与发展趋势 ………… 182
第一节 全国脱贫攻坚就业状况 ………………………………… 183
第二节 贵州省助力脱贫攻坚就业发展状况 …………………… 184
第三节 贵州省助力脱贫攻坚就业分布特点 …………………… 185
第四节 贵州省助力脱贫攻坚的就业问题研判 ………………… 192
第五节 贵州省助力脱贫攻坚的就业发展趋势研究 …………… 194
第六节 经验借鉴 …………………………………………… 197
第七节 对策建议 …………………………………………… 201

附 录 …………………………………………………………… 204

参考文献 ………………………………………………………… 250

后 记 …………………………………………………………… 256

第一章

绪 论

以习近平新时代中国特色社会主义思想为指导，全面贯彻党的十九大和十九届二中、三中全会精神，坚持以人民为中心的发展思想，牢固树立新发展理念，坚持改革创新，以覆盖全民、贯穿全程、辐射全域、便捷高效的全方位公共就业创业服务促进就业增长，以就业增长支撑经济发展和民生改善。为全面把握贵州省当前就业特点，预判未来的发展趋势，坚持实施就业优先战略和更加积极的就业政策，进一步拓展就业空间，扩大就业容量，搭建更优的创业平台，创造更多就业机会，贵州省发展和改革委员会、贵州省人力资源和社会保障厅特委托贵州财经大学贵州人才发展研究所编制了《贵州省就业特点和发展趋势研究报告》，该研究报告是本书的基础内容。

第一节 研究背景与目的

党的十九大胜利召开以来，国务院联合各部委陆续出台了《国务院关于做好当前和今后一个时期促进就业工作的若干意见》（国发〔2018〕39号）、《人力资源社会保障部、国家发展改革委、财政部关于推进全方位公共就业服务的指导意见》、《人力资源社会保障部、国务院扶贫办关于做好2018年就业扶贫工作的通知》（人社部函〔2018〕22号）、《人力资源市场暂行条例》（国令第700号）、《国务院关于推行终身职业技能培训制度的意见》（国发〔2018〕11号）、《国务院关于建立企业职工基本养老保险基金中央统一调剂制度的通知》（国发〔2018〕18号）等一系列稳定就业的政策文件。贵州省委、省政府始终坚持以人为本，保障人民群众基本就业权益，立足基本国情，着力解决人民群众最关心、最直接、最现实的利益问题，持续加大一系列就业创业政策的实施力度，旨在提高保障和改善就业创业环境，进一步促进劳动者就业创业，全面提升公共就业服务质量、效率和群众满意度。

本书作为客观分析与宏观把握贵州省就业创业环境发展状态的重要媒介，可以直观反映出当前贵州省劳动力就业创业环境的发展状态，旨在为各级政府部门对就业创业相关政策的制定和调整提供依据和支撑，进而实现就业创业环境与劳动力就业需求的协调发展，提升贵州省劳动力就业与创业的整体水平。

第二节　研究对象与过程

随着《贵州省"十三五"脱贫攻坚专项规划》《贵州省深度贫困地区脱贫攻坚行动方案》《贵州省人民政府关于做好当前与未来一段时期就业创业工作实施意见》等政策的出台，贵州省委、省政府加大就业创业系列政策实施力度，并把优化就业环境纳入经济社会发展整体布局，以就业创业助推脱贫攻坚，以就业创业支撑经济社会发展，为保持就业局势稳定、加快经济转型升级提供有力保障。

就业工作关系到社会稳定、产业发展、家庭收入等各个方面，其变动情况直接反映市场环境变化和人力资源配置水平。为深入掌握贵州省就业岗位供求状况，使贵州省就业工作的靶向性更为精准，加快集聚急需紧缺脱贫攻坚人力资源，推进相关政策的制定和调整，贵州省发展和改革委员会、贵州省人力资源和社会保障厅与贵州财经大学贵州人才发展研究所合作，于2018年9—12月对贵州省相关职能部门、10个地区18个县（区）以及部分易地扶贫搬迁点开展座谈与问卷调研工作，并依据经济发展状况采取分层抽样的方法对其中部分产业与用人单位开展深度访谈，以确保获取信息的全面性和准确性。经过对调查所获取的有效信息进行处理和分析，形成初稿，并通过专家论证，最终形成调研报告，进而形成本书的主体内容。

第三节 研究框架与内容

本书是在整体把握当前贵州全省就业形势的基础上，着眼于对贵州省就业环境的整体分析和把握，以及对不同性别、不同行业、不同地区、不同群体，尤其是女性群体、农民工群体、大中专毕业生群体、失业者群体、贫困群体进行了重点分析，特别是对贫困群体就业状况进行了细致分析，为贵州省就业工作精准助力脱贫攻坚提供了行动指南。

本书分为十个章节，第一章为绪言，本章主要介绍了本书的写作背景及目的，以及以本书的研究内容为框架，使读者对本书有一个整体上的了解。

第二章为全球就业形势分析，主要从国际国内两个视角围绕就业进行分析，尝试总体上对现行就业形势进行阐述，以便于对后文的趋势研判以及政策建议起到指导作用。

第三章为贵州省总体就业特点与发展趋势，结合贵州省2013—2017年的就业状况的变化趋势与全国各省的平均水平以及西部省域的平均水平进行比较分析，系统把握贵州省就业的行业特点、性别特点、区域特点、重点群体特点。通过问题研判，把握贵州省当前就业存在的问题；通过趋势研判，对未来三年的总体发展趋势进行系统剖析；最后针对当前存在的问题与潜在的问题，提出了有针对性的对策建议。

第四章为贵州省各行业就业特点与发展趋势，基于贵州省统计口径中的十九个行业，对其中十八个行业的就业总量状况变化特点、薪酬水平对就业的影响、行业固定资产投资对就业规模的影响等进行解析。

第五章为贵州省各市（州）就业特点与发展趋势，对贵州省九个地市州（不含贵安新区）的总体就业水平、薪酬水平、农民工发展状况等进行了详细说明。

第六章为贵州省女性群体就业特点与发展趋势，对男性与女性劳动参与率、不同行业对性别的排斥情况进行总体阐述。

第七章为贵州省大中专毕业生群体就业特点与发展趋势，主要针对近几年贵州省不同层次、不同专业就业状况进行了分析研判。

第八章为贵州省农民工群体就业特点与发展趋势，主要是针对2013—2017年贵州省不同地区、不同性别、省内与省外流动、回流状况等进行总结分析。

第九章为贵州省失业群体再就业特点与发展趋势，主要针对失业者群体差异与就业帮扶状况进行了分析判断。

第十章为贵州省助力脱贫攻坚的就业特点与发展趋势，主要针对不同地区的贫困人口在近几年来的就业变化、易地扶贫搬迁状况、未来就业压力进行分析研判。

第四章至第十章共七个章节，分别从就业群体的行业、性别、区域分布，以及农民工、大学生、失业、脱贫攻坚等重点就业群体为研究对象，通过与全国及西部地区就业特点及发展水平的比较，全面梳理贵州省就业现状与变化趋势，以及存在的问题，在此基础上，有针对性地提出对策建议。

第四节　主要研究发现

通过分层调研、系统分析与科学研究，本书主要有以下发现：

一　贵州省从业人员的就业特点

贵州省就业规模持续扩大，就业规模持续增长，"人口红利"逐步释放，劳动参与率远高于全国平均水平。2013—2017年，贵州省人才资源储备快速增加，从业人员整体素质稳步提升，贵州全省人才资源总量占常住人口比由2012年的8.16%提升到2017年的11.26%；城镇就业人员规模增长速度是全国平均水平的2.68倍，35岁以下从业人员规模扩大，从业人员年龄整体趋于年轻化；就业人员学历水平整体提升，但仍低于全国平均水平；城镇私营单位就业吸纳能力强于非私营单位，农村私营单位与个体经济活力强于城镇；女性从业者占比为44.63%，高于全国平均水平；西部省份女性比男性面临更大的失业风险，贵州省则与之相反。

二 产业带动就业情况

贵州省第一产业就业规模缩减速度低于全国平均水平，农村转移就业压力仍将存在；第二产业就业规模与全国相比呈逆增长趋势，工业化水平滞后于全国平均水平；第三产业就业规模增长速度高于全国平均增长水平，大概高约40%。

三 流动就业情况

截至2018年，贵州省农民工数量约为1120万人，农民工群体以初中文化程度为主，整体文化程度有所提高；贵州全省农村劳动力超半数外出就业，但外出就业规模增速放缓，农村劳动力回流就业压力增大；外来就业人数达110万人，省外流入就业人员初具规模。

四 其他情况

通过分析发现，高等教育对就业人员素质贡献率低，高层次人才供给能力不足；社会保险参保人员总规模逐年上升，社保意识逐渐增强；铜仁市地区平均工资增长相对较快，安顺市工资增长相对较慢；遵义市、毕节市、贵阳市个体从业者规模较大；贵州省贫困劳动力近一半分布在"零就业"家庭，脱贫攻坚面临的困难依然严峻。

第二章

全球就业形势分析

第一节 国际经济形势分析

在全球经济增长趋势放缓的形势下,美国、欧盟的经济增长仍承担较大的压力,受益于美联储加息政策影响,新兴市场国家经济开始呈现复苏态势,未来将成为驱动全球经济增长的重要动力来源。受益于外部经济环境的变化,我国经济社会发展也迎来新的战略机遇期,一是全球化和全球治理变革的相辅相成;二是新一代技术革命推动产业形态重组和地区分工的重新布局,全球经济重心继续分化,向东半球以及发展中经济体转移;三是国际金融体系出现分化和呈现多元化发展趋势。

对于美国发动的贸易战,尽管第一阶段已经达成协议,但是对中国来说,未来经济发展的不确定因素较多,在相当长的一段时间内将对中国经济社会的发展形成较大的冲击与挑战。在外部国际环境方面,除了美国贸易战的打压和遏制,还有欧盟带来的压力。根据世界银行正式发布的《全国营商环境报告(2020)》显示,我国营商环境由2018年的第46名上升到2019年的第31名,已连续两年被世界银行评选为全球营商环境改善幅度最大的10个经济体之一,这表明了我国营商环境得到了极大的改善。但是,我国的营商环境在国际上的影响地位还未真正凸显。这更需要我国政府继续深入推进经济改革，完善产权制度，实现由以前的商品配置的市场化转变为要素配置的市场化，实现由回避产权制度转变为明晰界定产权界限。国内经济社会发展面对外部环境的挑战与压力，不是选择简单被动地回应，而是需要根据中国改革开放的内在逻辑、自身产业转型升级，坚持以供给侧结构性改革为主线，推动制度创新发展，以"一带一路"建设为牵引，提高对外开放水平，提升国内要素在全球资源配置中的能力。

第二节　国内经济与就业形势分析

一　国内经济形势分析

2019年11月习近平总书记会见国际货币基金组织总裁格奥尔基耶娃时明确提出，"中国经济发展有着巨大韧性、潜力和回旋余地，经济长期向好的态势发展不会改变"。自改革开放以来，中国经济以奇迹般速度增长，当前中国经济进入了"新常态"，当前中国经济所处的阶段，表现为经济增长速度逐年下降，经济增长质量重于经济增长速度。在经济下行压力下，政府运用扩张性的财政和货币政策可以减缓经济下行的速度，但是其边际效应呈现逐渐递减，所发挥的作用和效果将越来越小。

中欧国际工商学院经济学与金融学徐斌教授提出，中国经济进入"新常态"呈现出较大的下行态势，GDP的短期增长依靠需求侧来拉动，而GDP的长期增长依靠供给侧来驱动。从供给侧来看，GDP增长水平主要由劳动力要素、资本数量、全要素生产率来共同决定。首先，从劳动力要素来看，自2010年以后，中国工作年龄人口与非工作年龄人口的比率呈下降趋势，人口红利开始减退；其次，从资本要素来看，自2010年以后，中国的储蓄率和投资率也呈下降趋势，投资驱动力减弱；最后，从全要素生产率来看，近年来也有较大幅度的下滑。这些因素共同作用使中国经济增速下行成为趋势。要实现中国经济长期可持续发展，最终还是需要推动经济高质量发展、深化经济体制改革、完善资源要素产权制度,依靠人口红利和资本增长的数量型增长模式较难适应国内经济的转型发展,未来经济增长必须转变为依靠效率驱动的新模式。要实现效率驱动的转型发展,需要更多的技术研发创新和完善的政策制度,然而,技术的研发创新主要体现在高层次人才的科研技术成果转化与应用方面。这也成为中国经济长期向好的可持续增长动力发展,而这可持续增长动力主要来源于容纳就业渠道更加宽广的第三产业,第三产业运用新技术、推动创新、提高全要素生产率、拉动经济的新增长点。

二 国内就业政策与特点

就业政策反映了国家面对复杂外部形势的就业策略选择与决策,就业问题本质上是经济发展问题。当前,我国经济社会发展环境机遇与挑战并存,从全球来看,经济全球化似乎被"逆全球化"冲击,多边主义遇到阻拦,国际金融市场震荡,特别是中美贸易摩擦给市场生产经营带来不利因素增多。从国内来看,面对经济转型的严峻挑战,经济发展方式转变和产业结构升级同步推进,存在"稳中有变、变中有忧"的新形势。面对新形势,我国就业政策发生了深刻的变化,一是将就业工作从社会事业提升到政府宏观政策层面,把就业政策和财政政策、货币政策放在同等位置来考量;二是把就业工作放在"六稳"之首,明确了就业工作在保稳定中的优先顺序。

国内就业形势总体平稳,是国家深入实施就业优先战略和更加积极的就业政策的结果。随着改革力度的加大和定向调控措施的进一步实施,经济形势有望保持平稳增长势头,这是保持就业局势稳定的重要基础。但世界经济依然复杂多变,国内经济下行压力不减,这些都会传导、影响就业领域,再加上就业自身存在的结构性矛盾和问题,就业形势不可盲目乐观。这为稳定就业总量、改善就业结构、提升就业质量提出了强烈的要求。

三 地方就业经验与创新

就业关系民生工程,我国各省市均积极出台和探索切合实际的就业举措。在积极推动政府部门"放管服"改革的背景下,福建省泉州市出台了《关于灵活就业的就业困难人员社会保险补贴发放服务工作的通知》，极大地减少了就业工作审核的程序，因地制宜地为就业困难群众发放就业补贴和就业服务工作，提升了就业人员的获得感和满意度。江苏省在就业工作中创新打造了"就近办、一窗办、网上办、马上办"的服务模式，极大地提升了就业人员的满意度。为解决贫困劳动力转移就业，云南省武定县创新提出"1341"工作法，"1"是管好1本台账，即建立健全乡村两级农村劳动力转移就业实名制登记台账；"3"是实施3项政策，指"开发乡村公共服务岗位、实施贫困劳动力转移就业补贴与支持和鼓励农民工返乡创业带动就业"三项政策；"4"是优化4项服务，即优化"职业技能培训、企业用工招聘平台搭建、转移就业对接、就业后续跟踪"四个方面的就业服务工作；最后一个"1"指建好1个车间，通过"公司+合作社+贫困户"的模式将闲置资源用活，自主提供和吸纳贫困劳动力就近就业，有效解决移居就业人员的生活安置问题，为脱贫攻坚中"就业解决一批"提出了新的举措。[①] 重庆市合川区积极探索"政府+市场"就业扶贫新模式[②]，从推进就业扶贫增收入、技能扶贫强素质、社保扶贫保生活、人事人才扶贫促发展"四个方面"下功夫，推进扶贫工作取得新成效，有效地动员了社会力量的参与，扩大了就业工作的覆盖面和衔接度。四川省南充市积极探索"实训基地+中职学校+工业企业"闭环运行模式，开创了政府搭台、社会参与、校企协作、机构承接的职业技能培训新路子，为全国的就业工作提供了宝贵经验。四川省巴中市通过"送培训下乡+跨区县专班""专场招聘会+公益性安置""育扶贫基地+建村级示范""建域外平台+东西部协作""扶自主创业+促吸纳就业"五个加法，全方位带动贫困家庭就业创业。浙江省湖州市南浔区积极探索出了"三三三"就业工作法，通过"坚持思路、底数、责任三清晰""突出政策、措施、服务三精准""完善组织、考核、帮扶三到位"，有效地解决了就业问题。湖北省紧紧依托

[①] http://chinajob.mohrss.gov.cn/c/2019-12-26/144981.shtml.

[②] http://www.mohrss.gov.cn/SYrlzyhshbzb/dongtaixinwen/dfdt/201912/t20191219_347729.html.

"一带一路"倡议、长江经济带建设、中部崛起战略和湖北自贸区建设等历史机遇,大力发展和健全人力资源服务业,就业工作服务质量迈上新台阶,有效地解决了就业人员在工作对接、个性化需求、服务保障等方面的问题。① 安徽省合肥市以开展人力资源服务机构信用等级评定为工作抓手,制订专项评定方案,量化评分标准,从基本条件、基础指标、加分项三大考评指标着力打造就业服务机构的服务质量和效能,做好就业保障工作。陕西省从政策层面构建了切实可行的举措:一方面制定出台了实施就业扶贫"六大工程",鼓励人力资源服务机构促进贫困劳动力实现就业,及时完善职业介绍补贴政策,明确将人力资源机构纳入职业介绍补贴申领范围,标准由每人 200 元提高至 500 元,并专门针对贫困劳动力设立季节性职介补贴,介绍贫困劳动力到季节性岗位就业,期限不少于 3 个月的,按每人 200 元给予补贴,每人每年可享受两次。另一方面制定出台了《陕西省人力资源服务业发展行动计划实施方案》,及时将人力资源服务机构广泛开展助力脱贫攻坚作为全省人力资源服务业开展"四个行动"的发展计划之一,并作为评选活动的一项重要依据。② 新疆维吾尔自治区人社部门会同财政部门研究制定了《新疆职业培训信息化实名制管理办法》,依托自治区职业培训信息管理系统,对职业技能培训管理和补贴资金审核实行全过程信息化实名制管理,实现了职业培训管理机构和职业培训机构全覆盖,下好就业规划和安排的先手棋,取得了较好成效。③

  近年来,贵州省紧紧围绕"大扶贫、大数据、大生态"三大战略行动,积极探索并出台了多项就业政策。在就业扶持方面,贵州省开创了"七个精准"就业扶贫模式,依托就业人员的从业意向有针对性地制定培训需求,通过"送政策、送岗位、送培训、送服务"就业活动,实施"雁归兴黔"行动计划和全民创业行动计划,解决当地的就业困难问题。

---

① https://mp.weixin.qq.com/s/6Zu_p5KyJJM9aunYyEW3Dg.
② http://www.mohrss.gov.cn/SYrlzyhshbzb/dongtaixinwen/dfdt/.
③ http://www.mohrss.gov.cn/SYrlzyhshbzb/dongtaixinwen/dfdt/201912/t20191231_350200.html.

以上这些地方就业工作的积极探索，为全国就业工作开展提供了思路，对今后就业工作质量提升意义重大。

第三节　就业基本情况

一　全国就业状况

就业是民生之本，事关改革发展大局，也是广大人民群众关注的热点问题。近年来，经济增长速度由高速发展向中高速发展转变，经济发展速度放缓，经济结构调整增加就业的难度。为解决我国当前的就业形势，继续坚持实行就业优先战略政策，同时"大众创业，万众创新"政策取得明显的效果。

当前就业环境下劳动力市场面临着诸多困难及矛盾，科技进步在提高劳动生产率的同时，对劳动力就业市场的冲击也不断加大。供给侧结构性改革导致部分劳动人口转换就业岗位，用工成本不断攀升，就业形势严峻。全国劳动人口总量有所减少，劳动年龄人口数量和质量在不断变化，劳动就业人口对产业结构升级有更加重要的意义。据国家统计局数据显示，2017年全国劳动力人口总数为8.068亿人，2018年全国劳动力人口总数为8.056亿人，与2017年相比下降了约0.149%，在2016—2018年就业规模呈下降趋势。

二　西部地区就业状况

对于西部地区而言，就业问题不仅是一个经济问题，也是一个社会问题。就业问题能否处理妥当，这关系到国家能否顺利完成全面建成小康社会和建设社会主义和谐社会的目标。西部地区在就业方面所面临的情况如下：

第一，国有经济下岗职工数量大。首先，地理区位和现实状况导致了西部地区国有经济发展动力不足，相比于东部沿海地区，西部地区交通、工业基础薄弱，工业集中于城市中心地带，大型企业面临转型升级导致下岗工人大量出现；其次，西部地区缺乏技术和运输条件，一些先进设备无法投入现代化工业生产导致地区发展落后，发展动力不足，失业人员数量剧增在所难免。

第二，信息闭塞、自然条件差、人流量少。人流量的多寡关系到第三产业的发展状况，西部地区交通落后、信息不畅通限制了经济发展，从而导致就业率不高。

第三，大量隐形的农村劳动人口导致就业率低。西部地区自然条件差、土地贫瘠，贫困人口谋求生存受到水土流失、旱涝交替的影响较大，西部落后地区的就业率低。

三 国家就业政策推进状况

要稳定就业并持续增长就业岗位，就业政策要不断适应国家经济发展的新形势，失业率应保持在合理区间。近年来，国家深入实施积极的就业政策和就业优先战略，政府不断加快推进劳动力市场的供给侧结构性改革，提高就业扶贫专项政策扶持力度及关注弱势群体就业状况。稳增长、保就业是目前国家调控就业的主要方式，保就业是促进经济增长的助推器。

首先，财政政策推进状况。在促进就业的财政政策方面，实行更加有利于就业稳定的财政政策和兜底保障政策，扩大就业岗位供给和新增就业机会。

其次，货币政策推进状况。在促进就业的货币政策方面，增强对扩大就业有明显效果的产业的支持力度，通过货币政策调节就业，对具有显著效应的相关产业给予支持。

最后，产业政策推进状况。在促进就业的产业政策方面，国家实施"三去一降一补"政策，吸纳就业能力强的产业和企业，创造新的就业机会；在创业就业政策方面，对中小微企业采取更加积极有效的优惠政策，激发中小微企业的增长活力，商业银行发行针对中小微企业商业信用贷款，助推中小微企业创业就业快速发展。

第三章

贵州省总体就业特点与发展趋势

改革开放以来，贵州省始终坚定不移地走人口与经济社会统筹协调发展的道路，紧密结合经济社会发展，努力使人口数量、质量、结构和分布适应经济社会转型升级及高质量发展的需求，促进人口与经济社会、人口与资源环境的可持续发展。在人口数量、质量及结构等方面发生了根本性的变化，人口聚集效应显著提升、城镇化进程稳步推进，特别是党的十八大以来，随着供给侧结构性改革的逐步深入以及社会化治理水平的逐步提高，全省人口发展态势进入新的历史阶段，形成了人口与经济社会协调发展的良好态势。

纵观改革开放以来贵州省人口发展历程，可以分为四个阶段：第一阶段为1978—1990年，这一阶段的主要特征是常住人口与户籍人口增速基本保持一致，人口再生产类型属于传统的高出生、高自然增长；第二阶段为1991—2000年，总人口增速放缓，随着社会主义市场经济的不断深入，全省人口流动开始加速，外出人口特别是流向省外人口数量巨大；第三阶段为2001—2010年，这一阶段贵州省人口再生产类型完成了从传统型向现代型的转变，即低出生、低死亡、低自然增长的"三低"态势，常住人口呈负增长，人口迁移流动更加频繁活跃；第四阶段为2011年至今，贵州省努力适应经济发展新常态及高质量发展需求，人口发展进入平稳时期，在这个阶段，社会治理、产业升级带动城市人口分布再优化。

第一节 贵州省总体就业状况

近年来，贵州省经济社会始终保持着持续发展的良好态势，究其缘由，得益于省内充足的劳动力资源和就业环境的不断改善。继续推进体制机制改革，要保证经济社会可持续发展，就要求我们从整体上把握全省人口与就业形势，深入挖掘新的就业增长点。

一 从业规模与劳动参与率

2013—2017年贵州省从业人员总规模及其在全国从业人员总规模中的占比均呈逐年上升趋势，全省从业人员规模从2013年的1864.21万人增加到2017年的2013.2万人，年均增长率为2.1%，远高于全国从业人员规模0.22%的年均增长速率（见图3-1）。2017年，贵州省从业人员数量占全国从业规模的比例达到了2.61%，超过贵州省常住人口占全国人口规模的比例（2.58%），从业人员占15—64岁常住人口比例为84.12%，说明贵州省常住人口劳动参与率远高于世界银行公布的76%的全国平均水平；①此外，如把贵州省614万在省外就业的农村劳动力纳入计算，则劳动参与率达到85.31%。从业人员总规模的持续增长和较高的劳动参与率，是贵州省经济增长的主要动力。②

2013—2017年贵州省的劳动参与率总体呈逐年上升趋势，从2013年的75.96%逐年增加至2017年的84.49%，劳动参与的年均复合增长率为2.13%（见图3-2），这是贵州省经济持续高速增长的动力，也是省内就业环境持续改善的效果体现。

---

① 鉴于世界银行、国际劳工组织、中国相关部门等多方提供的劳动参与率的统计数据不一致，本书的劳动参与率，均以从业人员规模除以16—64岁劳动适龄人口计算得出，具备较强的说服力。

② 本书所有关于状态、特征、特点的描述，如无特别说明，均指2013—2017年的表征。

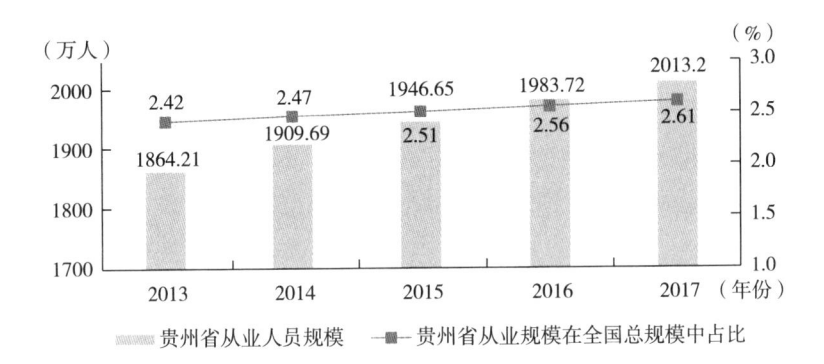

图 3-1　2013—2017 年贵州省从业人员规模

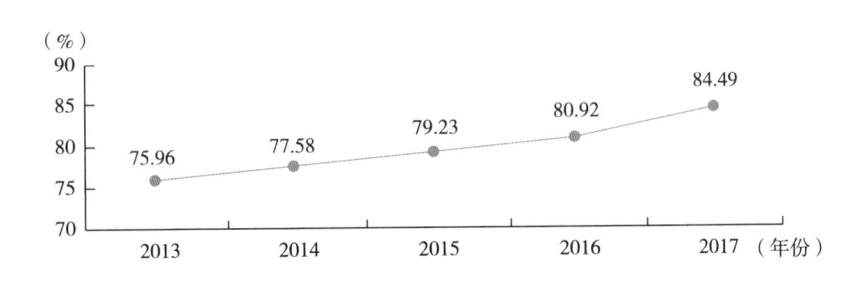

图 3-2　2013—2017 年贵州省劳动参与率

二　从业人员整体素质

据《贵州人才发展白皮书（2017）》数据显示，2012—2016 年，贵州省人才资源总量从 2012 年的 284.33 万人增长到 2016 年的 400 万人，占常住人口比重由 2012 年的 8.16% 提升到 2016 年的 12.26%，占从业人员比由 2012 年的 15.25% 提升至 2016 年的 19.91%（见图 3-3）。贵州省各类专业人才总规模占从业人员规模的比例大幅提升，贵州省劳动从业人员素质提升速度高于就业人员规模增长速度。主要原因在于：一是省内经济快速发展对人才的需求量持续增加；二是就业环境的持续改善对各类人才的吸引力不断增强；三是本土人才的外出回流带来规模增长；四是高校扩招增加了向社会输出的各类专业人才总量。

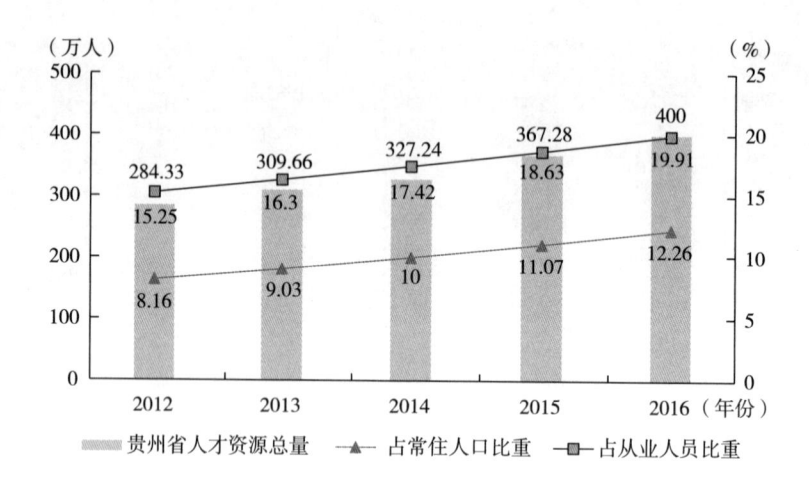

图 3-3　2012—2016 年贵州省人才资源及占常住人口、从业人员比重

三　城镇就业人员规模增长速度

2013—2017 年贵州省城镇就业人员总规模呈逐年上升趋势，城镇就业人员总规模从 2013 年的 639.67 万人增加到 2017 年的 854.23 万人，年均增长率为 7.5%，增速是全国平均水平（2.8%）的 2.68 倍，城镇就业人员总规模占全国城镇就业人员规模比重从 2013 年的 1.67% 增加至 2017 年的 2.00%（见图 3-4）。同一时期，贵州省城

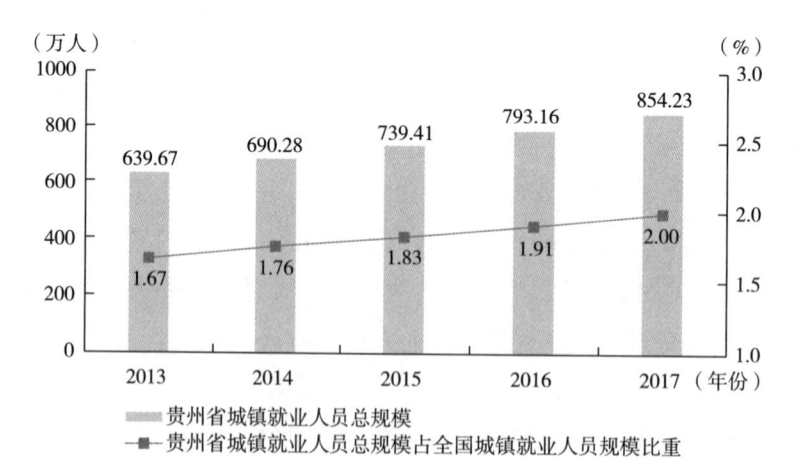

图 3-4　2013—2017 年贵州省城镇就业人员总规模及占全国城镇就业人员规模比重

镇化率由36.5%提升到46%，远高于全国城镇化增速①，这一结果是贵州省近年来经济快速增长与快速城镇化共同作用的体现。

四 贵州省从业人员劳动产出效率

据《贵州省统计年鉴（2017）》显示，贵州省从业人员规模占全国从业人员规模的比例为2.6%，而GDP仅占全国的1.6%，贵州人均GDP远低于全国平均水平，劳动产出效率占全国平均水平的61.53%，这表明贵州省劳动产出效率较低。

五 少数民族从业人员素质提升速度

据统计数据显示，贵州省少数民族人才总规模占全省人才规模的比例呈逐年上升趋势，人才规模占比由2012年的37.11%提升到2017年的39.00%，少数民族从业人员素质提升速度高于全省平均水平。

第二节 就业分布变化特点

分析贵州省人口分布与就业特点，是把握就业状况、制定就业政策、采取就业措施的基础。本书从年龄结构、文化程度、城乡分布、产业分布、流动就业等不同层面进行分析，把握贵州省就业分布的总体特点。

一 年龄结构分布变化状况

（一）35岁及以下从业人员规模

据统计数据显示，35岁以下从业人员规模占总从业人员规模的比例由2012年的42.79%提升到2017年的45.14%，从业人员总体呈年轻化趋势；此外，35岁以下企业经营管理人才从2013年的1.54万人增加到2017年的2.75万人，复合增长率为15.60%，占比从2013年的29.96%增加至2017年的38.46%，复合增长率为6.44%；35

---

① 中国2012年城镇化率为52.57%，到2017年为58.25%，增长了5.68%，贵州省则增长了9.5%。

岁以下事业单位管理人才从 2013 年的 4.48 万人增加到 2017 年的 6.1 万人，复合增长率为 8.02%，占比从 2013 年的 39.89% 增加至 2017 年的 43.92%，复合增长率为 2.43%（见图 3-5）。35 岁以下管理人才占比远低于平均水平，说明管理人才对实践的要求更高，用人单位期待管理人才的工作阅历更为丰富。

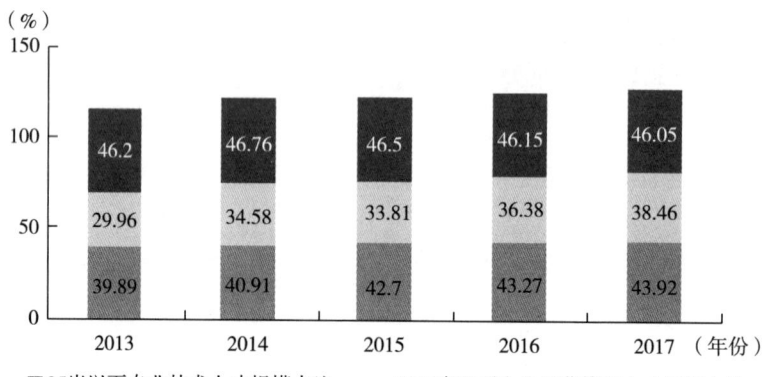

图 3-5 2013—2017 年贵州省 35 岁以下各类专业从业人员规模

（二）36—45 岁各类从业人员规模

2013—2017 年，贵州省 36—45 岁各类从业人员总规模占比呈逐年下降趋势，其中，36—45 岁专业技术人才从 2013 年的 18.98 万人增加到 2017 年的 21.62 万人，复合增长率为 3.31%，占比从 2013 年的 30.66% 下降至 2017 年的 30.36%，复合增长率为 -0.25%；36—45 岁企业经营管理人才从 2013 年的 2.07 万人增加到 2017 年的 2.19 万人，复合增长率为 1.42%，占比从 2013 年的 40.27% 下降至 2017 年的 30.63%，复合增长率为 -6.61%；36—45 岁事业单位管理人才从 2013 年的 3.82 万人增加到 2017 年的 4.48 万人，复合增长率为 4.06%，占比从 2013 年的 34.02% 下降至 2017 年的 32.25%，复合增长率为 -1.32%（见图 3-6）。

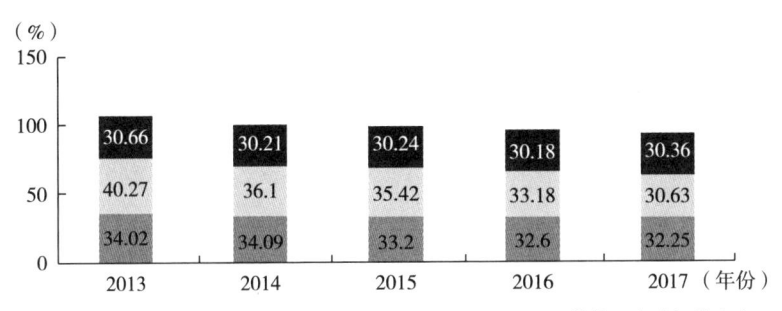

图 3-6 2013—2017 年贵州省 36—45 岁各类专业从业人员规模

二 文化程度变化状况

(一) 本科以上就业人员规模增速

2013—2017 年贵州省本科以上学历就业人员规模占比呈逐年上升趋势,本科以上学历就业人员规模占比从 2013 年的 2.97% 增加到 2017 年的 4.71%(见图 3-7),复合增长率为 12.24%,略低于全国平均水平(13.48%)。

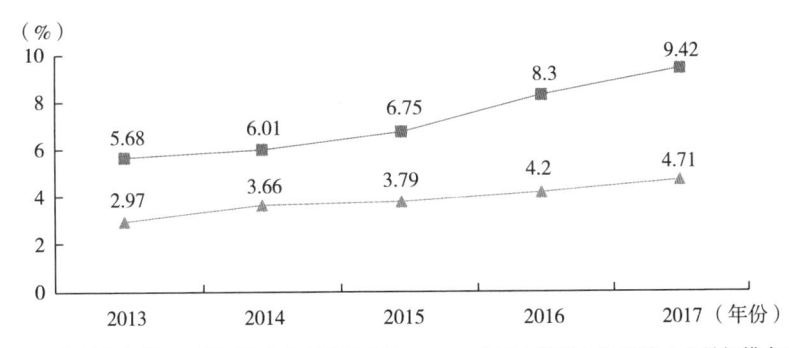

图 3-7 2013—2017 年贵州省本科以上学历就业人员规模占比

(二) 专科学历就业人员规模增速

2013—2017 年贵州省专科学历就业人员规模占比呈逐年上升趋势,专科学历就业人员规模占比从 2013 年的 5.2% 增加到 2017 年的 5.33%(见图 3-8),复合增长率为 0.64%,远低于全国平均水平(4.77%)。

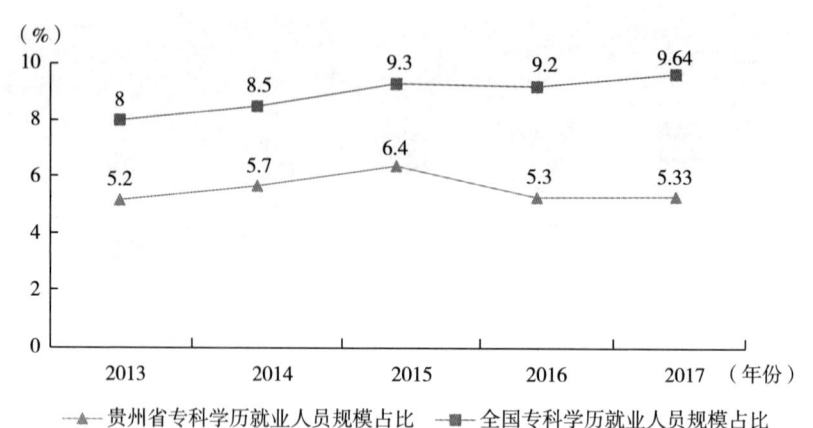

图 3-8　2013—2017 年贵州省专科学历就业人员规模占比

三　城乡分布变化状况

(一) 城镇非私营单位从业人员规模

2013—2017 年贵州省城镇非私营单位从业人员规模呈增长趋势，由 2013 年 398.66 万人增长到 2017 年的 450.50 万人。但是，城镇非私营单位从业人员规模占比呈逐年下降趋势，从 2013 年的 74.43% 下降至 2017 年的 69.97%（见图 3-9），复合增长率为 -1.53%，由此可见，城镇私营单位从业人员规模占比逐年提升，私营经济活力逐步释放。

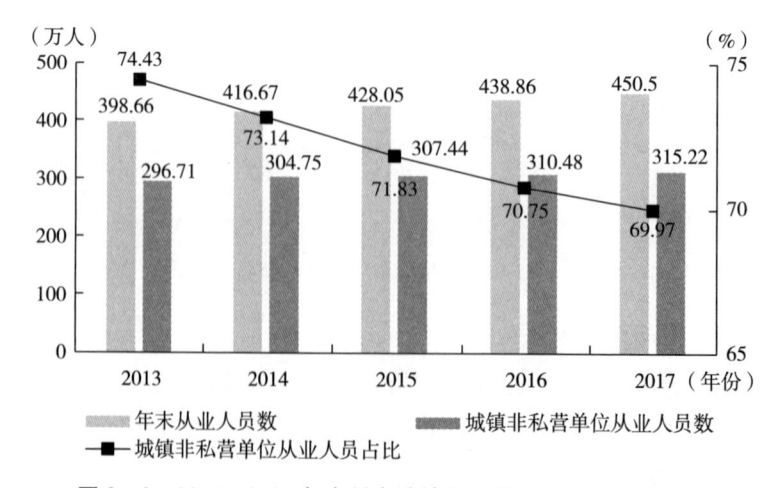

图 3-9　2013—2017 年贵州省城镇非私营单位从业人员规模

(二) 乡村私营企业与个体从业者规模增长速度

据统计数据显示，2013—2017 年，贵州省私营单位从业人员规模由 2012 年的 276.40 万人增长到 2017 年的 669.41 万人，规模增长了 142.19%；其中，城镇私营单位从业人员规模从 2012 年的 150.21 万人增加到 2017 年的 231.26 万人，规模增长了 53.96%；乡村私营企业与个体从业人员由 126.19 万人增长到 438.15 万人（见图 3-10），规模增长了 247.21%，增长速度是城镇规模增长速度的 4.58 倍，说明乡村私营单位与个体吸纳就业的空间较大。

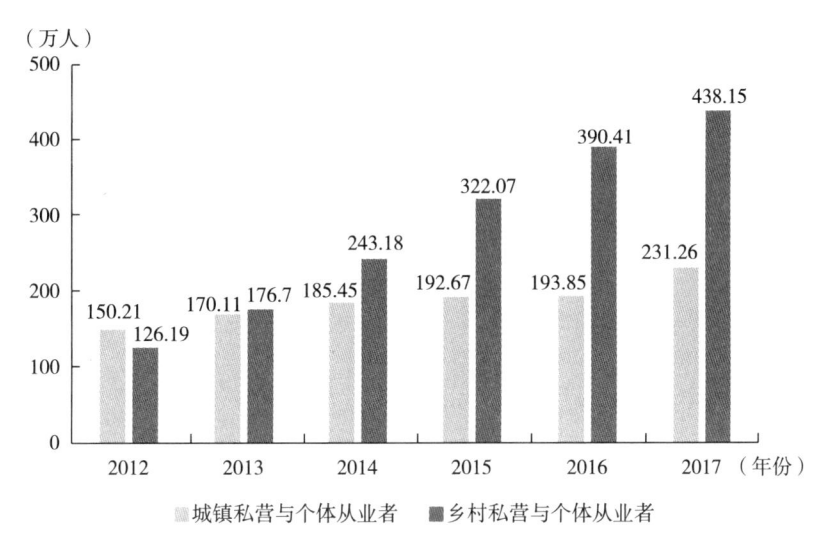

图 3-10 2012—2017 年贵州省城镇与乡村私营单位从业人员规模

四 三次产业就业分布变化状况

（一）第一产业转移就业速度

2013—2017 年贵州省第一产业就业规模呈逐年负增长趋势。第一产业从 2013 年的 1179.76 万人逐年负增长至 2017 年的 1123.83 万人，复合增长率为 -1.21%，缩减速度低于全国平均水平（-3.8%）；同时，第一产业从业人员规模占全国规模的比重从 2013 年的 4.88% 增长至 2017 年的 5.44%，第一产业人员占比高达 55.5%，高出全国第一产业规模占比（26.98%）近 1 倍。贵州省第一产业劳动力转移的潜力巨大（见图 3-11）。

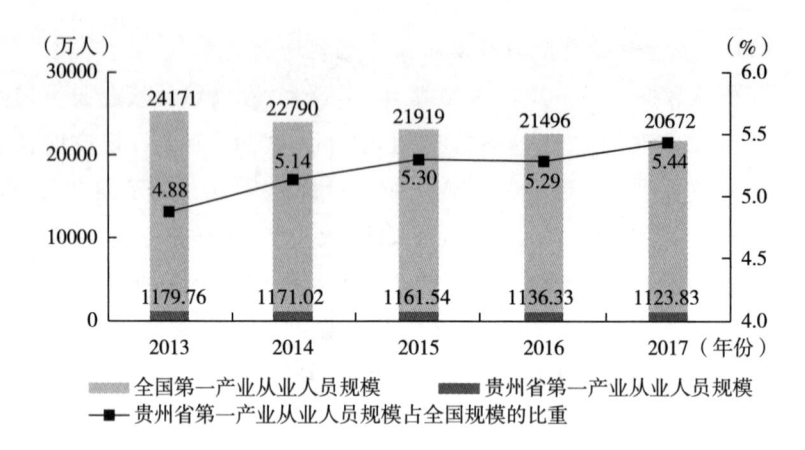

图 3-11 2013—2017 年贵州省第一产业从业人员规模

（二）第二产业就业规模

2013—2017 年贵州省第二产业从业人员总规模呈逐年增长趋势，第二产业就业规模从 2013 年的 264.32 万人增加到 2017 年的 365.99 万人，复合增长率为 8.5%，与全国 2013—2017 年平均水平（-1.2%）相比呈逆向增长趋势，贵州省第二产业从业人员规模占全国规模的比重从 2013 年的 1.14% 增加至 2017 年的 1.66%。贵州省处在工业化中前期加速发展阶段，而全国已经进入工业化中后期阶段，贵州省工业化水平相对滞后（见图 3-12）。

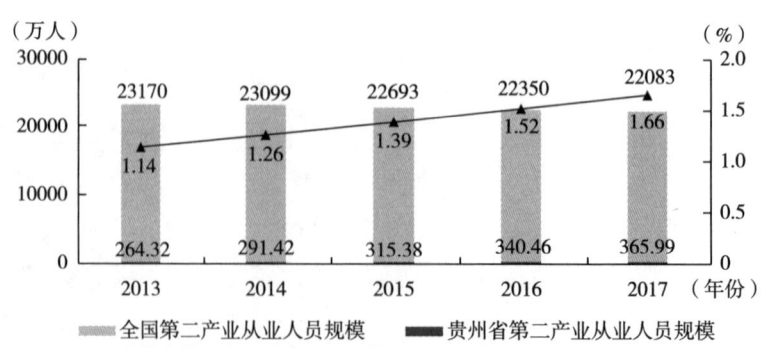

图 3-12 2013—2017 年贵州省第二产业从业人员规模

(三) 第三产业就业规模增长速度

2013—2017年贵州省第三产业从业人员总规模呈逐年增长趋势，第三产业从业人员规模从2013年的420.13万人增加到2017年的533.38万人，复合增长率为6.15%，高于全国平均水平（4.4%）约40%。贵州省第三产业从业人员规模占全国规模的比重从2013年的1.42%增加至2017年的1.53%（见图3-13），也说明了贵州省第三产业从业人员规模增长速度高于全国平均水平。

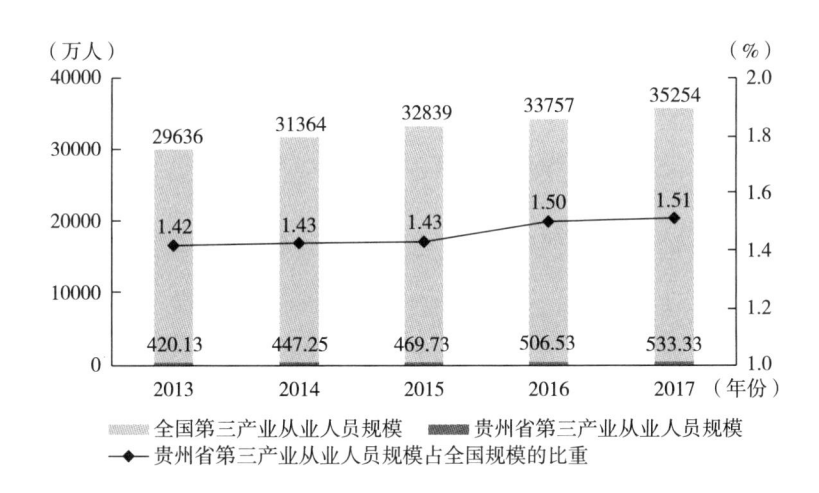

图3-13 2013—2017年贵州省第三产业从业人员规模

五 流动就业变动状况

（一）贵州省农村劳动力外出就业规模

2017年统计数据显示，贵州省外出就业的农村劳动力人数达到887.28万人，占全省农村劳动年龄人口的54.81%，超过半数农村劳动力人口外出就业。

（二）新增农村外出就业人员规模

贵州省2013—2017年新增外出就业人员总规模呈现逐年上升趋势，新增外出就业人员从2013年的132.45万人增加到2017年的159.39万人，年均复合增长率为4.74%，远高于全国平均水平（0.72%）。全省新增外出就业人员规模占全国规模的比重从2013年的0.79%增加至2017年的0.93%（见图3-14）。第一产业从业人员规模与新增外出就业情况显示贵州省新增外出就业的规模持续增长，但是总体上劳动力外流的规模增长速度较以前有所下降。

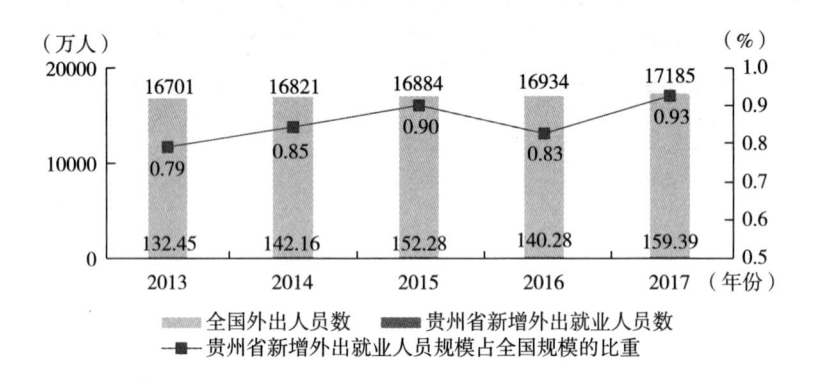

图3-14 2013—2017年贵州省新增外出就业人员规模

（三）省外来黔就业人员状况

2013—2017年贵州省新增外来就业人员总规模呈逐年上升趋势，第三产业新增外来就业人员规模从2013年的12.96万人增加至2017年的17.15万人，复合增长率为7.3%（见图3-15）；截至2017年

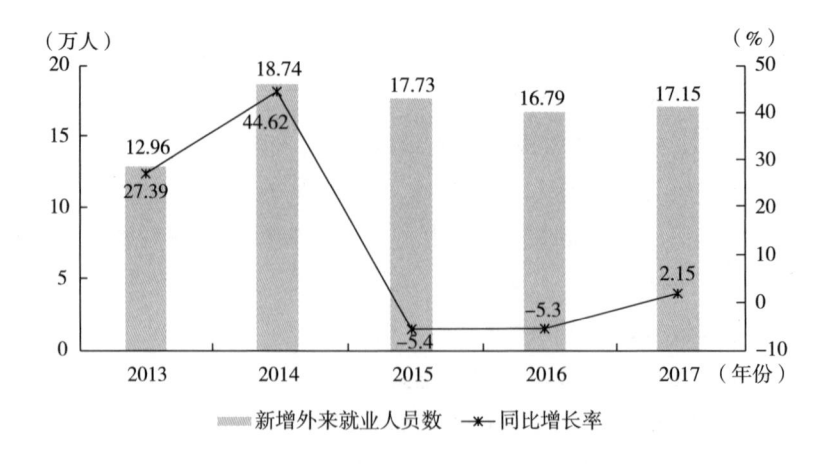

图3-15 2013—2017年贵州省新增外来就业人员规模

年底,从省外流入贵州省就业人口约110万人,省外来黔就业人员已经初具规模。贵州省坚持以脱贫攻坚引领经济社会发展全局,以供给侧结构性改革为主线,坚持守好发展和生态两条底线,强力推进三大战略行动,主动适应新常态、应对新挑战,全省经济运行稳中有进、持续向好,对省外人力资源的吸引力也大幅提升。

六　其他特点

(一) 各类毕业生规模变化状况

2013—2017年贵州省普通高等学校和技工学校毕业生总规模呈逐年上升趋势,普通高等学校和技工学校毕业生总规模从2013年的21.02万人增加到2017年的35.31万人,复合增长率为13.85%,远高于全国平均水平(1.87%)。贵州省普通高校和技工学校毕业生规模占全国规模的比重从2013年的2.78%增加至2017年的4.34%,高于贵州省人口占全国总人口比重(见图3-16)。

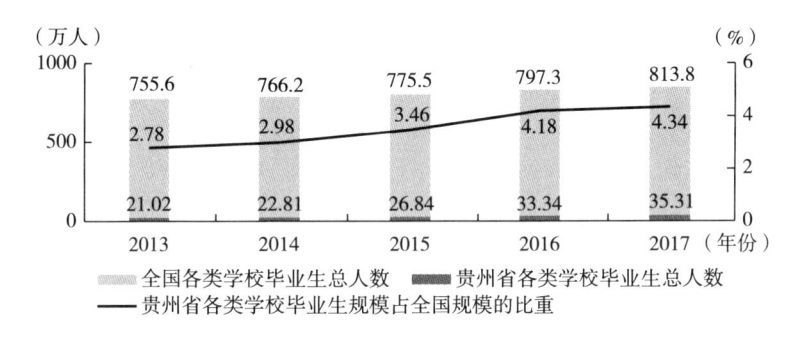

图3-16　2013—2017年贵州省各类学校毕业生总规模

(二) 从业人员参保变化状况

2013—2017年贵州省社会保险参保人员总规模呈逐年上升趋势,社会保险参保人员总规模从2013年的1648.69万人增加至2017年的2461.73万人,复合增长率为10.54%(见图3-17),高于全国平均水平(8.93%),说明贵州省从业人员参保意识逐渐增强。

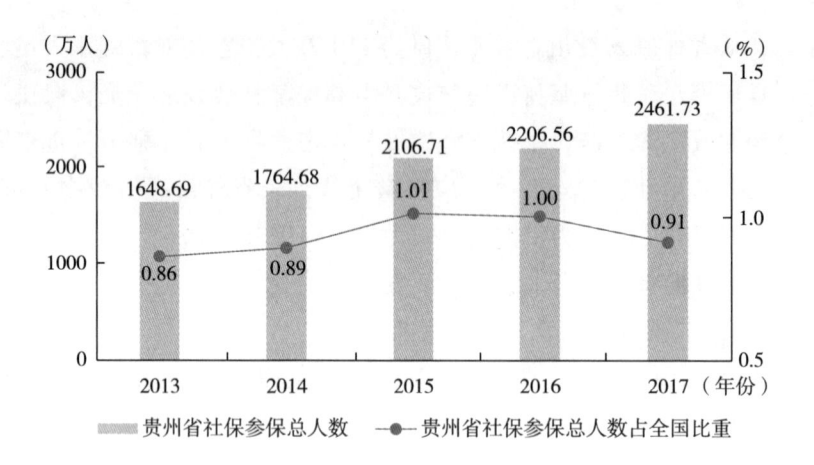

图 3-17　2013—2017 年贵州省社保参保人员规模

第三节　贵州省总体就业问题

把握贵州省劳动力就业形势、分析劳动力就业背后存在的问题，是贵州省就业工作改革创新的着力点。通过对就业形势的整体分析，发现现阶段全省总体就业存在以下五方面的问题。

一　贵州省第一产业从业人员转移就业规模较大

2013—2017 年，贵州省第一产业从业人员规模总体呈逐年负增长趋势，第一产业从业人员规模占全国规模比重从 2013 年的 4.88% 增长至 2017 年的 5.44%，第一产业从业人员占比高达 55.5%，高出全国平均水平（26.98%）近 1 倍。要达到全国 2017 年的平均水平，预计贵州省有约 600 万的第一产业劳动力需要转移就业，第一产业劳动力转移就业规模较大，贵州省农村劳动力转移的潜力与压力并存。

二　贵州省第二产业从业人员规模惯性增长，但增速降低

2013—2017 年贵州省第二产业从业人员总规模呈现逐年上升趋势，第二产业从 2013 年的 264.32 万人增加至 2017 年的 365.99 万人，复合增长率为 8.5%，与全国 2013—2017 年平均水平（-1.2%）相比

呈逆向增长趋势。其中，贵州省就业规模增长存在的推力与阻力如下：推力是贵州省经济与社会工业化发展水平较低，有承接东南沿海制造业转移需求，也有自身经济社会发展对制造业发展的强大需求，这将推动贵州省第二产业规模持续扩大；阻力是贵州省推进智能制造、"互联网+"与大数据战略，导致第二产业就业岗位缩减，因此，第二产业就业规模变化趋势相对复杂，未来三年可能存在就业规模惯性增长，但增长速度逐渐降低。

三 第一产业从业人员劳动效率低于全国平均水平

据统计数据显示，贵州省第一产业从业人员人均GDP占全国第一产业从业人员GDP的比例由2013年的36.45%提升到2017年的57.85%，第一产业从业人员劳动效应持续提升，但仍然与全国平均水平差距巨大。同时，贵州省第二产业从业人员人均GDP占全国平均水平的比重呈下降趋势（见图3-18），需要重点关注。

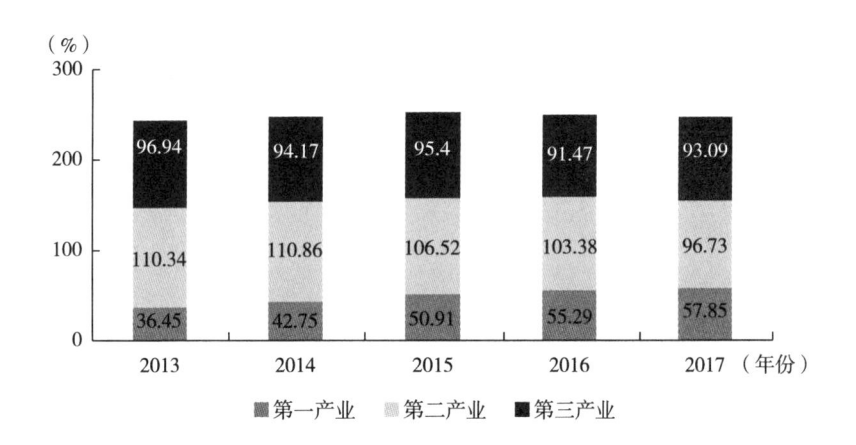

图3-18 2013—2017年贵州省各类产业从业人员人均GDP占全国平均水平比重

四 农村劳动力外出就业规模增速放缓

2013—2017年，贵州省外出就业规模逐年增大，但增长速度整体呈下降趋势。2017年统计数据显示，贵州省有887.28万农村外出就业的劳动力，其中跨省就业的农村劳动力约为615万，占总外出就业的农村劳动力的69.3%，省内就业比例呈逐年上升趋势。虽然贵州省农村劳动力跨省就业规模远高于返乡回流劳动力规模，但增速趋缓。

五　贵州省民间习俗对劳动密集型企业迁入产生挤出效应

通过对贵州省10个地、市、州的107家企业座谈调研数据显示，无论是本土企业还是从沿海回迁的企业，均面临着这样的困扰：由于本地民族节日较多，或是本地婚丧嫁娶等红白喜事，本地的劳动者无论企业同意与否，均会请假、旷工或辞职参加。这一现象已经严重地制约企业生产效能以及管理水平的提升，很多企业在生产旺季时不得不额外储备15%的劳动力应对突发情况，导致企业成本大幅上升，很多企业也因此外迁或不招本地职工，贵州省的民间习俗，对劳动密集型企业产生了强大的"挤出效应"。

第四节　贵州省总体就业趋势

对贵州省就业现状和特点的分析，既是对省内未来的就业趋势进行预测分析的基础，也是政府就业政策制定与调整的基本依据。本节基于全省就业形势，从整体规模、产业变化、就业缺口、劳动参与率、城乡空间分布情况、劳动力年龄分布等方面对省内未来的就业态势做出以下研判。

一　2020年从业人员规模

根据经济增长与从业人员的线性回归预测，到2020年从业人员规模将达到2150万人左右，预计增长120万人左右。

二　未来三年三次产业规模变化趋势

（一）第一产业就业规模减少

随着城镇化进程推进，工业化快速发展，第一产业从业人员将持续减少，根据多元回归预测，到2020年，第一产业从业人员总体规模减少约44万人。

（二）第二产业就业人员规模增长

贵州省处于工业化中前期阶段，第二、第三产业从业人员将持续增加，第一产业从业人员规模将持续减少，根据多元回归预测，第二产业增加约80万人。

（三）第三产业就业人员规模增加

从贵州省省情与第三产业发展状况，以及对过去5年发展状况进行多元回归预测得出，到2020年，第三产业增加约91万人。

三 新增各类就业岗位状况

（一）退休人员带来的新增就业岗位

到2020年，新增65岁以上人员劳动力人口数量约为162万人，按2010年人口普查中50%的劳动参与率来看，因退休带来的新增岗位数为81万个。

（二）经济增长带来的新增岗位数量

按照贵州省"十三五"经济社会发展规划来看，到2020年经济总量将达到1.8万亿元，利用贵州省从业人员规模与经济总量进行一元回归预测，得出2020年贵州省从业人员规模将达到2158.89万人，即在2017年的基础上增加145.69万人。根据2013—2017年贵州省第一产业从业人员规模与第一产业经济规模、总体经济规模进行回归预测，到2020年，贵州省第一产业从业人员规模约为1079万人，比2017年减少约45万人；第二产业就业规模增长约80万人，第三产业就业规模将增长91万人。

四 就业安置缺口

（一）新增劳动年龄人口规模

根据贵州省人口出生数据推测，2003—2005年出生人口约为170万人，则2018—2020年进入普通高中、职高（中技）的人员规模将达到150万人左右，流入社会的净增劳动力约为20万人。

（二）农村存量剩余劳动力转移带来的新增劳动力规模

按照回归预测的结果，全省农村剩余劳动力转移规模约为44万人。

（三）省外流入劳动力规模

据统计数据显示，2012—2017年平均每年新增外来跨省就业人员规模均稳定在17万人左右，到2020年，省外流入劳动力规模预计达到52万人。

（四）净增大中专毕业生规模

根据贵州省前期招生数据推测，到2020年，贵州省大中专毕业生累积规模约为120万人。其中，高职高专、专升本等形式将减少直接就业的毕业生规模约为40万人，在此期间净增大中专毕业生规模约80万人。

（五）易地扶贫搬迁劳动就业人员规模

基于以上数据分析预测，到2020年约有241万人需要安排就业，其中新增就业岗位208万个，则在此期间就业规模缺口约为33万人。

五　劳动参与率

2013—2017年贵州省的劳动参与率总体呈逐年上升趋势，从2013年的75.96%逐年增加至2017年的84.49%，复合增长率为2.13%。根据一元线性回归预测结果分析，到2020年，贵州省常住人口约为3660万人，从业人员约为2150万人，劳动力资源规模约为2456万人，预测出2020年贵州省劳动参与率将达到87.54%。经济发展水平相对较低或多民族地区的女性参与劳动比例高，是全省劳动参与率提升的主要原因。

六　城乡分布状况

（一）城镇非私营单位从业人员规模

2013—2017年贵州省城镇非私营单位从业人员规模呈逐年上升趋势，城镇非私营单位从业人员规模从2013年的296.71万人增加到2017年的315.22万人，年均复合增长率为1.52%。根据年均复合增长率和贵州省情，预计到2020年，贵州省城镇非私营单位从业人员规模将达到329.86万人，占城镇从业人员规模的比例达到66.13%（见图3-19）。

（二）城镇私营单位从业人员规模

2013—2017年贵州省城镇私营单位从业人员规模呈逐年上升趋势。城镇私营单位从业人员规模从2013年的101.95万人增加至2017年的135.28万人，年均复合增长率为7.33%。根据年均复合增长率和贵州省情，预计到2020年，贵州省城镇私营单位从业人员规模将

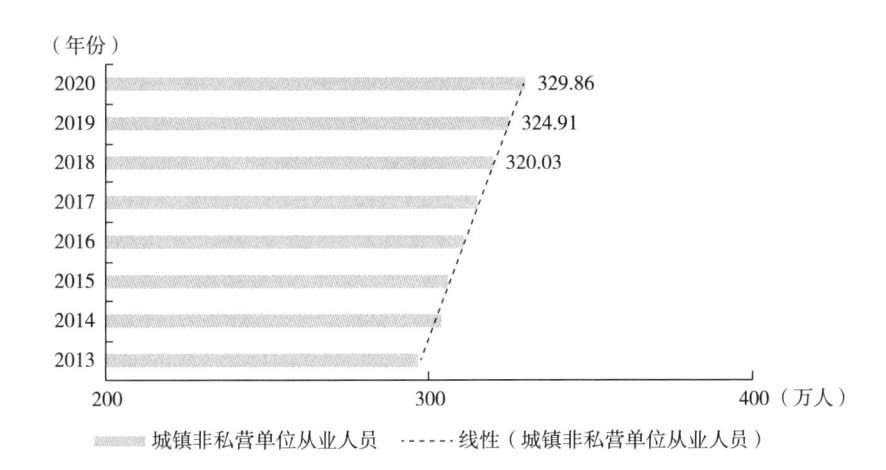

达到 167.25 万人，占比将达到 33.87%（见图 3-20）。

图 3-19　2013—2020 年贵州省城镇非私营单位从业人员规模预测

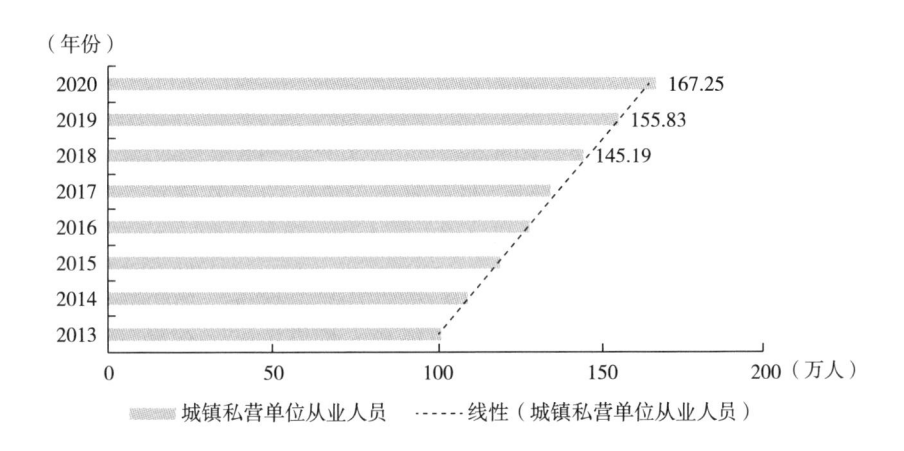

图 3-20　2013—2020 年贵州省城镇私营单位从业人员规模预测

第五节　对策建议

贵州省正处于经济高速增长、城镇化高速发展、农村劳动力大幅外流、经济社会转型加速的关键时期，就业特点呈现多样化，就业形势多变，就业压力凸显。面对复杂的就业形势，贵州省如何厘清就业问题、破解就业压力，是省内就业工作者今后一段时间面临的现实任务。本节从劳动力素质与流动、产业发展与就业保障、外部就业环境等方面对贵州省劳动力就业环境的改善提出了以下建议。

一 引导农村劳动力有序转移

第一产业就业人员规模总体呈逐年增长趋势，且总体规模占从业人员总量的比重远高于全国平均水平，第一产业从业人员转移就业压力较大。主要原因如下：贵州省第二、第三产业发展相对滞后，农业人口比重总体较高，从业人员整体素质偏低，导致从业人员主要集中于第一产业。因此，亟须着力发展全省第二产业和第三产业，降低第一产业从业人员规模，加强对劳动者的教育及培训，提升从业人员的整体素质水平，引导从业人员在不同产业间的合理分布，推动从业人员从第一产业向第二、第三产业有序流动。

二 优化就业人员产业分布

第二产业从业人员总规模逐年上升，与全国水平相比呈逆向增长趋势。主要原因如下：贵州省工业发展水平尚处于工业化前期向中期转化的过渡阶段，以制造业为主导的工业发展需求促进了从业人员向第二产业的大规模集中。此外，贵州省大力推行的"互联网＋"及大数据产业发展战略对于第二产业劳动力规模增长具有制约作用，与目前第二产业从业人员规模逐年增长的态势相悖。因此，亟须优化传统产业的就业结构，完善就业创业保障体系，推进劳动力在第二、第三产业间的合理布局，否则可能面临第一、第二产业共同向第三产业转移的局面。

三 着力改善就业创业环境

近年来，贵州全省跨省就业农村劳动力占总外出农村劳动力就业规模比重高达69.3%，贵州全省外出就业劳动力规模远高于回流劳动力规模，全省农村劳动力就业形式仍然以外出就业为主。主要原因如下：贵州省经济尚处于转型发展的过渡期，省内就业创业环境尚有待成熟，贵州省对于吸引流出劳动力返乡就业创业的能力较弱；此外，劳动力回流就业还受制于国际经济形势变化。因此，亟须调整优化贵州省经济发展方式，着力改善省内就业创业环境，切实增强对回流劳动力的吸纳能力，提升就业回流风险应对能力。

四　完善乡村个体就业政策的保障机制

统计数据显示，乡村个体就业是当前新增就业的主要形式，吸纳了大量乡村劳动力。此外，贵州省的乡村个体就业人员增长幅度高于城镇个体就业人员增长幅度，越来越多的人选择返乡创业，加强乡村个体就业保障机制建设，不仅是转移就业的现实需要，也是乡村振兴战略的内在需求。

五　建立专业预警与动态调整机制

贵州省教育部门应当建立专业预警、干预与退出机制。当专业就业率第一次排倒数时应当有原因分析、预警与干预机制；连续两年就业率排名倒数时，应当亮黄牌并限期整改；连续三年排名倒数，则应启动专业退出机制。

六　建立女性就业救助机制

贵州省传统行业女性就业人数大幅下降，传统行业对于女性就业人员性别歧视较为严重。因此，应采取法律措施，重点要在社会支持、社会促进、社会指引上下功夫。要强化立法保护，保障男女平等、保障就业女性的合法权益。建议在制定《反就业歧视法》《就业促进法实施细则》或修改完善《就业促进法》《劳动保护监察条例》时，将反对就业性别歧视单独列出，对就业性别歧视定义、罚则、法律救济途径作出具体规定；建议人力资源和社会保障部门将女性就业性别歧视列为劳动保障监察内容，明确就业性别歧视的类别、评定标准与处罚标准；必要时可以设立不同行业的女性就业最低录用比例，促进女性就业的行业分布；同时会同妇联等相关单位，建立女性就业救助机制，设立救助热线，及时对招聘过程、工作场所、职业发展过程中遭遇的性别歧视问题进行干预和救助。

七　精准帮扶"零就业"家庭

应加强精准结对帮扶，定期走访帮扶对象，了解援助对象能力特长、就业愿意、享受政策等情况，积极主动向"零就业"家庭宣传就业扶持政策；通过提供岗位信息、政策咨询等措施，建立帮扶责任制度，落实援助责任人政策，开展"一对一"的精准帮扶。

八　搭建就业供需协调大数据平台

当前，由于各行业之间用工淡旺季不均衡、就业需求信息的不对称，使用人单位相互之间形成了信息孤岛，导致不同行业的人力资源共享存在障碍，造成了全省劳动力资源浪费。因此，建议政府部门通过利用贵州省大数据产业优势，搭建就业供需协调交流平台，串联各行业的就业需求，协调全省各行业的劳动力资源，促进人力资源跨区域、跨行业共享，减少劳动力资源浪费，提升贵州省人力资源效率；此外，应加强分级分类管理，实时管控市场就业情况，为各级政府制定的就业政策提供决策参考，进而促进政府部门就业服务能力和水平的提升。

第四章

贵州省各行业就业特点与发展趋势

第一节 贵州省就业的行业类型分布状况

2017年,贵州省促进城乡就业工作取得新突破,带动城镇非私营单位和私营单位从业人员实现较快增长。贵州省城镇单位从业人员450.50万人,同比增长2.7%。其中,企业从业人员307.77万人,同比增长2.4%;机关和事业单位从业人员分别为46.68万人和94.18万人,同比增长5.0%和2.6%。在城镇单位中,非私营单位从业人员315.22万人,增长1.5%。从整体来看,贵州省促进城乡就业工作取得新突破,有效带动城镇非私营单位和私营单位从业人员实现较快增长、就业结构进一步优化、从业人员素质整体提升、就业环境和就业服务不断完善。

一 事业单位就业发展状况

(一)事业单位管理人员规模与素质状况

2013—2017年,贵州省的事业单位人才规模呈逐步上升趋势,从2013年的11.23万人增加到2017年的13.89万人。事业单位人才规模年均增长率为5.46%(见图4-1)。同期,事业单位从业人员规模从81.56万人增长到94.18万人,人员规模年均复合增长率为

2.31%，低于事业单位人才规模增长速度，事业单位管理人员素质快速提升。

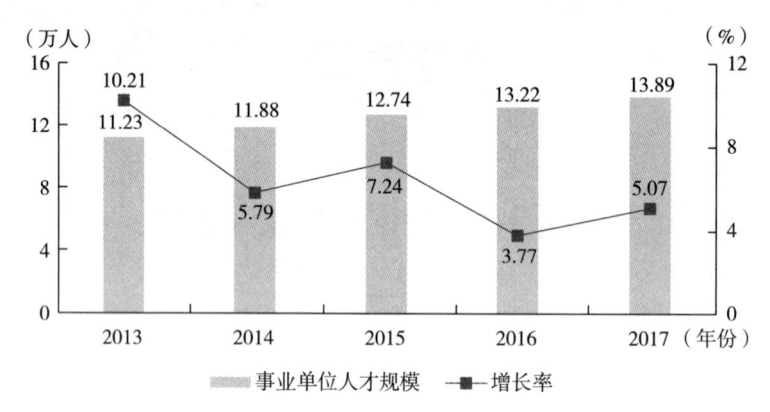

图4-1 2013—2017年贵州省事业单位人才规模及增长率

（二）事业单位从业人员学历状况

2013—2017年，贵州省事业单位人员学历结构分布数据显示，本科及以上学历人员规模呈上升趋势，且平均每年规模增长约为0.7万人，本科及以上学历的年均复合增长率为12.55%。大学专科学历人员规模呈下降趋势，年均复合增长率为-0.15%（见图4-2）。事业单位对人员学历要求在逐渐上升，吸纳了大量高素质人才在事业单位就业，事业单位整体从业人员素质快速提升。

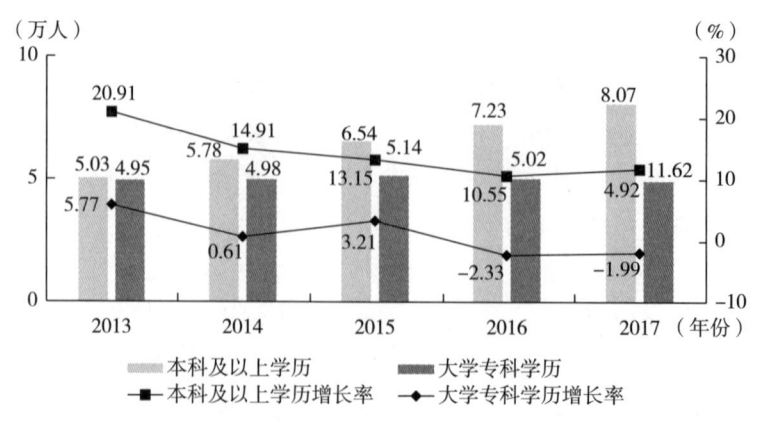

图4-2 2013—2017年贵州省事业单位人员学历结构

(三) 事业单位管理人才群体年龄状况

据 2013—2017 年的统计数据显示，贵州省事业单位各年龄阶段的人才规模均呈上升趋势。其中，51—54 岁年龄段的复合增长率最高，为 12.03%；46—50 岁和 55—59 岁的复合增长率相对较低，分别为 -1.23%、0.07%；35 岁及以下的复合增长率为 8.03%，贵州省事业单位管理人才群体呈年轻化趋势。

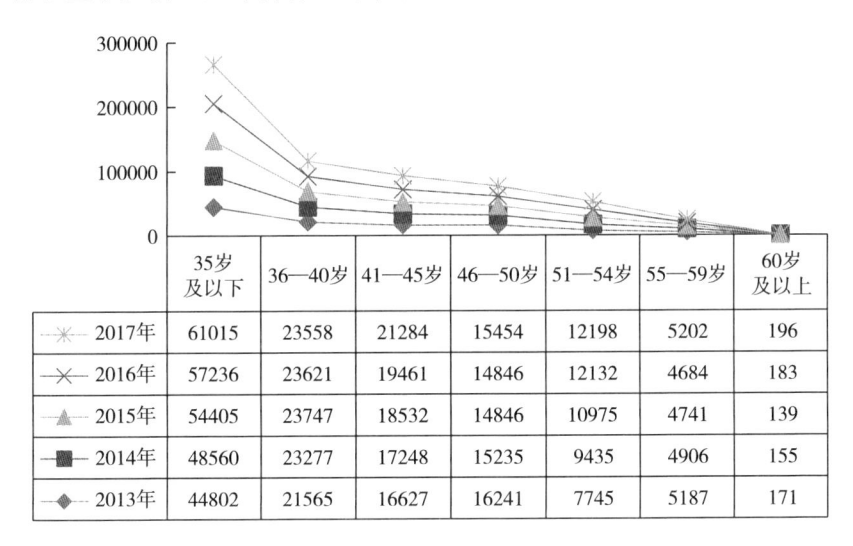

	35岁及以下	36—40岁	41—45岁	46—50岁	51—54岁	55—59岁	60岁及以上
2017年	61015	23558	21284	15454	12198	5202	196
2016年	57236	23621	19461	14846	12132	4684	183
2015年	54405	23747	18532	14846	10975	4741	139
2014年	48560	23277	17248	15235	9435	4906	155
2013年	44802	21565	16627	16241	7745	5187	171

图 4-3 2013—2017 年贵州省事业单位管理人才年龄结构

二 城镇单位与乡镇单位就业发展状况

(一) 城镇单位就业人员规模状况

在 2013—2017 年，贵州省城镇化年均增长率为 4.73%，贵州省城镇单位就业人员规模的年均增长率约为 3.11%（见图 4-4）。虽然贵州省城镇单位就业规模稳步增长，但贵州省城镇化率增速快于贵州省城镇单位就业人员规模增速。

(二) 城镇从业人员单位类型分布状况

据贵州省统计局数据显示，2017 年年末，贵州省城镇单位（含城镇私营单位）从业人员规模为 450.50 万人。从单位性质分布看，企业从业人员规模为 307.77 万人，事业单位从业人员规模为 94.18 万人，机关单位从业人员规模为 46.68 万人；近 68.3% 的从业人员集聚在企业部门，事业单位和机关部门则分别占城镇单位从业人员总数的21.0%和10.4%。整体而言，城镇单位中的企业、事业单位、机关单位的从业人员规模均呈增长趋势（见图4-5），事业单位从业人员规模增长速度快于企业和机关，但企业仍是从业人员集聚的主体。

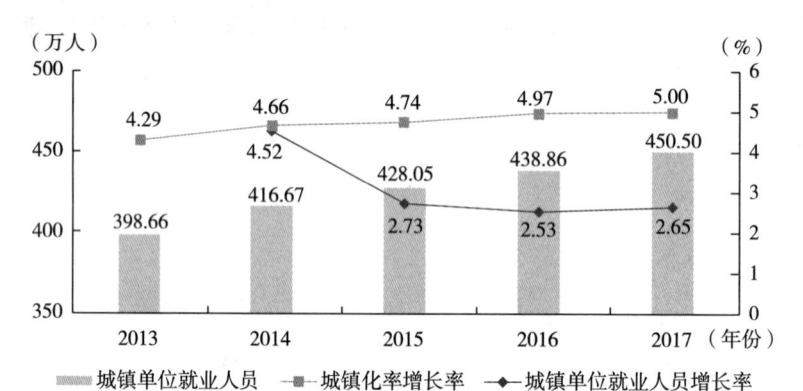

图4-4　2013—2017年贵州省城镇化率与城镇单位就业人员增长率①

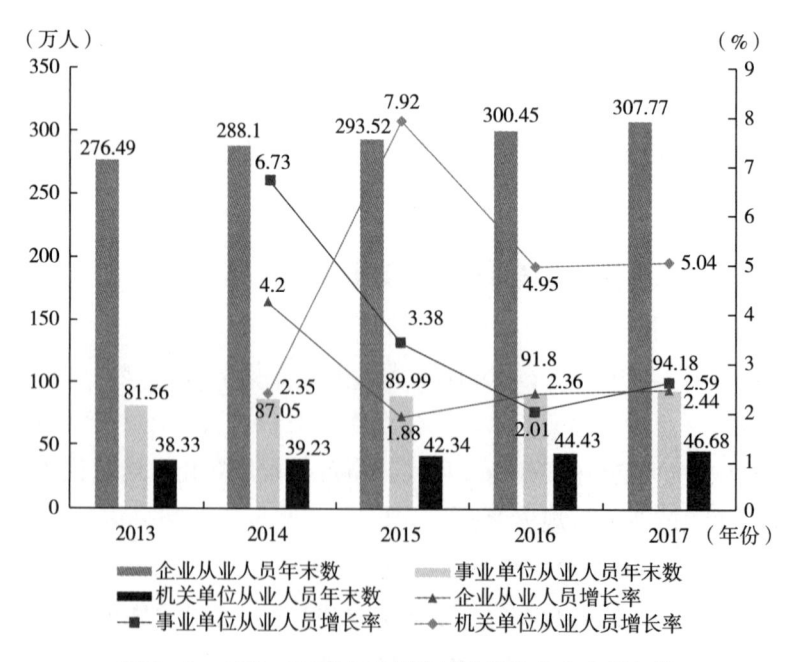

图4-5　2013—2017年贵州省城镇单位从业人员规模

---

① 资料来源：2012—2017年贵州省政府工作报告与《贵州省统计年鉴（2017）》。

（三）城镇私营单位从业人员规模变化状况

截至 2017 年年底，贵州省城镇私营单位从业人员规模达到 135.28 万人，在 2013—2017 年累积增长了 33.33 万人（见图 4-6），贵州省城镇私营单位从业人员规模逐年增长。但是，城镇私营单位从业人员规模增长速度逐年减缓，已从 2013 年的 15.98% 降低到 2017 年的 5.37%，在城镇化进程中私营单位经济增长活力有减弱的倾向。

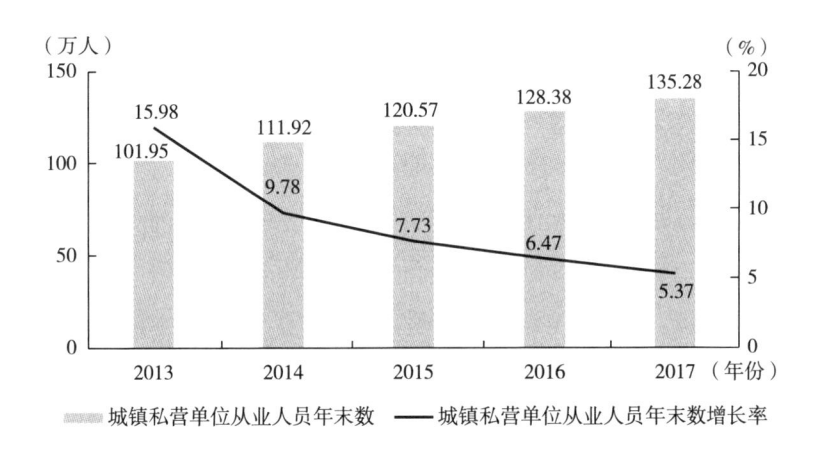

图 4-6　2013—2017 年贵州省城镇私营单位从业人员规模

（四）城镇企业在岗职工规模变化状况

据统计数据显示，2013—2017 年贵州省城镇企业在岗职工人员总规模维持在 158 万人左右（见图 4-7）。从单位性质来看，国有和集体两类企业在岗职工规模均呈减小趋势，而其他类的在岗职工规模呈增长趋势，表现出私营与民营经济在岗职工规模增长、国有和集体企业在岗职工规模下降的"国退民进"趋势。

（五）个体就业规模变化状况

2013—2017 年，贵州省个体就业规模稳步增长，个体就业人员规模、城镇个体就业人员规模和乡村个体就业人员规模的复合增长率分别为 15.03%、11.67%、17.58%，全省个体就业规模稳步快速增长。截至 2017 年年底，贵州省个体就业人员规模总量为 324.2 万人，其中，城镇个体就业人员为 133.1 万人，乡村个体就业人员为 191.1

万人（见图4-8）。乡村个体就业人员规模增幅大于城镇，农村从业人员规模大于城镇，农村创新创业活力强于城镇。

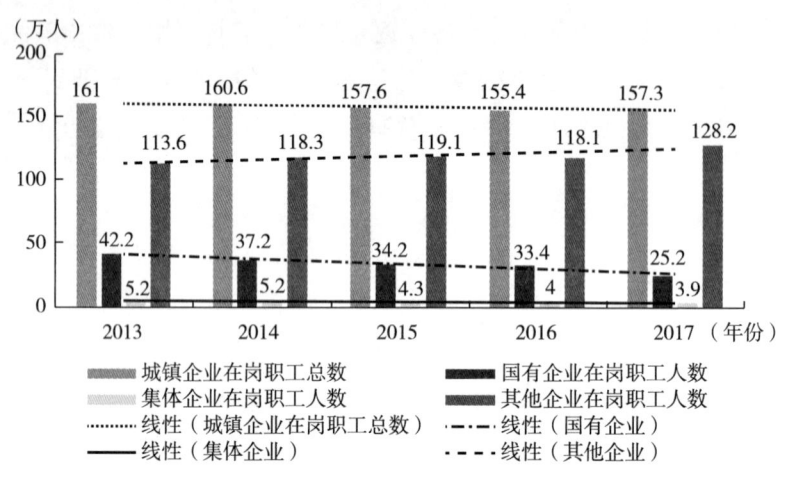

图4-7　2013—2017年贵州省城镇企业在岗职工总规模①

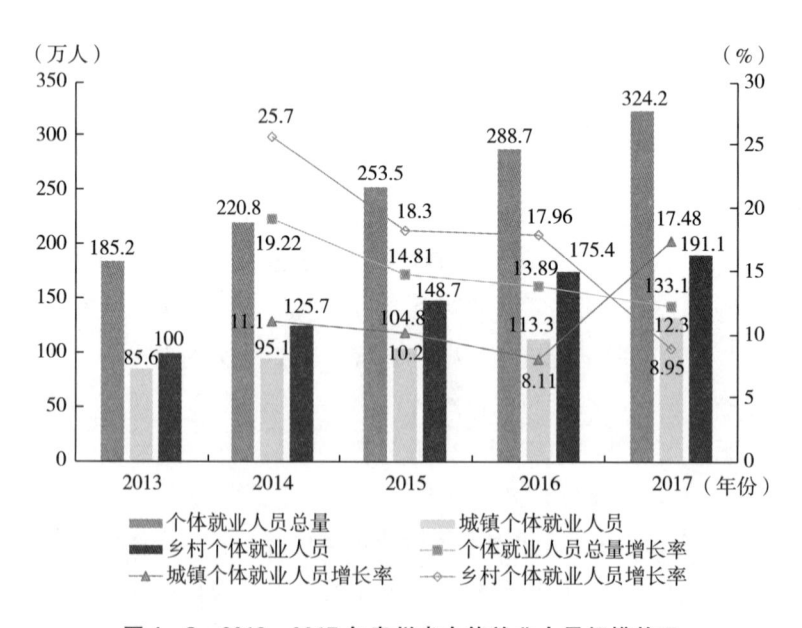

图4-8　2013—2017年贵州省个体就业人员规模状况

---

① 资料来源：国家统计局，注：数据不含私营企业。

三 公有制企业就业发展状况

(一) 企业经营管理人员就业规模

据统计数据显示,在2013—2017年,贵州省企业经营管理人员由2013年的5.14万人增长到2017年的7.15万人,增长了2.01万人。在年龄结构和学历水平分布方面,35岁及以下的企业经营管理人员由2013年的1.54万人增长到2017年的2.75万人,其本科及以上学历的由2013年的1.82万人逐渐增长到2017年的3.30万人(见图4-9),增速均高于整体规模增长速度,企业经营管理人员群体呈年轻化和高学历发展态势。

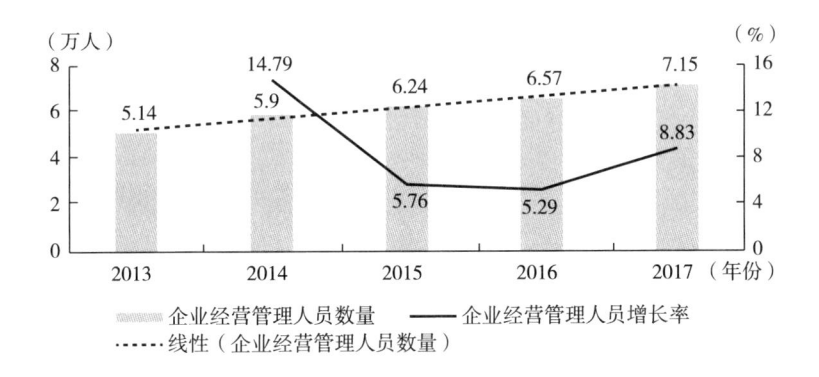

图4-9 2013—2017年贵州省企业经营管理人员规模

(二) 专业技术人员就业规模

截至2017年年底,贵州省公有经济专业技术人员规模为9.04万人。2013—2017年,贵州省人才规模数量增长了2.34万人,年均复合增长率为7.78%。但是,总体规模仍然较小,占贵州省人口比不足1‰(见图4-10)。

(三) 专业技术人员学历分布状况

2013—2017年,贵州省公有经济企业专业技术人员规模快速增长,学历层次结构不断优化。截至2017年年底,本科及以上学历的专业技术人员占公有经济企业技术人员规模的54.2%,且本科及以上学历专业技术人员规模呈持续增长趋势,其复合增长率为16.55%。

此外，大学专科学历层次的公有经济企业专业技术人员规模缓慢增长，中专及以下学历层次的规模呈现下降趋势（见图4-11），贵州省的公有经济企业专业技术人员学历层次在不断优化。

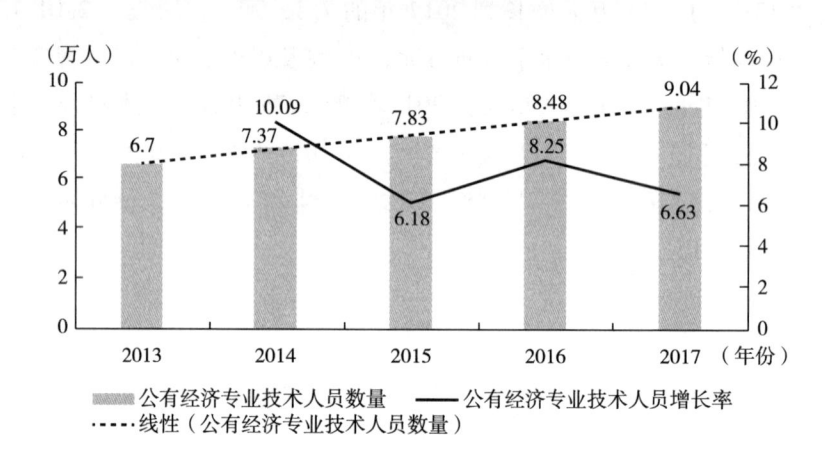

图4-10　2013—2017年贵州省公有经济专业技术人员规模

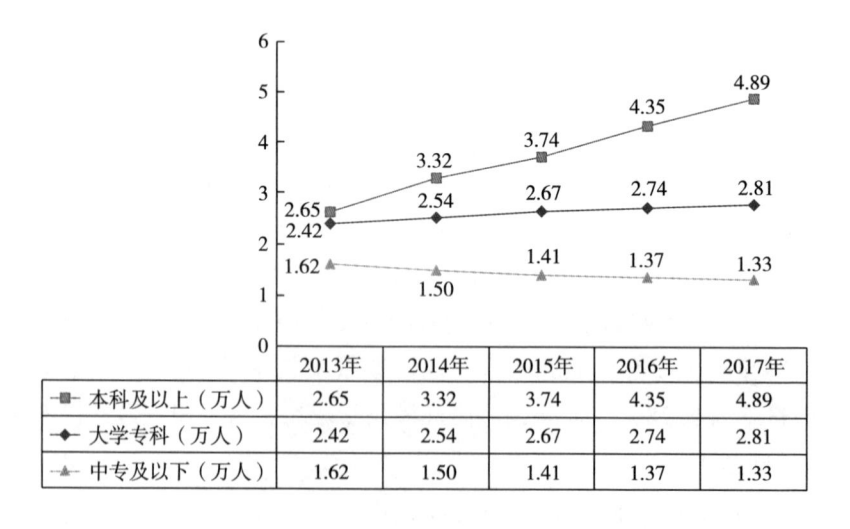

	2013年	2014年	2015年	2016年	2017年
本科及以上（万人）	2.65	3.32	3.74	4.35	4.89
大学专科（万人）	2.42	2.54	2.67	2.74	2.81
中专及以下（万人）	1.62	1.50	1.41	1.37	1.33

图4-11　2013—2017年贵州省公有经济企业专业技术人员学历分布

（四）专业技术人员年龄分布状况

截至2017年年底，贵州省公有经济企业专业技术人员中，35岁及以下有 4.08 万人，占比 45%；36—40 岁有 1.16 万人，占比 13%；41—45 岁有 1.43 万人，占比 16%；46—50 岁有 1.28 万人，占比 14%；51—54 岁有 0.73 万人，占比 8%；55 岁及以上有 0.34 万人，占比 4%，年龄结构分布趋于合理（见图 4-12）。贵州省 35 岁及以下公有经济企业专业技术人员规模呈逐年递增趋势，其他年龄段人员规模变化较小，公有经济企业专业技术人员群体呈年轻化势态。

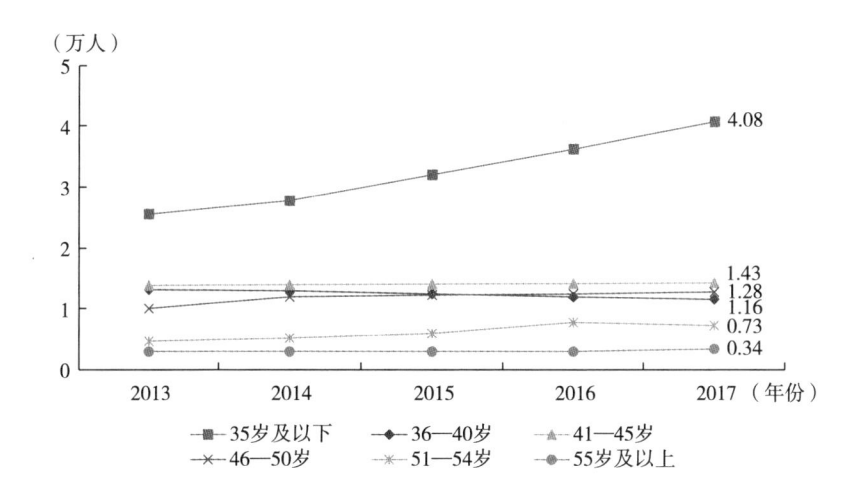

图 4-12 2013—2017 年贵州省公有经济企业专业技术人员年龄结构

四 私营企业就业发展状况

（一）个体户就业规模状况

2013—2017 年，贵州省私营企业个体户规模逐年增长，复合增长率为 26.22%（见图 4-13），其增长速度高于全国平均水平（21.43%）和西部地区平均水平（22.37%）。

（二）私营企业就业人员规模状况

2013—2017 年，贵州省私营企业就业人员占从业人员总数的比例逐年增长。截至 2017 年年底，贵州省私营企业就业人数达到 345.2 万人。但是，在 2013—2017 年，贵州省私营企业就业人员规模占全省从业人员规模的比例，与全国差距并没有发生明显变化，差值均保持在 8% 左右（见图 4-14）。

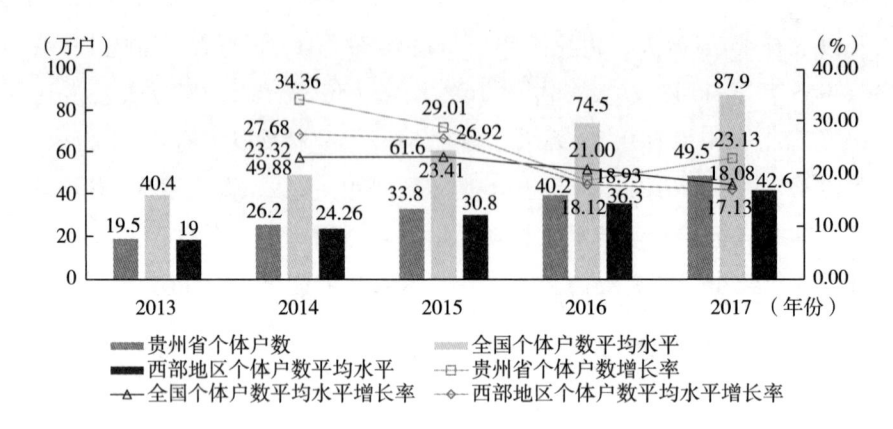

图 4－13　2013—2017 年贵州省私营企业个体户数与
全国平均水平、西部平均水平对比①

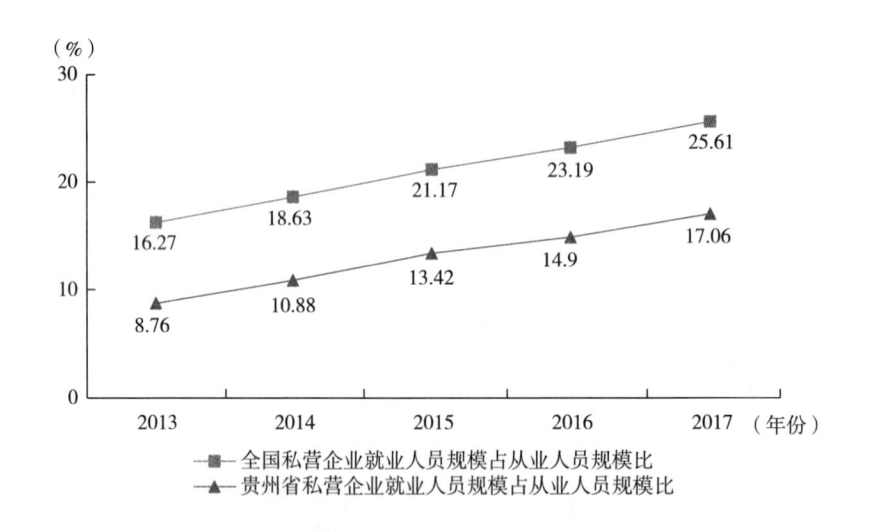

图 4－14　2013—2017 年全国与贵州省私营企业
就业人数占从业人员规模比②

(三) 乡村私营企业就业人员规模状况

截至 2017 年年底, 贵州省乡村私营企业就业人员规模为 247.1

---

① 资料来源: 国家工商行政管理总局。
② 资料来源: 国家工商行政管理总局、贵州省统计局。

万人,其中的投资者人数为46.5万人,雇工人数为200.6万人(见图4-15)。在2013—2017年,贵州省乡村私营企业就业人员规模年均复合增长率为33.8%。在2013—2017年,贵州省乡村私营企业规模持续扩大,乡村私营企业就业吸纳能力快速提升。

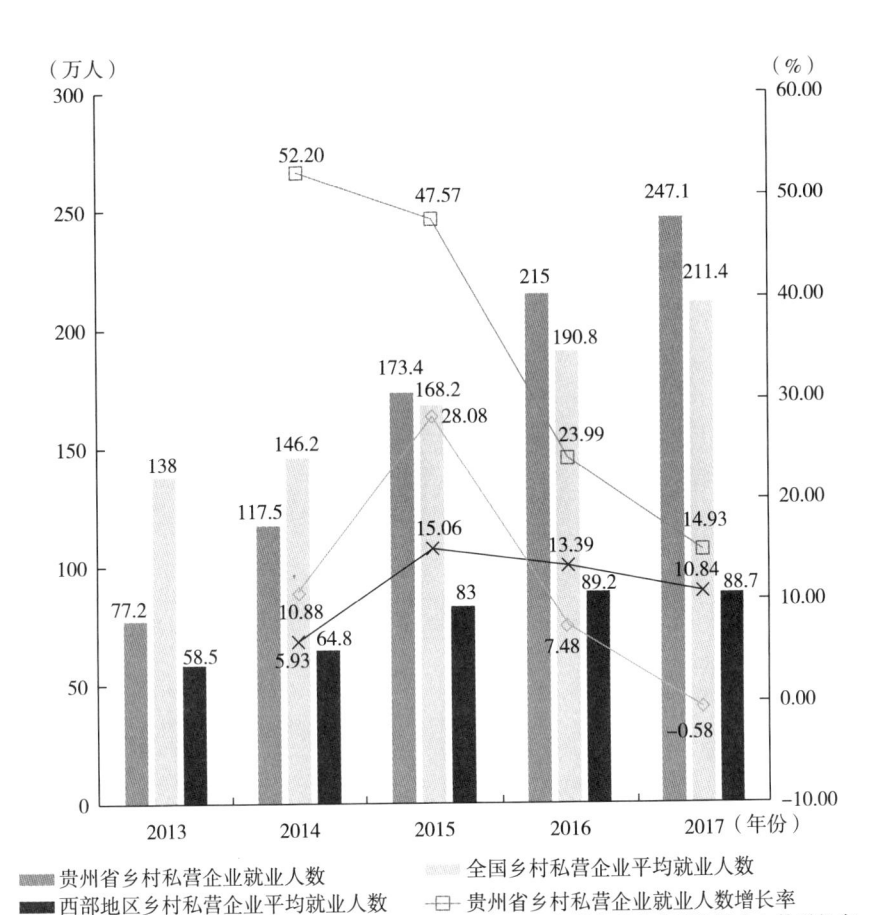

图4-15 2013—2017年贵州省乡村私营企业就业人数与全国、西部平均对比①

---

① 资料来源:国家工商行政管理总局。

（四）私营企业户数变化状况

2013—2017年，贵州省的私营企业户数在第一、第二、第三产业的分布中，均呈增长趋势。其中，在第一产业中私营企业规模复合增长率为30.94%，第二产业中为25.15%，第三产业中为25.47%（见图4-16），贵州省第一产业的私营企业规模最小，但是增长速度最快。

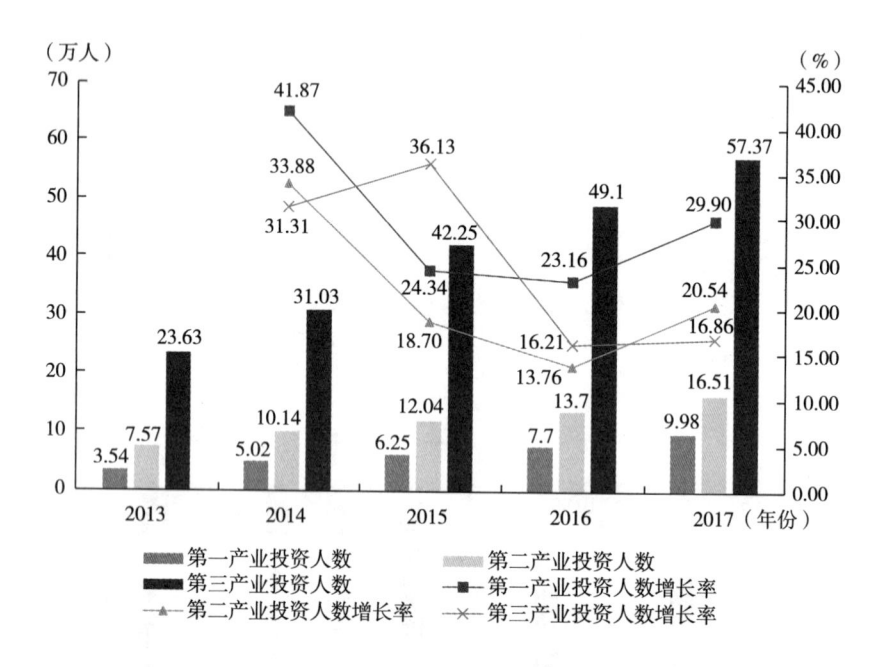

图4-16 2013—2017年贵州省私营企业投资人数三产业分布与增长情况①

（五）私营企业投资对就业拉动状况

截至2017年年底，贵州省私营企业投资者规模在三产业分布方面，第一产业为9.98万人，第二产业为16.51万人，第三产业为57.37万人（见图4-16）。第三产业是贵州省私营企业投资者集聚的主体，第一产业对私营企业的就业拉动效果不及第三产业的显著。

---

① 资料来源：贵州省工商局。

第二节 贵州省各行业就业发展状况

一 农林牧渔业工资水平状况

据统计数据显示，2013—2017年，贵州省城镇单位农林牧渔业从业人员平均工资由21831元增长到33680元，而贵州省全行业平均工资则由42815元增长到62924元，农林牧渔从业人员工资水平偏低，且与贵州省平均水平的差距逐渐拉大，工资收入差距由2013年的20984元变成了2017年的29244元，绝对差距扩大了8260元（见图4-17）。2013—2017年，城镇单位农林牧渔业行业年均工资的年均增长率为11.45%，高于贵州省全行业工资增长水平，对稳定或扩大该行业从业人员规模有促进作用。

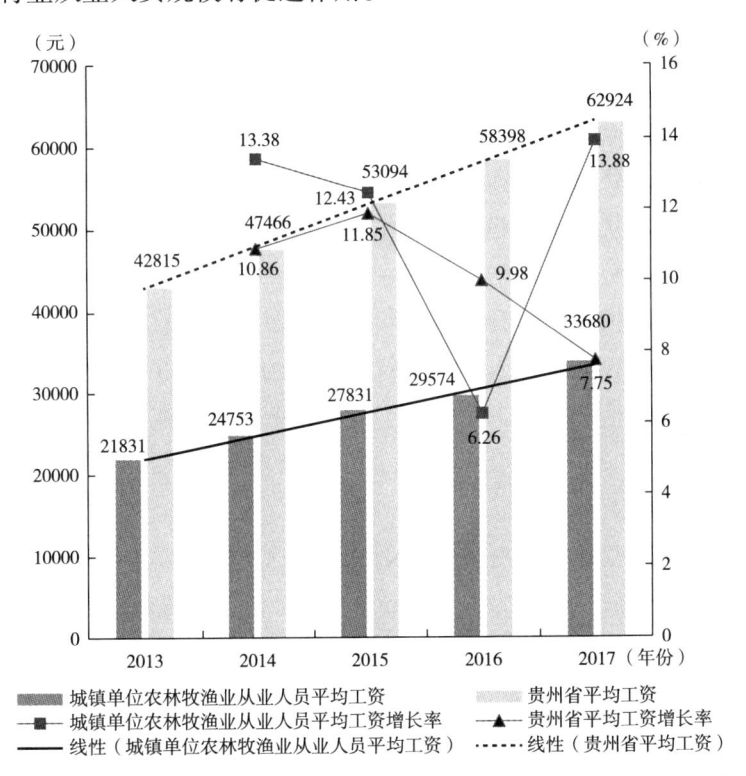

图4-17 2013—2017年贵州省城镇单位农林牧渔业从业人员平均工资

由于农林牧渔业从业人员的整体文化素质不高,影响了该类群体的工资水平,整体工资相对较低,且与贵州省平均工资差距逐步拉大。

根据国家统计局数据显示,近20年以来,我国农林牧渔业从业人员规模在逐年减小,由于城乡教育水平差距和农学教育教学与实践脱轨,我国农林牧渔业从业人员的总体文化素质不高,大部分从业人员为初中及以下的文化程度,专业技术人员总量较少。

二 采矿业从业人员规模变化状况

众所周知,采矿业曾经作为我国的重点发展产业,同时也是战略性的发展产业,为我国经济发展与带动就业做出了巨大贡献。但是采矿业对生态环境的破坏同样巨大,其生态效益损失严重。随着我国可持续发展与绿色发展战略的稳步推进,采矿业面临着非常严峻的转型发展之路。

产业转型发展的背后是企业主营业务范围、生产经营方式、企业产品技术、产品生产设备的转型与升级,因此对企业专业技术人才的规模与质量提出了更高要求。据统计数据显示,贵州省2013—2017年采矿业固定资产投资和城镇单位采矿业从业人员规模变化趋势,与全省总体就业规模变化趋势正好相反,城镇单位采矿业从业人员规模呈逐渐下降趋势,年均增长率为-5.84%;而在此期间,采矿业的固定资产投资规模则呈上升趋势,年均增长率为6.83%(见图4-18),行业不景气、智能化投入加大与行业较低的工资水平,对就业岗位产生了"挤出效应",2013—2017年,城镇单位采矿业从业人员规模减少约10万人,这种就业岗位持续减少的状态将持续,到2020年年底预计将减少5万—6万人。

三 制造业从业人员规模变化状况

据统计数据显示,2013—2017年,贵州省城镇单位制造业从业人员占全行业从业人员比例呈下降趋势。从2013年的19.06%下降到2017年的17%(见图4-19),预计到2020年年底占比将降至16%。分析显示,在智能制造的背景下,贵州省制造业的固定资产投资与工作岗位数量呈负相关,大量的固定资产投资使制造业许多岗位被机器替代。此外，贵州省制造业从业人员整体工资水平低于省内全行业平均水平约20%，同时增速也低于省内平均水平。相对较低的薪酬水平及薪酬增长速度，对贵州省制造业从业人员产生了"挤出效应"。

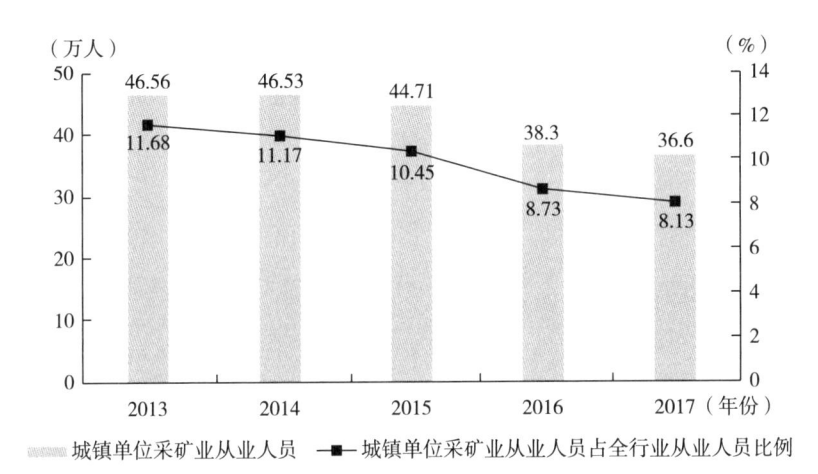

图4-18 2013—2017年贵州省城镇单位采矿业从业人员及占全行业比重

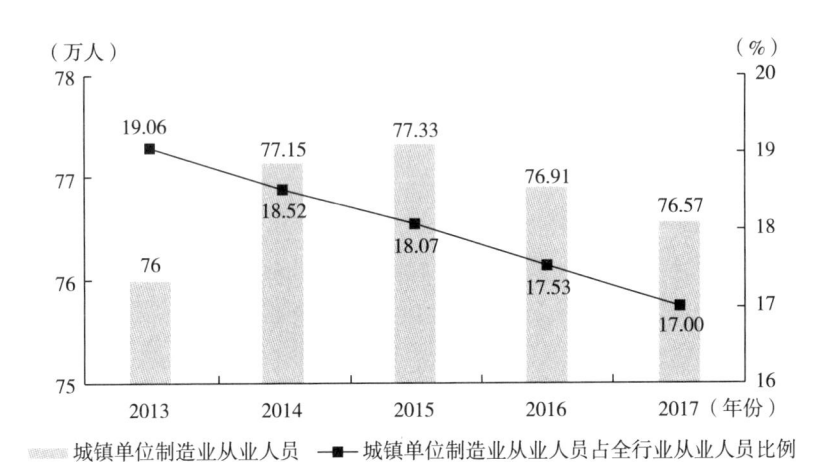

图4-19 2013—2017年贵州省城镇单位制造业从业人员及占全行业比重

大数据与互联网的兴起与发展，制造业从业人数比重下降主要源于以下两个方面：一是由于制造业规模效益扩大，劳动和技术生产率提升,导致制造业用工规模总体下降;二是因为第三产业点多面广,新增企业数量快速增长,成为劳动者就业的"蓄水池"。相对于制造业而言,第三产业的薪酬水平具有一定优势并对第二产业从业人员产生"拉动效应",从业人员由制造业转向第三产业的比重逐步上升。

四 电力、热力、燃气及水生产和供应业从业人员规模变化状况

据统计数据显示,2013—2017年,贵州省城镇单位电力、热力、燃气及水生产和供应业从业人员规模占省内全行业从业人员规模的比重呈下降趋势,从2013年的3.57%下降到2017年的2.21%(见图4-20)。其中,从业人员规模2013年为14.21万人,2017年下降到9.93万人,规模降低了43%,就业岗位减少了4.28万个。目前,该行业就业岗位规模变化面临的压力与张力如下:

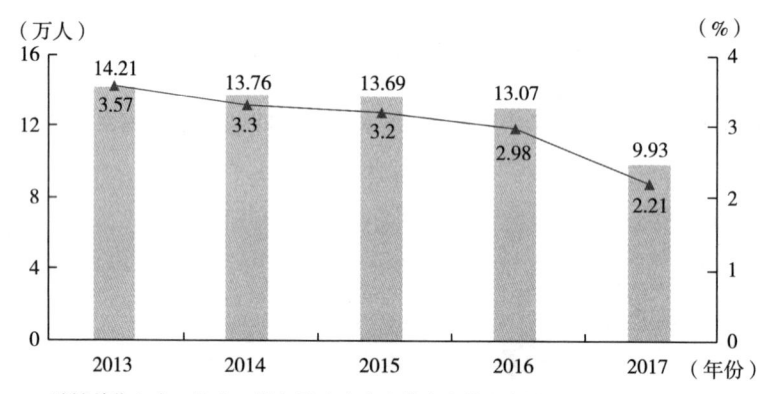

图4-20　2013—2017年贵州省城镇单位电力、热力、燃气及水生产和供应业从业人员及占全行业比重

(1)压力方面。经济增长速度趋缓对基础能源与水资源需求增速减缓,对该行业人员从业规模增长产生制约作用。

(2)张力方面。城镇化进程加速,对公共资源供给需求规模增大。但该行业整体工资水平高于贵州省平均水平42%以上,固定资产投资规模趋于平衡。公共电力、热力、燃气和水生产与供应的智能化生产、远程故障诊断与报警、远程抄表与网络缴费服务系统投资完成后，后续投资可能将趋缓，就业岗位缩减速度也将趋缓。

（3）压力与张力交织。固定资产投资促进该行业的智能化生产与服务水平提升，进而推进该行业从业人员规模缩减，同时2013—2017年贵州省固定资产投资规模与就业规模变化趋势基本一致的情况说明，固定资产投资对该行业从业人员规模呈高度正相关，固定资产投资对该行业从业人员规模增长具有短期拉动作用。

五 建筑业从业人员规模变化状况

据统计数据显示，2013—2017年，贵州省城镇单位建筑业从业人员规模总体呈上升趋势，全省城镇单位建筑业从业人员规模总体增长约为25.81%，但增速明显放缓。2017年，贵州省城镇单位建筑业从业人员规模总量呈增长趋势，但占全行业从业的比重呈下降趋势，说明贵州省城镇单位建筑业从业人员规模增长速度低于全行业平均增长速度（见图4-21）。

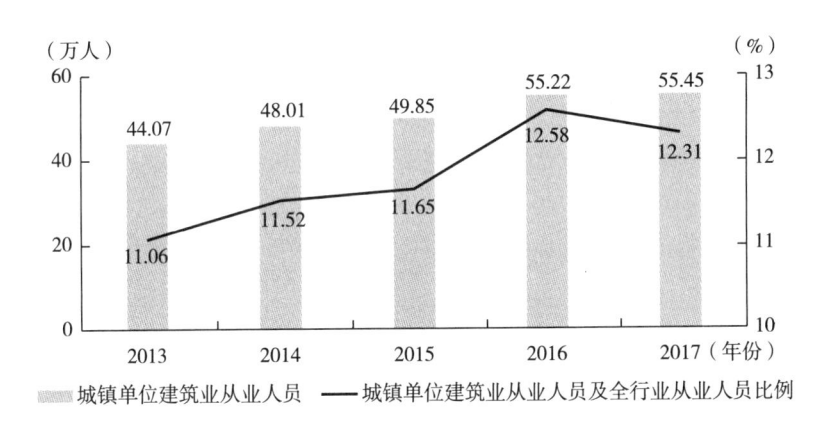

图4-21 2013—2017年贵州省城镇单位建筑业
从业人员规模及占全行业比重

六 批发和零售业从业人员规模变化状况

随着经济发展水平的提升，批发和零售行业企业数量快速增长，就业岗位快速增加，批发和零售业从业人员规模逐渐增大。有统计数据显示，2013—2017年，贵州省城镇单位批发和零售业从业人员规模增长3.7万人，近两年增速加快。随着人民生活水平日益增长，批发和零售业从业人员逐渐增加，预计到2020年占比达到6.50%左右（见图4-22）。

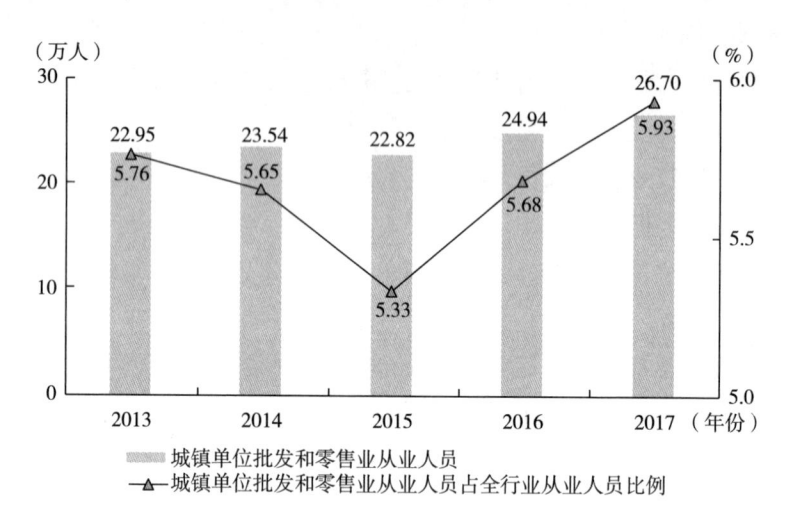

图4-22 2013—2017年贵州省城镇单位批发和零售业
从业人员规模及占全行业比重

七 交通运输业、仓储和邮政业从业人员规模变化状况

据统计数据显示，2013—2017年，贵州省城镇单位交通运输业、仓储和邮政业从业人员规模增长2.1万人，2017年占城镇全行业从业人员规模的比例达到3.48%（见图4-23）。随着经济社会的发展，经济结构和发展方式发生了显著变化。与此同时，人们也改变了自己的购物方式，从以往的线下实体店消费到大量的线上购物，随之带来的是快递、物流运输业务的快速增长，该行业从业人员规模可能将持续增长。

八 住宿和餐饮业从业人员规模变化状况

随着经济水平的快速提升，从业者生活压力和工作压力的普遍增大。人们生活水平的逐渐提升，人们消费能力的提高，物质生活需求逐渐满足的同时精神生活需求也在快速提升，人们越发憧憬慢生活，

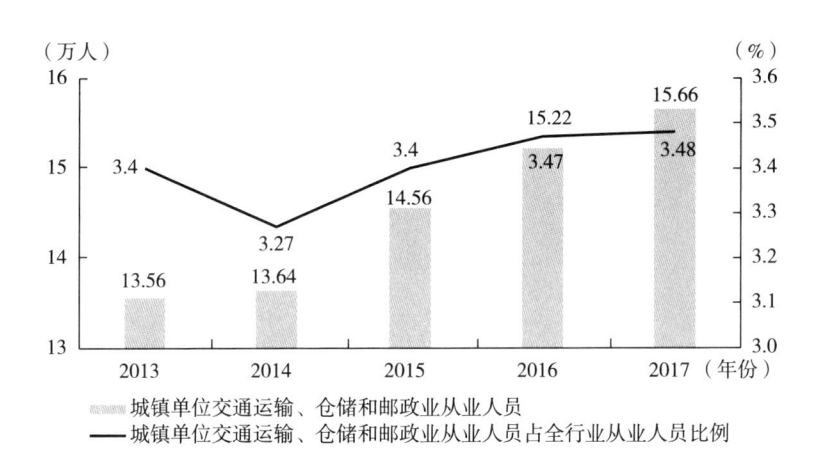

图 4-23　2013—2017 年贵州省城镇单位交通运输、仓储和
邮政业从业人员及占全行业比重

注重休闲养生之道，进而带动了住宿和餐饮业的发展。住宿和餐饮业所需要的大部分从业人员整体素质要求不高，住宿和餐饮企业数量快速增长，贡献了大量的新增就业岗位。

2013—2017 年，贵州省城镇单位住宿和餐饮业从业人员规模增长约 10%，虽然 2015 年占比有所下降，但下降幅度相对较小（见图 4-24）。到 2020 年，城镇单位住宿和餐饮业从业人员规模占全行业从业人员比重将达到 2.60% 左右。

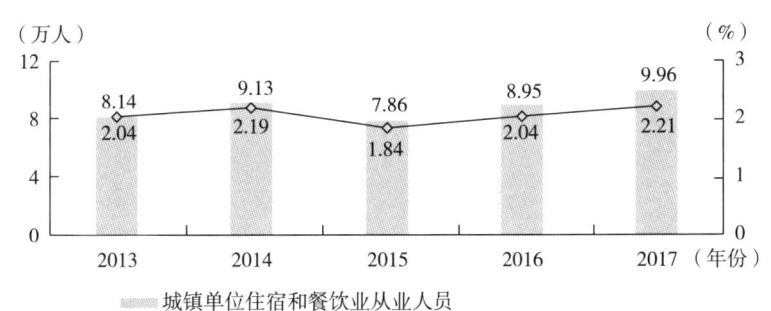

图 4-24　2013—2017 年贵州省城镇单位住宿和
餐饮业从业人员及占全行业比重

九 信息、软件和技术服务业从业人员规模变化状况

据统计数据显示,2013—2017年,贵州省城镇单位信息、软件和技术服务业从业人员规模增长约40%,2017年规模总量为5.53万人,占贵州省全行业从业人员规模的比例为1.23%,规模总量仍然较小(见图4-25)。随着贵州省大数据产业的发展,科学技术和软件业未来有望呈现快速增长的趋势。

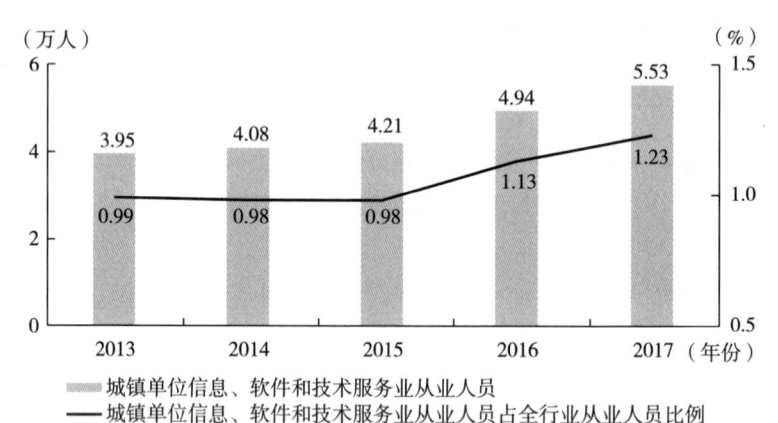

图4-25 2013—2017年贵州省城镇单位信息、软件和技术服务业从业人员及占全行业比重

随着数字经济产业的快速发展,信息、软件和技术服务产业对从业人员的需求规模快速增长。同时,由于该行业的特殊性,对全行业的渗透性强,各细分领域形成了行业壁垒,该行业对从业人员素质要求高、专业性强,竞争激烈导致该行业从业人员整体薪酬较高;此外,由于培养成本高、培养周期长与流失风险大等因素,导致该行业更倾向于人才引进而忽视人才培养。因此,虽然信息、软件和技术服务业整体薪酬较高,从业人员规模也快速增长(40%),但是与全省全行业从业规模相比总量仍然较小。

十 金融业从业人员规模变化状况

据统计数据显示,2013—2017年,贵州省城镇单位金融业就业规模增长趋缓(见图4-26),未来吸引就业能力有限。预计城镇单位金融业从业人员规模增长可能会出现拐点，总体规模变化不大，未来三年对新增就业的吸纳能力有限。

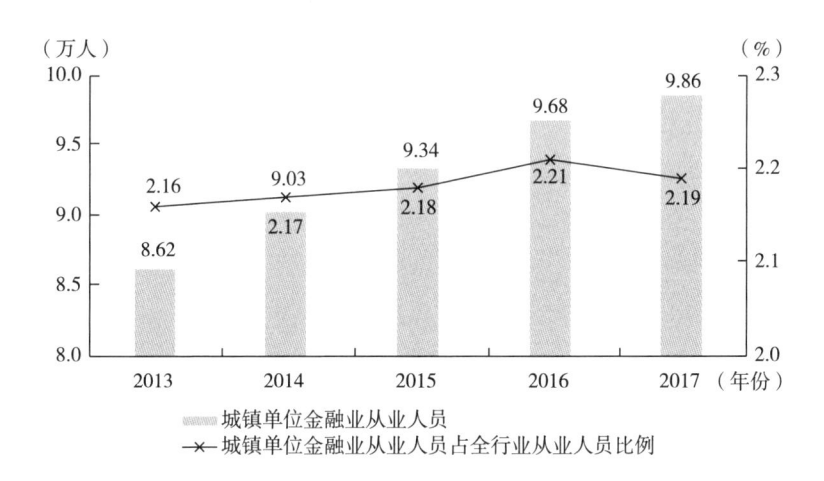

图 4-26　2013—2017 年贵州省城镇单位金融业从业人员及占全行业比重

究其原因有以下几个：一是行业政策红利期已经结束，未来的金融监管越发严格，金融行业的发展速度会大幅度降低；二是金融业创新难度大，没有持续的活力，缺乏想象空间力；三是金融业从业压力大，如银行业的存款任务压力大、没有贷款订单；四是垄断地位被打破，特别是银行业的垄断。近几年，在银行、证券、保险这三个金融行业的细分领域，政府已经新批准一些新的公司成立，同时还批准一些互联网类型的保险公司、互联网银行、互联网券商的成立。这些新进入行业的强势竞争者，必然会对金融行业的传统金融行业造成很大的压力。

十一　租赁和商务服务业从业人员规模变化状况

据统计数据显示，2013—2017 年，贵州省城镇单位租赁和商务服务业从业人员占全行业从业人员比例呈上升趋势，从业人员规模年均复合增长率为 16.77%（见图 4-27），贵州省城镇单位租赁和商务服务业从业人员占全行业从业人员比重近年来快速增长。此外，统计数据显示，租赁和商务服务业工资水平比贵州省平均水平低约 30%，可能成为该行业从业人员规模增长的阻力因素。

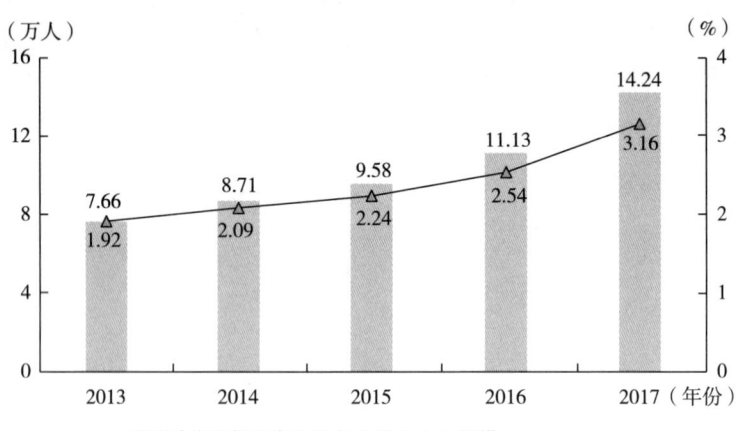

图4-27 2013—2017年贵州省城镇单位租赁与商务服务业从业人员及占全行业比重

十二 科学研究和技术服务业从业人员规模变化状况

据统计数据显示，2013—2017年，贵州省城镇单位科学研究和技术服务业从业人员规模增速呈缓慢上升趋势，但滞后于全行业从业人员规模增速，贵州省科技从业人员规模增长有待加速（见图4-28）。2013—2017年，贵州省城镇单位科学研究和技术服务业从业人员平均工资由2013年的43733元增长到2017年的71927元，年均增长率为13.25%，高于贵州省平均工资的年均增长率（10.10%）。科学研究和技术服务业从业人员平均工资整体高于贵州省平均工资，可能对从业人员规模增长有拉动作用。

十三 水利、环境和公共设施管理业从业人员规模变化状况

公共设施管理业为社会公共事业类，为非竞争性或低竞争性行业。据统计数据显示，受制于行业的特殊性，2013—2017年，贵州省城镇单位水利、环境和公共设施管理业从业人员规模呈现缓慢增长态势，而平均工资呈快速增长趋势，其年均增长率为13.53%，略高于

贵州省平均工资的年均增长速度（10.10%）。2013—2017年，贵州省城镇单位水利、环境和公共设施管理业从业人员平均工资与全省平均工资差距有所缩小，但仍有约40%的差距（见图4-29）。

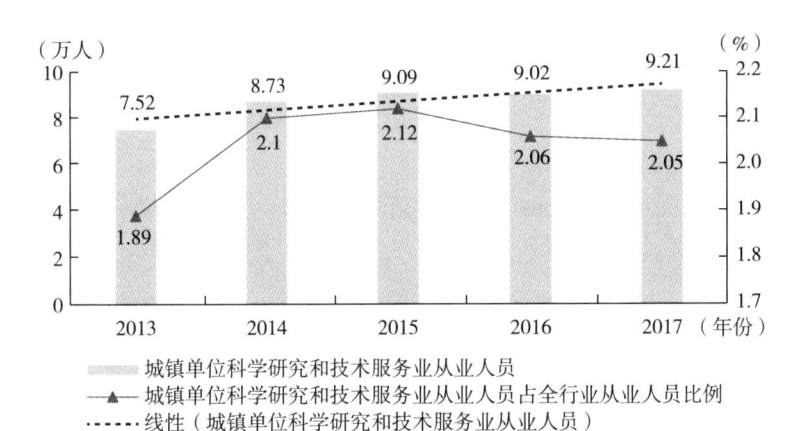

图4-28 2013—2017年贵州省城镇单位科学研究和技术服务业从业人员及占全行业比重

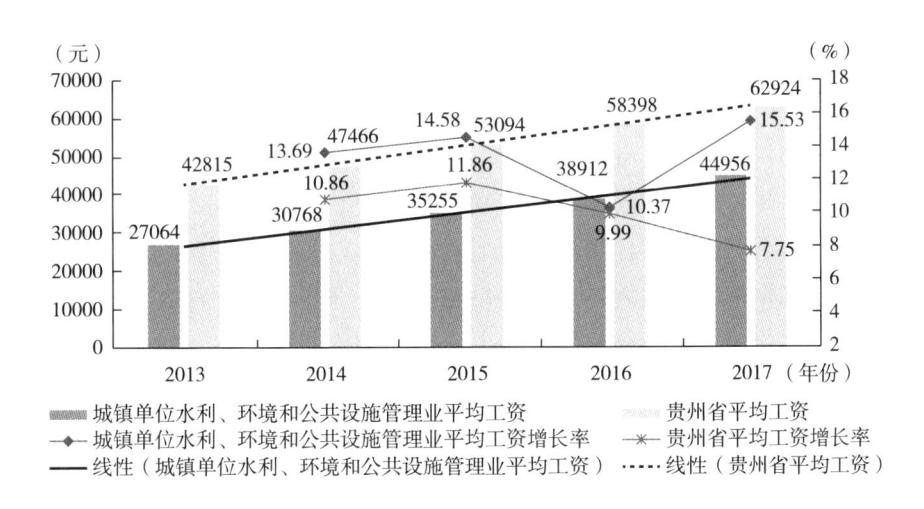

图4-29 2013—2017年贵州省城镇单位水利、环境和公共设施管理业平均工资与贵州省平均水平对比

十四 居民服务、修理和其他服务业从业人员规模变化状况

据统计数据显示,2013—2017 年,贵州省城镇单位居民服务、修理和其他服务业从业人员规模占全行业从业人员规模的比重由 2013 年的 0.84% 增加到 2017 年的 1.26%,年均复合增长率为 14.01%(见图 4-30)。总体规模也由 2013 年的 3.35 万人增长到 2017 年的 5.66 万人,规模累积增长了 68.96%。

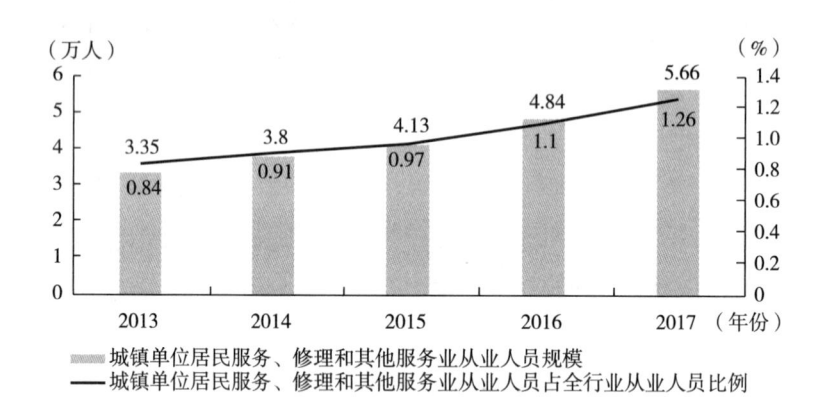

图 4-30 2013—2017 年贵州省城镇单位居民服务、修理和其他服务业从业人员及占全行业比重

2013—2017 年,贵州省城镇单位居民服务、修理和其他服务业从业人员平均工资由 22540 元增长到 34584 元,年均增长率为 11.30%(见图 4-31),高于贵州省平均工资的年均增长率,但是该行业从业人员平均工资比贵州省平均工资仍低 45%,是贵州省全行业最低工资水平,工资水平低进而影响从业人员的稳定性,这将成为制约贵州省城镇单位居民服务、修理和其他服务业从业人员规模增长的主要因素。

十五 教育行业从业人员规模变化状况

随着经济发展水平的提升,对从业人员的素质要求逐步提升,也对教育规模与质量的需求逐步提升。随着党中央坚定文化自信与推进建设文化强国战略,社会各界对教育行业的期待将持续提升。

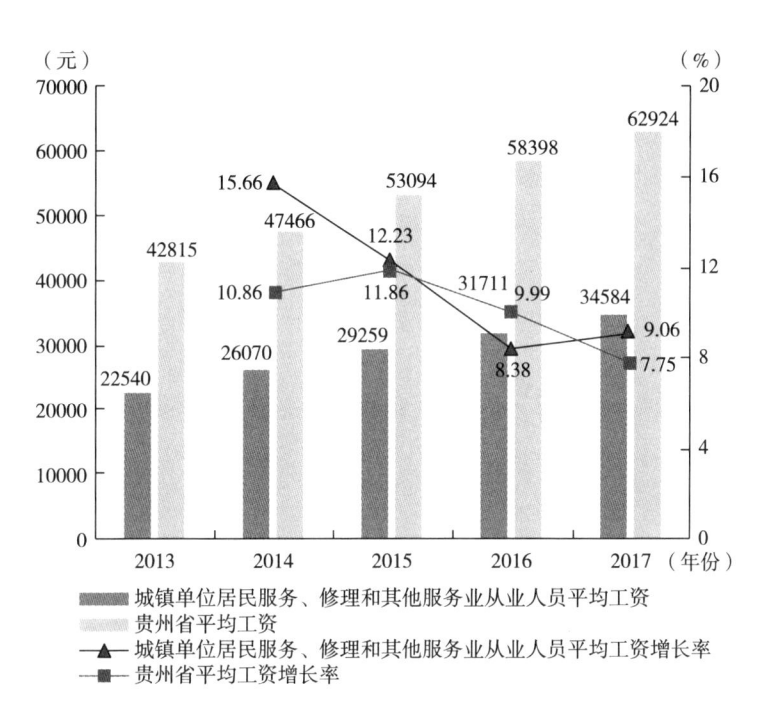

图 4-31　2013—2017 年贵州省城镇单位居民服务、修理和其他服务业从业人员平均工资与贵州省平均工资水平对比

据统计数据显示，2013—2017 年，贵州省城镇单位教育行业从业人员规模及年均工资都呈现平缓的增长趋势。贵州省城镇教育行业从业人员规模从 2013 年的 49.93 万人增加到 2017 年的 58.08 万人，年均增长率为 3.85%；贵州省城镇单位教育业从业人员年平均工资从 2013 年的 46202 元增加到 2017 年的 77419 元，年均增长率为 13.77%（见图 4-32），高于贵州省的平均工资年均增长速度（10.10%）。贵州省城镇单位教育从业人员平均工资总体高于贵州省平均工资，且有拉大差距的趋势，高工资水平对教育行业就业规模增长具有较强的拉动作用。

十六　卫生和社会工作从业人员规模变化状况

公共卫生事业的发展受到各界的高度重视，在校医药学专业的在校生的数量逐步增加；社会工作人才作为一项专门的人才类别列入中

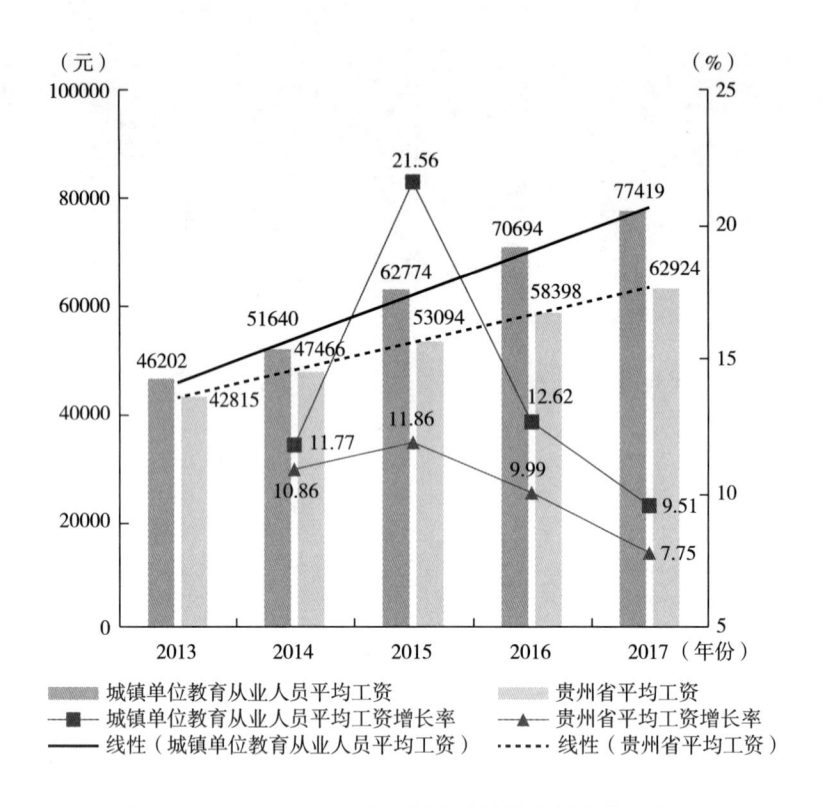

图 4-32 2013—2017 年贵州省城镇单位教育从业人员
平均工资与贵州省平均工资水平对比

共中央、国务院发布的《国家中长期人才发展规划纲要（2010—2020年）》，全国总工会、共青团中央、全国妇联和中国残联等 19 个部委和群团组织联合发布了《社会工作专业人才队伍建设中长期规划（2011—2020 年）》，民政部等 12 个部门于 2016 年下发了《关于加强社会工作专业岗位开发与人才激励保障的意见》（民发〔2016〕186号），贵州省委组织部、省委政法委员会、省民政厅等 15 个部门联合印发了《关于加强社会工作专业岗位开发与人才激励保障的实施意见》，社会工作就业岗位快速增长。

据统计数据显示，2013—2017 年，贵州省城镇单位卫生与社会工作从业人员规模从 2013 年的 18.56 万人增长到 2017 年的 25.95 万人，规模占全行业从业人员规模的比例从 2013 年的 4.66% 上升到

2017年的5.76%，年均增长率为8.73%。2013—2017年，贵州省城镇单位卫生与社会工作从业人员平均工资比全省平均工资高23%（见图4-33），且差距逐渐拉大，该行业工资待遇持续增长，对就业规模的增长起到推动作用。

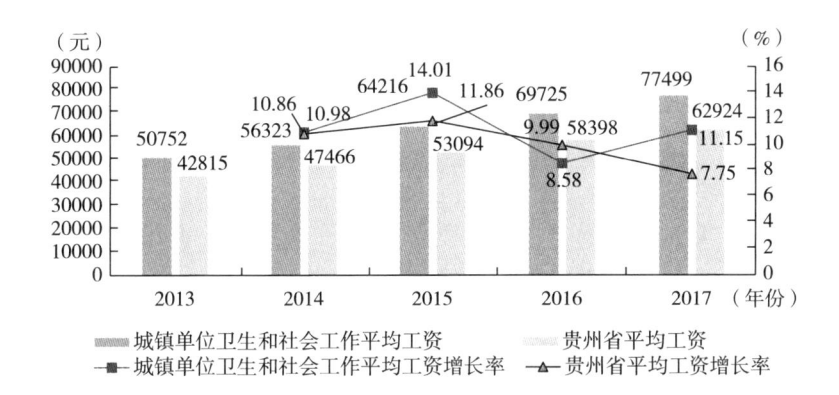

图 4-33　2013—2017年贵州省城镇单位卫生和社会工作从业人员平均工资与贵州省平均工资水平对比

十七　文化、体育和娱乐业从业人员规模变化趋势

随着生活水平的提升，文化、体育和娱乐产业有望迎来爆发性增长，并且从业人员规模有望快速扩大。据统计数据显示，2013—2017年，贵州省城镇单位文化、体育和娱乐业从业人员规模年均复合增长率为9.75%。该行业从业人员规模占贵州省全行业从业人员规模的比重由2013年的0.80%增长到2017年的1.03%（见图4-34），从业人员规模总量以年均增长率为9.75%的速度增长。

十八　公共管理、社会保障和社会组织从业人员变化状况

据统计数据显示，2013—2017年，贵州省城镇单位公共管理、社会保障和社会组织从业人员规模年均复合增长率为5.03%。该行业从业人员规模占贵州省全行业从业人员规模的比重由2013年的11.67%增长到2017年的12.57%（见图4-35）。相比于其他产业，其从业人员占全行业从业人员的比例较大，虽然增速不大，但仍是贵州省未来吸纳新增就业人员的重点领域。

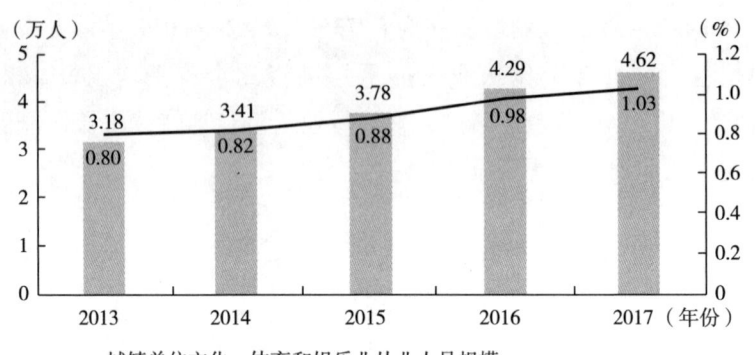

图 4-34　2013—2017 年贵州省城镇单位文化、体育和
娱乐业从业人员及占全行业比重

图 4-35　2013—2017 年贵州省城镇单位公共管理、社会保障和
社会组织从业人员及占全行业比重

第三节　贵州省各行业就业问题研判

一　就业的宏观产业环境问题

当前中国致力于技术创新和第一、第二、第三产业融合发展，这种趋势的发展必将带来产业结构的剧烈变迁。经济结构的调整、产业

优化升级使第一、第二、第三产业对于从业人员的专业素质与技术水平要求逐渐提高；科学技术的进步和电子商务的蓬勃发展，第一、第二产业经济总量占比的减少，将推动第一、第二产业的从业人员快速向第三产业转移。此外，经济增速下降、人口老龄化、巨量农民工回流就业等多重因素的叠加，使贵州省宏观产业的就业环境变得更加严峻。

二 各行业从业人员薪资增长问题

整体来看，贵州省GDP历经7年的高速增长，于2018年首次降到10%以下，增速放缓意味着全行业整体增长水平有所降低，对就业吸纳能力也将随之降低；同时，在政府的资金投入方面，如何有效地使用好固定资产投资这一"经济杠杆"去撬动行业的转型与发展，提供更加公平的行业发展环境，是解决市场劳动力盲目择业的关键。同时，贵州省在租赁和商务服务业与居民服务、修理和其他服务业这两个行业中，属于当前就业吸纳能力最强的两个行业，政府部门应该健全这两个行业的就业环境和公共设施，避免因这两个行业在短期内的人员集聚而形成资源的浪费，做好对整个行业从业人员的引导，是政府部门当前可能会面临的重点和难点。此外，贵州省房地产等多个行业的薪资待遇低于全省平均水平，这是贵州省未来就业工作过程中面临的新挑战。

三 城镇采矿业就业问题

据统计数据显示，贵州省城镇单位采矿业从业人员总量呈逐年下降趋势，其从业人员规模从2013年的46.56万人减少至2017年的36.60万人，2013—2017年贵州省采矿业就业规模减少近10万人，是18个行业中就业人数减少最多的行业。转型发展压力与转移就业风险是该行业面临的首要问题，未来一段时间内采矿业从业人员规模可能将持续下降，转移就业压力较大。究其原因，可能存在两个方面：一是在以"绿水青山就是金山银山"的"大生态"战略发展背景下，受制于该行业传统生产模式与属性，生产过程自动化的固定资产投资加快，对就业岗位产生了强大的"挤出效应"；二是能源行业整体不景气，该行业从业人员平均工资总体上低于贵州省全行业的平均工资，且行业平均工资增长速度低，处于全行业最低增速水平，导致该行业就业吸纳能力较弱,转移就业压力较大。

四 城镇水资源与电气能源业就业问题

2013—2017年,贵州省城镇单位电力、热力、燃气及水生产和供应业从业人员规模减少了4.28万人,从业人员复合增长率为-8.56%,居于全行业从业人员增长水平的倒数第一。其主要原因如下:一是随着社会技术的不断提升,大量的智能产品逐渐替代了人工操作的岗位,直接导致该行业就业岗位的减少;二是该行业的固定资产投资减少,行业发展和生产资金不足,行业发展空间扩张有限,间接导致就业规模减少。

五 城镇建筑业就业问题

2013—2017年,贵州省城镇建筑行业从业人员规模虽呈增长趋势,但其增长速度有所放缓。从该行业的平均工资变化状况来看,其工资的增长速度也有所降低,且行业平均工资居于贵州省全行业平均工资水平之下。究其缘由,一是在2013—2017年,贵州省在建筑业的固定资产投资方面的复合增长率为-20.05%,在全行业中缩减最快,由此导致该行业从业人员规模的降低;二是该行业的平均工资水平居于贵州省全行业平均工资水平之下,工资待遇水平相对较低。随着国家对房地产调控政策的持续发力,该行业就业岗位可能进一步缩减,从业人员可能面临更大的就业风险。

六 城镇制造业就业问题

2013—2017年,贵州省城镇单位制造业从业人员规模占全行业从业人员规模的比重呈下降趋势。虽然城镇单位制造业固定资产投资以年均20.69%的速度快速增长,但是该行业从业人员规模增速出现下降趋势,就业吸纳能力和增长潜力逐渐降低,从业人员有流失的风险。主要原因体现在以下两个方面:一是随着科学技术的发展,制造业正面临不断转型升级,机械化、信息化、电子化的发展趋势对该行业就业岗位产生了替代效应;二是该行业的工资水平竞争优势不足,2017年该行业从业人员年平均工资与贵州省全行业年平均工资约有10000元的差距。因此,在固定资产投资规模增加的同时,提升制造业的就业吸纳能力,是该行业所面临的首要任务。

七 农林牧渔业与金融业就业问题

一般而言，行业的固定资产投资规模的增加，对本行业就业吸纳能力有正向推动作用。然而在2013—2017年，农林牧渔业与金融业的固定资产投资年均复合增长率分别为47.07%、42.31%，其从业人员规模年均复合增长率分别为2.21%和3.42%，两个行业的就业人员数量的增速均有所下降。固定资产投资对农林牧渔业与金融业的就业推动能力有限。其原因可能是该行业在结构布局、生产效能与发展规划上存在一定程度的不足。另外，受到地理环境的影响，贵州省在农林牧渔产业的规模化发展受到限制。优化产业结构、因地制宜制定战略方针和着力提升从业人员待遇水平等措施，是解决这个行业就业吸纳能力的关键。最后，农林牧渔业是脱贫攻坚的主导产业，该行业投资对脱贫攻坚过程中的就业拉动能力有限，如何提升农林牧渔业就业能力是各级政府面临的重大挑战。

八 流通产业就业问题

流通产业是指商品所有者一切贸易关系的总和，是商流、物流、信息流和资金流的集合，包括批发、零售、物流、餐饮、信息和金融等诸多行业，目前流通产业已经在我国第三产业中占主导地位，其提供的就业岗位数量远远超过其他产业。贵州省流通产业面临着产业价值增加、产业结构变化、产业价值链升级等诸多挑战，这种变化直接影响着就业结构的变化。流通产业受到政策、经济形势、转型过渡期等因素的影响，使行业发展不协调，各个行业对于就业人员的吸纳能力差异性明显。

第四节 贵州省就业发展趋势研判

一 城镇从业人员规模预测

基于统计数据的一元线性回归预测显示，2013—2017年，贵州省各行业从业人员总量规模呈增长趋势，其复合增长率为3.11%，2017年全行业从业人员规模为450.50万人。未来3年，城镇全行业从业人员规模将有望保持3%左右的年均复合增长率，预计到2020年将超过490万人。

二　就业单位类型变化预测

（一）事业单位从业人员规模预测

基于统计数据的一元线性回归预测显示，贵州省事业单位人才规模从2013年的11.23万人增加至2017年的13.89万人，年均增长率为5.46%，预计未来3年仍呈增长趋势。事业单位的就业人员素质持续提升，整体呈年轻化趋势。

（二）乡镇单位就业吸纳能力预测

随着贵州省城镇化水平的不断提升，城镇单位从业人员规模总体上呈增长趋势。但是，贵州省城镇国有企业就业规模呈下降趋势，总规模从2013年的174.5万人减少至2017年的172.5万人，预计未来城镇国有企业在岗职工人员的规模将持续下降，事业、机关单位就业人数将增加。在就业吸纳能力方面，2013—2017年，贵州省个体户就业规模、城镇个体户就业规模与乡村个体就业规模的复合增长率分别为14.90%、8.03%和20.57%，个体就业人员规模、城镇个体就业人员规模和乡村个体就业人员规模的复合增长率分别为15.03%、11.67%和17.58%。基于统计数据的一元线性回归预测显示，在大扶贫战略行动支持下，乡镇单位对个体户的就业人员规模将有望保持15%左右的增长，乡村用人单位就业吸纳能力可能要强于城镇。

（三）私营企业就业规模预测

2013—2017年，贵州省私营企业个体户、私营企业规模以26.22%和20.9%的复合增长率快速增长，基于统计数据的一元线性回归预测显示，贵州省私营企业就业规模将有望继续保持现有增长趋势。在贵州省乡村私营企业中，就业规模以33.8%的复合增长率高位增长，增长幅度居于全国和西部地区平均水平之上，乡镇私营企业就业规模持续增长，有望成为未来就业的主力军。

三　各行业就业吸纳能力研判

（一）新增就业重点行业研判

2013—2017年，各行业就业规模增长排名前五的依次为：建筑业

（新增11.38万人）、公共管理、社会保障和社会组织（新增10.09万人）、教育行业（新增8.15万人）、卫生和社会工作行业（新增7.39万人）、租赁和商务服务业（新增6.58万人），且这5个行业的从业人员规模均呈增长趋势，复合增长率分别为5.91%、5.03%、3.85%、8.73%和16.77%，租赁和商务服务业有望成为未来吸纳就业能力最强的行业。

（二）就业吸纳能力最弱的行业研判

2013—2017年，贵州省各行业中吸纳就业能力最弱的3个行业分别为：采矿业（减少9.96万人）、电力、热力、燃气及水生产和供应业（减少4.28万人）和制造业（增加0.57万人）。其中，采矿业和电力、热力、燃气及水生产和供应业的就业规模呈减小趋势，其年均增长率分别为-5.84%和-8.56%，制造业增长缓慢，其复合增长率仅为0.19%。未来采矿业以及电力、热力、燃气及水生产和供应业3个行业可能存在较大的转移就业压力。

四 固定资产投资与工资水平对就业吸纳能力影响研判

（一）固定资产投资对就业的影响研判

2013—2017年，贵州省固定资产增长率排名前三的分别是：租赁和商务服务业（81.82%）、文化、体育和娱乐业（58.20%）以及信息、软件和技术服务业（55.74%）。租赁和商务服务业的就业增长率为16.77%，为全行业就业增长率最高的一个行业；文化、体育和娱乐业的就业增长率为9.75%，信息、软件和技术服务业的就业增长率为8.76%，其增速均排名在各行业前列。在电力、热力、燃气及水生产和供应业与采矿业两个行业中，固定投资增长率分别为13.99%和6.83%，就业增长率分别为-8.56%和-5.84%。据统计数据显示，固定资产投资对第三产业就业规模的拉动更为明显。

（二）从业人员工资水平对就业影响研判

2013—2017年，贵州省各个行业人员规模增长排名前列的公共管理、社会保障和社会组织以及教育两个行业的工资增长率分别为14.35%和13.77%，居于整个行业工资水平增速前三，且高于全行业平均工资水平。通过数理统计模型分析，行业工资水平的提升，对教育等行业就业规模的增长有一定的推动作用。

第五节　经验借鉴

一　合理利用东西部资源，促进经济发展，扩大就业

我国就业状况较好的地区都集中在东部，而西部的就业状况差。就业状况在地理分布上存在不均衡的现象。同时，我国某些地区的经济发展水平与就业水平存在不协调和不相称的情况。经济状况对就业有着直接的影响，必须保持经济快速且健康的发展，鼓励那些提供更多就业岗位的产业及行业。但同时也要注意提高劳动者的素质、保证高质量就业、使就业的综合水平与经济发展相协调。因此应大力发展经济，进一步增加就业岗位，降低失业率，提高职工待遇，促进经济发展与就业水平的协调发展，缩小城镇就业水平地区间的差异（刘玉琴等，2006）。而针对我国产业发展的突出问题，政府应加大政策扶持力度，推动西北地区的行业发展；在加大措施促进经济增长的同时扩大就业，注重平衡发展（李茜，2018）。

二　注重产业转型，加大对专业型人才的培养

宋锦、李曦晨（2019）研究发现，近年来，多个行业面临需求增速放缓、产能过剩、环境制约和产业结构调整的问题。与此同时，不同行业在生产方式调整过程中的要素投入差异性值得关注。一些行业属于资本密集型，例如制造业、采矿业；一些行业属于高技能劳动依赖型，如教育、科学研究和技术服务；另一些行业则属于低技能劳动依赖型，如住宿和餐饮业、批发零售业、居民服务业等。在我国产业整体不断升级的过程中，行业内部和行业之间通过要素投入变化表现出了明显的产业转型趋势。制造业经历了从低技能劳动力依赖到资本替代就业再到替代速度放缓的过程，东部地区制造业发展和转型明显快于中西部地区；服务业对就业的创造能力近年来持续下降，且不同行业的就业技能需求有显著的差异；批发零售和住宿餐饮业是吸纳制造业转移出的劳动力的主要部门。因此，应清楚地了解转型过程中的就业问题，制定相关政策，大力发展高等教育和高水平职业教育，通过在职培训帮助劳动者适应就业调整，增强再就业能力，这也是改善劳动生产率、克服我国逐渐失去廉价劳动力比较优势的出路。

陈冲、吴炜聪（2019）通过将产业升级分为产业发展、产业结构变动和产业价值链提升三个层次，对西部地区制造业的升级状况进行了定量分析，并系统性地分析了西部地区制造业产业升级对就业数量产生的影响。研究结果发现，产业产出增长和产业结构变动方向能够对就业产生促进作用，而资本存量增长和产业结构变动速度是相反的。产业升级的第三层次，即以全要素生产率提升为衡量的产业价值链提升对就业的影响并不显著，但对全要素生产率分解后的技术效率变动能够促进就业的增长。为了规避产业升级引发的失业问题，首先是要注重发挥劳动密集型制造业的基础优势，促进其向高技术、高附加值产业转变，创造新增就业岗位；其次是优先选择就业弹性小的行业调整，将就业的损失降至最低，与此对应，产业升级要选择就业弹性大的行业优先作为目标行业；再次是要充分发挥比较优势，以相对低廉的劳动力吸引来自中东部的产业转移，带动西部地区就业；最后是要注重高等教育发展，加大教育投入，注重职业教育培训，加大对专业型人才的培养。

三 加快企业转型，向高端价值链环节延伸

随着经济全球化的发展，国际垂直专业化分工日益普遍即特定产品生产过程中不同工序、不同零部件的生产分散到不同国家，每个国家都专注于产品生产价值链的特定环节进行生产。在这种生产模式下，不同的生产环节对生产要素有着不同的需求，特别是对不同技能水平劳动力的需求，进而对处于生产价值链不同环节国家的就业结构产生不同的影响。研究发现，垂直专业化分工对我国劳动力市场就业结构产生了重要的影响，对于工业部门来说，垂直专业化分工总体上降低了对熟练劳动力的相对需求，非熟练劳动力的相对需求增加，对中低技术行业的影响更为显著。而在高技术行业，垂直专业化分工增加了对熟练劳动力的相对需求，降低了非熟练劳动力的相对需求，但劳动力需求变动的百分比相对于全行业和中低技术行业要小。同时，

研发投入增加会大幅增加熟练劳动力的相对需求，中低技术行业的研发投入对熟练劳动力的相对就业拉动作用更为明显。因此，可采取一定的措施解决我国当下就业结构的问题，如加快企业转型，向更高端的环节进行延伸；鼓励高技术行业进行垂直专业化分工生产，增加对熟练劳动力需求；而中低技术行业应进一步加大对研发的投资力度，积极进行科技创新（臧旭恒等，2011）。

四 规范劳动力市场，建立健全劳动力市场制度

沿海经济发达地区的劳动力短缺已经成为全国普遍的现象。与此同时，即便面临外部经济环境的恶化，普通工人的工资仍然处于上涨状态。对于制造业企业而言，工资的变化趋势不可避免地会导致劳动力成本的上升。劳动力成本的上升将刺激企业以资本替代劳动，诱致企业实现技术变迁，并引致出企业对更高技能的劳动力的需求。因此，对劳动力市场而言，近年来的劳动力市场变化，已经显示了劳动力供求关系的转变，因此，目前正在推进的劳动力市场制度建设，需要在重视规范劳动力市场的同时，同样重视保护劳动力市场的灵活性，确保劳动力成本的变化尽可能的反映劳动力的稀缺性，并尽量减少规制对劳动力成本的影响（都阳，2013）。

第六节 对策建议

一 提升采矿行业转型升级扶持力度

贵州省城镇单位采矿业从业人员规模在2013—2017年减少近10万人，成为全行业中从业人员流失最为严重的行业，究其原因，一是粗犷型的生产模式已不符合环保要求；二是从业人员薪资待遇普遍较低，难以留住原有的技术人才。因此，应当加强对该行业产业转型的扶持力度，引进节能环保的生产设备，强化员工新技术的培训力度，保障现有从业人员的待遇，提升行业的就业质量。

二 提升能源供应业从业者再就业能力水平

人工智能的应用，极大地减少了该行业对岗位的需求，导致该行业的从业人员在 2013 年至 2017 年,从业人员规模减少了 4.27 万人,该行业的固定资产投资呈减少的趋势。因此建议如下:一是政府部门应加大该行业的扶持力度,减少企业转型过程中的经济负担;二是加强对从业人员的就业指导和技术培训,留住和用活现有技术人员,减少技术流失的风险。

三　鼓励从业人员返乡创业

当前,城镇单位建筑从业人员的规模呈逐年减少的趋势,随着智能制造计划推进,该行业从业人员就业岗位将受到挤压,对于此类劳动密集型的行业,如何提前规划和引导他们的就业方向,是迫切需要解决的问题。因此,基于这类从业人员的特点,引导农民工返乡就业创业可能是一条相对合适的路径。调查发现,贵州省的乡村个体就业人员增长幅度高于城镇个体就业人员增长幅度,越来越多的人选择返乡就业创业,加强返乡就业创业政策保障,不仅是乡村振兴战略的内在需要,也是转移就业的现实需求。

四　提高农林牧渔业从业人员工资水平

目前,贵州省农林牧渔业从业人员的平均工资仅占贵州省平均工资的 50% 左右,工资水平差距逐渐拉大,增速低于全省平均水平,"剪刀差"持续存在,农村劳动力转移就业意愿持续增长。因此,提高农林牧渔业从业人员工资,拉动就业规模增长,对实现乡村振兴战略具有重要意义。

五　促进建筑业提质增效

随着全国基建规模增速持续下降,未来建筑行业发展面临的发展趋势,决定政府部门应当从以下方面发力,推进建筑业从业人员就业质量提升:一是压减建筑项目审批时间,简化招标投标程序,推进招标投标交易全过程电子化,提升建筑业从业者对行业发展的预期;二是推动建筑产业现代化,推广智能和装配式建筑,鼓励企业进行工厂化制造、装配化施工。大力发展钢结构建筑,引导新建公共建筑优先采用钢结构,积极推广现代化生产;三是推进建筑节能与绿色发展相结合。政府投资办公建筑、学校、医院、文化等公益性公共建筑、保障性住房要率先执行绿色建筑标准,鼓励有条件地区全面执行绿色建筑标准；四是发展建筑产业工人队伍，为建筑产业专门培养一批好素质的专业技术人才队伍，鼓励现有企业做专做精；五是深化建筑业"放管服"改革，资质改革弱化企业资质，强化个人执业资格。加快修订企业资质标准和管理规定，简化企业资质类别和等级设置，减少不必要的资质认定，简化办事程序、放宽相关部门一定的权限。

六 提升固定资产投资对就业拉动效应

2019年调查数据显示，贵州省城镇单位制造业、农林牧渔业与金融业的从业人员呈减少趋势，虽然政府部门对相关产业的固定资产投资力度有所加大，但仍不能改变部分行业从业人员规模减少的状况。建议政府部门探索制定固定资产投资对就业拉动作用的评估机制，建立促进就业的产业投资引导机制，一方面可以保障固定资产投入的使用效能，另一方面也可帮助相关部门及时调整就业管理工作重心，促进新增就业人员实现平稳就业。

七 分级、分类引导就业需求服务

当前，由于各行业之间用工淡旺季不均衡、就业需求信息的不对称，造成了劳动力资源浪费。因此，建议政府部门通过利用贵州省大数据产业优势，搭建就业供需协调的信息交流平台，串联各行业的就业需求，提升人力资源效应，减少劳动力资源的浪费；此外，通过分级分类管理，为政策制定提供相应的事实依据，实时管控市场就业情况，提升政府部门就业服务水平。

八 提升流通业就业吸纳能力

统计数据显示，贵州省中小微企业占流通企业总量九成以上，因此要提升流通业吸纳就业能力，应当以小微企业作为切入点，尤其是在就业形势日趋严峻的背景下，确保小微流通企业的稳定和长远发展，以此保证流通业有充足的就业岗位。建议政府部门放宽内外资企业登记条件，简化登记手续，鼓励个体工商户转型升级；从财政投入、减免税、加强现代企业信息化、引进人才等方面给予支持；支持小微企业从事便民经营服务；支持一些大型企业将一些非核心业务环节外包给小微企业，鼓励其发展。

九 以产业结构优化带动就业结构优化

随着资源型投入要素对经济增长贡献潜能的枯竭及人口红利的消失，推动我国经济发展结构转型，经济增长模式从粗放式增长进入高质量增长阶段。经济增长和产业结构优化既要求供需均衡，也要求技术创新。随着我国国民收入的提高和劳动力素质的增强，物质与精神需求呈现多元化，为贵州省制造业、服务业提供了发展机遇，同时也催生了对高技能劳动者的岗位需求，从而为教育和培训行业发展提供了发展机遇。经济的高质量发展，使贵州省现有产业面临着结构优化与转型升级的问题，改变了劳动力的供给结构，也推动了就业人员主动适应各行业发展需求。因此，大力推进贵州省产业结构优化，有利于促进就业结构优化，进而促进贵州省经济的高质量发展。

第五章

贵州省各市（州）就业特点与发展趋势

贵州省地形复杂，民族众多，不同区域之间不仅存在自然地理、经济发展程度、社会结构差异较大，而且人口素质、社会文化、风俗习惯等也有很大的差异，这些差异可能对当地的就业产生系统的、复杂的影响。不同区域之间的就业问题产生的根源、特点、发展趋势等都迥然不同，政府的就业政策和措施也必然有异。因此，本章分别从总体状况、地区就业特点分析、问题研判、趋势研判、政策建议等方面，对贵州省各市（州）的就业情况进行分析。

第一节 各市（州）就业规模发展状况

贵州省共有10个市（州），其中贵安新区由于成立时间较晚，就业总量相对较小，经济总量与人口总量占全省的比重均低于3%，其经济发展与就业相关统计已根据原有归属纳入贵阳市与安顺市进行统计，并没有进行单独统计。因此，本章中所指的各市（州）将不包括贵安新区。本节主要基于单位从业人员规模、单位从业人员工资水平、各市（州）分行业属性从业人员规模等维度，对贵州省9个市（州）间就业差异与特点进行分析。

一 从业人员规模变化状况

2013—2017年,贵州省城镇(含私营)单位从业人员总规模呈逐年上升趋势,从2013年的398.66万人增加至2017年的450.50万人,年均复合增长率为3.11%。其中,年均复合增长率最高的市(州)为安顺市(5.72%)和贵阳市(3.84%),分别从2013年的23.2万人和117.73万人增加至2017年的29万人和136.9万人;年均复合增长率最低的市(州)为黔东南州(1.98%)和黔西南州(2.43%),分别从2013年的33.22万人和24.51万人增加至2017年的35.94万人和26.98万人(见图5-1)。

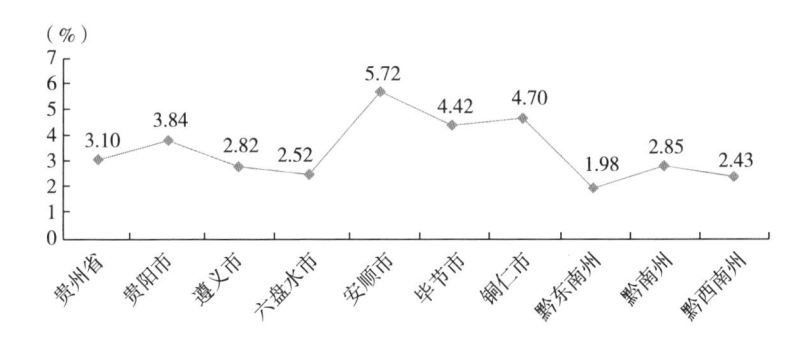

图5-1 2013—2017年贵州省各市(州)城镇(含私营)从业人员规模

二 城镇从业人员工资水平变化状况

2013—2017年,贵州省城镇(含私营)单位从业人员平均工资呈逐年上升趋势,年均复合增长率为10.10%。其中,年均复合增长率最快的市(州)为铜仁市(13.09%)和黔东南州(12.11%),分别从2013年的39349元和38976元增加至2017年的64364元和61577元;年均复合增长率最低的市(州)为毕节市(9.40%)和贵阳市(9.67%),分别从2013年的40854元和46116元增加至2017年的58512元和66724元(见图5-2)。

三 乡村从业人员规模状况

2013—2017年,贵州省各市(州)乡村从业人员规模年均复合增长率最高的市(州)为安顺市(1.15%)和遵义市(0.27%),分别从 2013 年的 149.36 万人和 411.35 万人增加至 2017 年的 156.36 万人和 415.78 万人；年均复合增长率最低的市（州）为毕节市（-1.44%）和贵阳市（-0.63%），分别从 2013 年的 468.76 万人和 116.51 万人减少至 2017 年的 442.25 万人和 113.58 万人，但毕节市乡村从业人员规模最大（见图 5-3）。

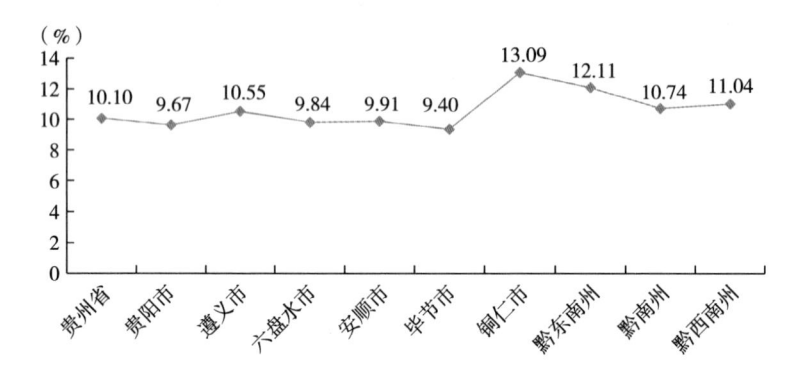

图 5-2 2013—2017 年贵州省各市（州）从业人员工资水平

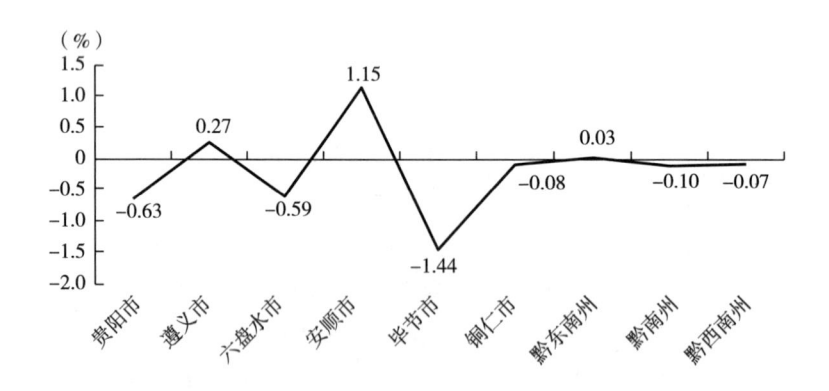

图 5-3 2013—2017 年贵州省各市（州）乡村从业人员规模

四 卫生行业从业人员规模状况

2013—2017 年，贵州省各市（州）卫生人员规模年均复合增长率最高的市（州）为黔西南州（10.43%）和遵义市（10.09%），分别从 2013 年的 1.46 万人和 3.98 万人增加至 2017 年的 2.17 万人和

5.84万人；遵义市的卫生人员规模最大，年均复合增长率最低的市（州）为安顺市（6.24%）和黔南州（6.30%），分别从2013年的1.19万人和1.87万人增加至2017年的1.52万人和2.39万人（见图5-4）。

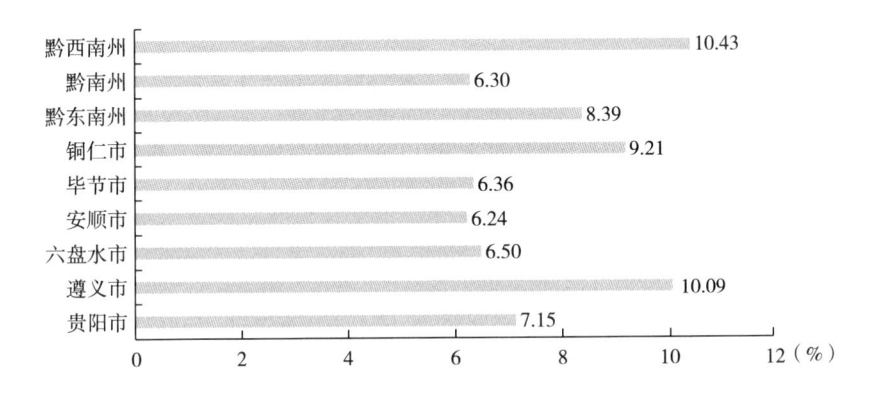

市（州）	年均复合增长率（%）
黔西南州	10.43
黔南州	6.30
黔东南州	8.39
铜仁市	9.21
毕节市	6.36
安顺市	6.24
六盘水市	6.50
遵义市	10.09
贵阳市	7.15

图5-4　2013—2017年贵州省各市（州）卫生从业人员规模

第二节　各市（州）就业特点

本节中各市（州）的就业特点，主要包括农村劳动力流动就业、工资差异、个体从业者规模三个方面。其中，基于女性农民工外出就业占比、流动就业中跨省就业规模占比以及跨省就业规模占常住人口比来分析各区域农村劳动力流动就业差异。

一　农村劳动力流动就业发展状况

（一）女性农民工外出就业发展状况

2017年贵州省女性农民工外出就业规模占本期外出就业总规模的比例为40.10%，居前三位的市（州）分别是黔南州、遵义市和贵阳市，占比分别为43.20%、43.17%和42.71%；居后三位的市（州）分别是安顺市、铜仁市和毕节市，占比分别为34.81%、35.07%和38.42%（见图5-5）。

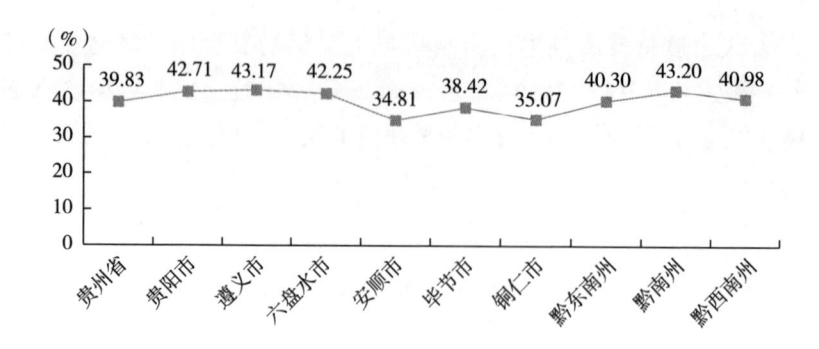

图 5-5 2017 年贵州省各市（州）女性农民工外出就业
规模占就业总规模比重

（二）跨省流动就业规模发展状况

1. 省外就业规模占本地外出就业规模的比重分析

2013—2017 年，铜仁市连续 5 年跨省外出就业规模占本地区期末外出就业规模的比例最高，均在 80% 以上，且高于全省平均水平。贵阳市连续 5 年跨省外出就业规模占全省期末外出就业规模的比例较低，均在 55% 左右，低于全省平均水平。整体而言，贵州省各个地区跨省就业占外出就业规模的比例波动不大。2017 年贵州省跨省外出就业人数占全省期末外出就业人数的比率为 69.3%（见图 5-6）。

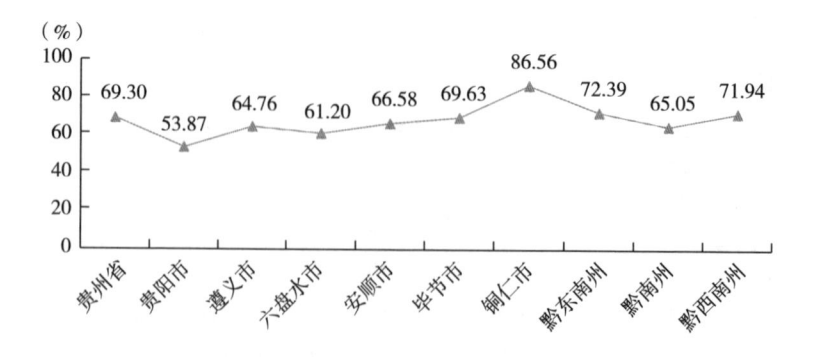

图 5-6 2017 年贵州省各市（州）跨省外出就业人数占
省内流动就业规模比重

2. 省外就业规模占本地区常住人口规模的比重分析

2013—2017年,铜仁市连续5年跨省外出就业人数占常住人口均在25%以上,高于全省平均水平。贵阳市连续5年跨省外出就业人数占常住人口的比例较低,均在10%以下且低于全省平均值。整体来说,贵州省各地区跨省就业占常住人口比波动不大,2017年全省各市(州)跨省就业规模占各地常住人口规模的比例为17.18%(见图5-7)。

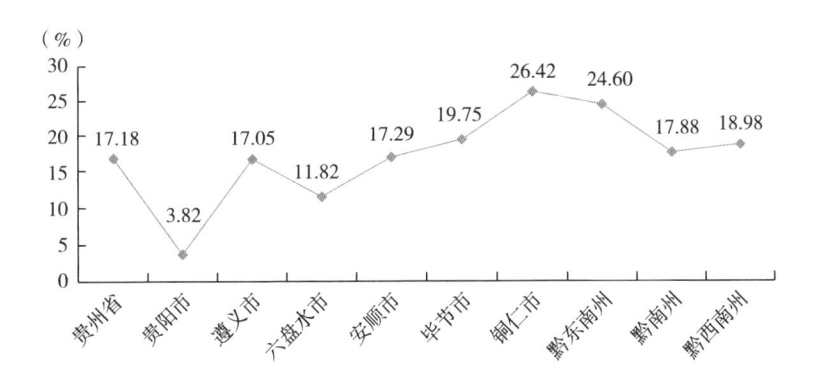

图5-7 2017年贵州省各市(州)跨省外出就业占常住人口比重

二 就业工资水平状况

(一)平均工资增长状况

2014—2017年,贵州省各市(州)中从业人员平均工资增长率最高的是铜仁市,增速均超过了10%,其中2015年达到了19.31%;平均工资增长幅度最小的地区为毕节市,其次是安顺市,两市均滞后于全省平均工资增长水平(见图5-8)。

(二)企业从业人员工资增长情况

2014—2017年,贵州省企业从业人员平均工资增长率相关数据显示,增长速度最快的是贵阳市,年均复合增长率高达10.61%,其次是遵义市,为10.30%;年均复合增长率最低的是毕节市,为6.27%,其次是黔西南州,为6.74%;2013—2017年,贵州省企业在岗职工平均工资增长率为 8.34% (见图 5-9)。

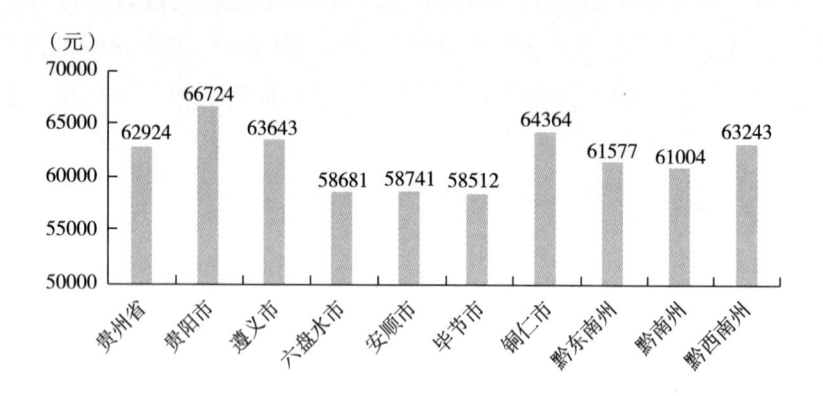

图 5-8 2017 年贵州省各市 (州) 从业人员平均工资

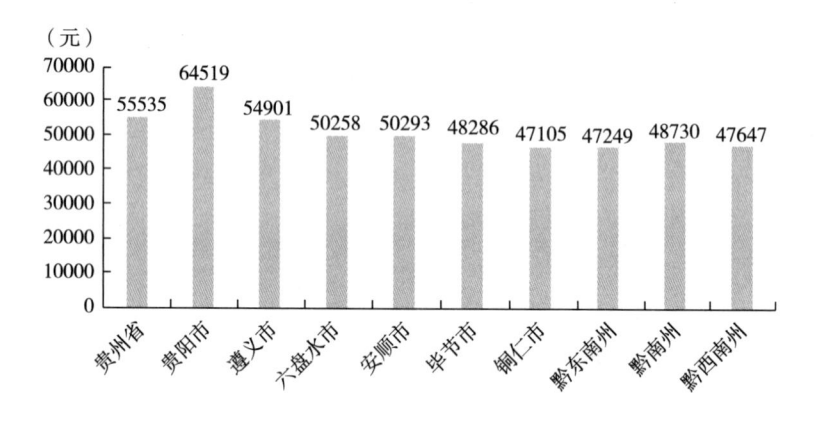

图 5-9 2017 年贵州省各市 (州) 企业从业人员平均工资

(三) 事业单位从业人员平均工资变化状况

据统计数据显示, 2017 年度, 黔西南州事业单位从业人员年平均工资达到了 88414 元, 其次是遵义市、铜仁市, 分别为 81919 元, 81806 元; 事业单位从业人员年均工资最低的是毕节市, 为 71215 元; 其次是安顺市, 为 72988 元; 其他地区至少比毕节市和安顺市高出 5% 以上 (见图 5-10)。

三 个体从业者规模发展状况

2013—2017年,连续5年贵州省个体工商户资本金最多的是遵义市,且数量在逐年增加。在个体工商户从业人员规模方面,2017年,遵义市超过260万人,毕节市超过200万人,贵阳市超过170万人;六盘水市、安顺市、黔西南州个体工商户的资本金投入相对于其他各市(州)较少(见图5-11)。

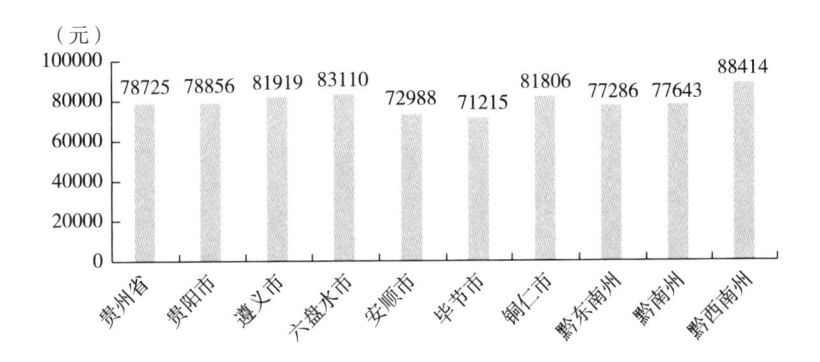

图5-10 2017年贵州省各市(州)事业单位从业人员平均工资

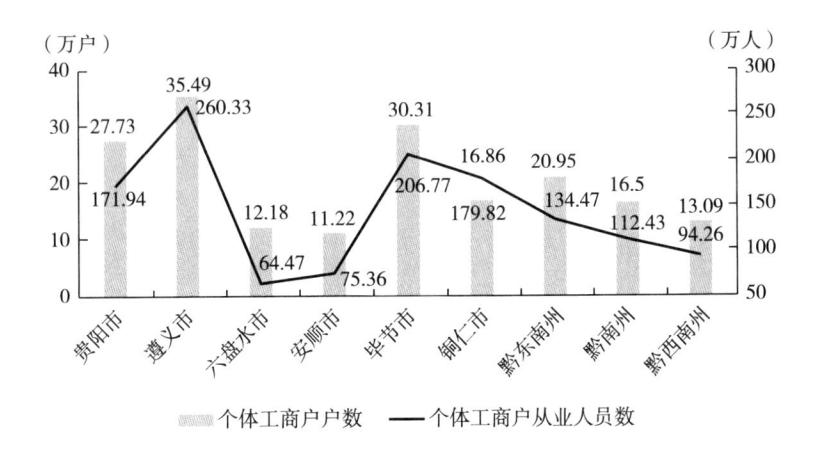

图5-11 2017年贵州省各市(州)个体工商户户数及个体工商户从业人员规模

第三节 各市（州）就业问题研判

一 女性外出就业问题

据统计数据分析显示，贵州省各市（州）女性外出就业规模的大小受地区经济发展水平的影响明显。在贵州省经济发展水平较低的市（州）中，2017年外出就业的女性规模在全省外出就业女性总规模中占比较低，经济发展相对滞后的地区环境对女性群体就业的流动性产生了阻碍。

经济欠发达地区的基础设施不够完善，迁入或投资兴办的企业较少，能够提供的就业岗位有限。此外，女性受制于生理与心理影响，在就业过程中存在性别歧视现象，进而挤压了贫困地区女性就业空间。

二 专业技术人才存量问题

一个地区要发展，首先就要做好人才的培养工作，尤其是对专业技术人才的投资方面，专业技术人员规模的大小是决定地区经济发展水平的重要力量。据统计数据显示，作为贵州省地区生产总值最低的市（州）是安顺市，2017年度该地区生产总值为802.46亿元。安顺市事业单位和公有经济企业专业技术人才保有量为34765人，为全省各市（州）中最低，专业技术人才对于该地区经济发展的贡献度偏低，专业技术人才保有量不足制约着该地区经济创新发展。

安顺市专业技术人员总量少的原因可能是来自多方面的。一是受人才培养成本、周期与风险的影响，用人单位对专业技术人才"重引进、轻培养"，而人才引育工作成效不佳则直接制约了本地区专业技术人才的存量增长；二是受"虹吸效应"影响。由于距离贵阳市仅有1小时左右的车程，省会城市对人才的"虹吸效应"决定了安顺市难以吸引和保留人才；三是本地区在研发经费方面投入不足，专业技术人才的科研平台与载体欠缺，从而制约了本地区专业技术人员的容量；四是由于当地的吸引力不够，相应的配套措施不完善，许多优惠政策难以落地也是制约专业技术人才存量的主要因素。

三 失业问题

据统计数据显示,贵州省2017年地区生产总值最高的市(州)分别为贵阳市(3537.96亿元)、遵义市(2748.59亿元)、毕节市(1841.61亿元)和六盘水市(1461.71亿元)。然而,这四个地区的登记失业人数(贵阳市为3.50万人、遵义市为2.28万人、毕节市为1.44万人、六盘水市为1.75万人)居全省前列,失业者占本地区从业人员规模的比例接近于全省平均水平,这说明地区经济规模对于区域内失业促进作用并不明显。

第四节 各市(州)就业发展趋势预测

针对地区差异,本节从从业人员年平均工资、在岗人员年平均工资、跨省外出就业规模三个维度进行趋势预测,把握不同区域之间未来就业发展优势,为把握全省就业环境、制定差异化政策措施、促进就业环境改善提供决策参考。

一 新增跨省外出就业规模预测

根据贵州省2013—2017年新增跨省外出就业规模分析,虽然跨省就业人员回流加速,但是贵州省新增跨省外出就业平均人数年均增长率仍达到7.19%,且近两年呈现明显上升趋势。预计2018—2020年贵州省跨省外出就业规模将会持续上升。2017年,黔东南州新增跨省外出就业人数为2596万人,年增长率为19.75%,规模与增速均高于其他各市(州)。在2018—2020年,黔东南州新增跨省外出就业人数将达到40万人,高于全省其他地区。

二 从业人员平均工资水平变动状况预测

贵州省2013—2017年从业人员年平均工资年均增长率为8.01%。2017年贵州省从业人员年平均工资为62924元。预计在2018—2020年贵州省从业人员年平均工资有望保持7%以上增长速度,2020年达到7.7万元。其中,2017年贵阳市从业人员的年平均工资最高。

2013—2017年贵阳市年平均工资的年均增长率为7.67%，呈上升趋势（见图5-12）。预计到2020年贵阳市从业人员年平均工资将超过8.1万元，仍将高于贵州省其他各市（州）及全省从业人员年平均工资。2013—2017年，铜仁市从业人员的年平均工资增长率最高，为10.34%。2017年，铜仁市从业人员年平均工资为64364元，预计未来铜仁市从业人员的年平均工资将可能接近贵阳市工资水平，高于除贵阳市之外的其他省内从业人员年平均工资。

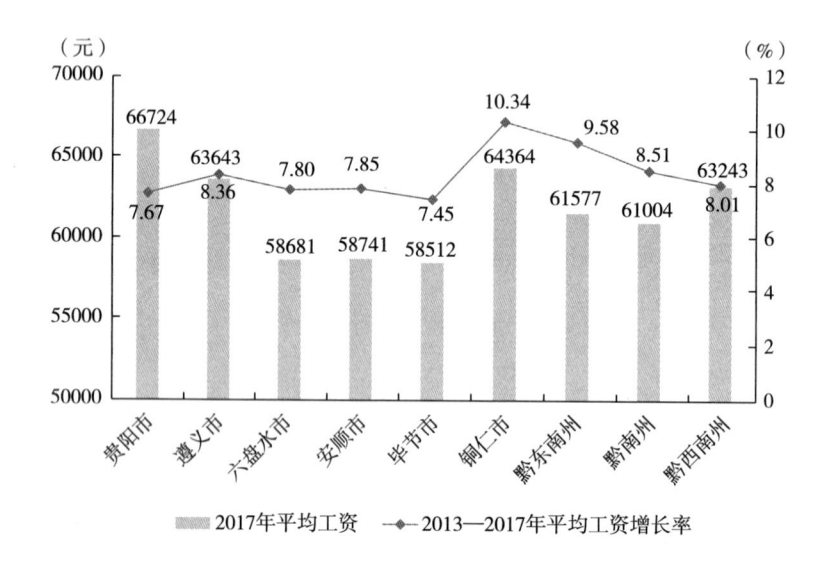

图5-12　2017年贵州省各市（州）从业人员年平均工资增长变化

第五节　经验借鉴

一　统筹协调劳动力流动对区域就业的影响

姜乾之、权衡（2015）指出，自改革开放以来，东部沿海地区人口的急速增加使该地区消费市场迅速扩大，更高的就业和消费预期吸引劳动力和厂商同向转移，东部地区更多的消费选择和更高的实际工资水平，吸引中西部地区人口的持续流入。我国的劳动力流动与地区产业集聚之间表现出互为因果的关联性。一方面，区域间差异是维持劳动力跨区域流动的重要动力机制，随着东部地区内部差距的逐步缩小，该区域劳动力迁移的意愿已开始减弱；另一方面，在东部地区经济一体化水平尚未进入高级阶段之前，劳动力跨地区流动仍在为非农产业的区域集中推波助澜。他们认为，在劳动力流动与区域经济协同的道路上，要进一步消除影响要素自由流动的制度樊篱，发挥市场基础性的要素配置功能，鼓励和引导企业创新成为当前我国的区域政策取向。

范剑勇、王立军、沈林洁（2004）从产业集聚与劳动力要素跨地区流动方面进行分析，他们发现农村劳动力流动有两个不均衡：一是从流出地来看，主要集中在人口较为密集的地区；二是从流入地来看，主要流向经济发达、产业聚集的地区。由于这些流动也造成了地区之间的经济差异，因此为了缩小区域之间的差距，首先他们认为要加快区域之间的一体化进程，使核心区的产业向外围区域扩散，带动就业。其次创造软环境使中西部农村劳动力向当地城市转移，这也是西部开发应着力解决的问题。

吴昌林、王光栋（2007）以中部地区为例研究发现跨区域的对外劳务输出是调节各区域间劳动力供求矛盾的一个重要途径。指出要发挥劳务输出对促进地区就业增长的作用，进一步扩大劳务输出规模，关键是要发展教育和培训，提高劳动者素质，增强外出务工人员的就业竞争力。通过多方面的努力，政府因势利导对劳动力进行培训教育，并加以一定的扶持，积极拓宽教育投融资渠道和调整教育结构，促进区域之间的劳动力流动和提升就业质量。

莫旋、唐成千、阳玉香（2019）通过从分层异质视角研究中国流动人口就业影响因素与就业选择发现，老一辈流动人口偏向于创业型就业，而新生代流动人口偏向于务工型就业。因此，各区域要创造不同的就业模式和多路径的制度安排，分类引导，制定不同的就业促进机制；改善流动人口的就业环境，拓宽流动人口创业资金的获取渠道，为流动人口的创业活动提供资金支持，以创业带动就业，从而提升流动人口的就业质量。

李嘉慧（2018）指出，人口由于务工、经商等原因在不同地区间大规模流动，已经成为城镇化快速发展和社会制度变迁中的一个重要社会现象。区域间的基础服务设施、医疗、教育等不均衡也会影响劳动力人口的流动方向。他指出完善流动人口社会保障制度、增强就业信息对称性和提高流动人口就业自主性，引导相关流动政策与就业政策协调发展，将有利于推动城镇化发展进程。

二 区域经济发展水平和收入差距对就业的影响

于潇、孙悦（2017）认为，基于户籍、市民福利、公共服务制度等之间的差异，可以将流动人口分为城镇流动人口和农村流动人口，基于2015年全国流动人口动态监测数据的分位数回归分析，发现跨省流动的成本较大，城镇流动人口的个人禀赋及社会资本都优于农村流动人口，能够在竞争更加激烈的劳动力市场中获得更大收益。作为理性经济人，在流动后收入明显提升的情况下，他们会进行主动选择给自身带来更大收益的区域。随着收入等级的不断提高，流动范围对城镇流动人口收入的提升幅度大于农村流动人口。城镇之间尤其是东西部之间的这种情况非常显著。

罗俊峰、童玉芬（2015）指出，低学历、农村户籍的流动人口，其中落后地区、劳动密集型等低端行业就业的工资低且性别差异更明显，且年龄、外出务工的年限、户口性质的影响尤为明显。目前，劳动密集型产业发达地区会提供更多不同类型的就业机会，大部分的流动人口都是落后地区向产业发达地区流入。

李培林等（2010）通过研究表明，近年来农民工工资的增加速度快于城镇职工，这也意味着农民工的工资收入和城镇职工的差距正在逐渐缩小。但是，城乡之间、中西部地区和东部沿海地区之间的经济发展还是有差距，因此，农民工和城镇职工的工资收入差距还十分明显，他们的平均月工资只相当于城镇职工的76.3%。同时他们也会向经济收入高的地区涌入，获得就业的机会。

陈传波等（2015）通过从宏观层面分析流动人口群体内部的工资收入差距，并且专门研究了跨县城与乡城两种类型流动人口的工资收入差异，他指出两类流动人口的工资收入差距主要是人力资本造成的。中西部经济水平比东部沿海地区稍弱，产业种类单一，提供就业机会相对较少。

三 其他影响区域就业与人口流动的因素

王宁（2017）通过推拉模型发现西部地区的劳动力跨省流出率低的原因，并不在于推力和拉力的不足，一部分原因是因为距离，另一部分原因是当地是否有自身所需的就业行业。尽管某些地区某个行业发展很好，但就业岗位是属于高技术人才的，对于普通劳动人口来说是不适合的，他们也不会到这些区域寻求就业机会。

潘丹丹、王子敏（2017）指出，中部和西部地区是高技能型人口的净流出地，而东部地区是净流入地。互联网引发的劳动者技能的提升，给中国的流动人口劳动力市场带来了显著的技能偏向效应，表现为掌握互联网技能的农村劳动力与没有掌握的农村劳动力相比更倾向于本地就业，而掌握互联网技能的城镇户籍劳动力的就业选择没有显著的区域性倾向。要推动农村户籍的互联网技能劳动力的就业，就要推动他们与本地社会的融合，提升他们的工作稳定性。

第六节 对策建议

贵州省各市（州）就业发展呈现出不同特点，本节基于贵州省九个市（州）就业情况总结，认为应当从持续发展地区经济、促进女性群体就业公平、提升专业技术人才保有量、积极建立健全多类型就业服务平台、着力提升就业质量以及畅通人才流通渠道等多方面进行政策调整和制度创新，改善全省各区域就业环境，促进各区域就业质量提升。

一 促进地区经济快速发展

经济发展水平不高的地区，经济总量是就业岗位的重要体现，经济增长则意味着就业岗位的增长，如统计数据显示，贵州省各市（州）外出就业规模的大小受地区经济发展水平影响显著，其中重要原因是经济发展水平低下的地区提供的就业岗位和薪酬水平无法满足该地区劳动力需求。因此，要通过优化营商环境、发展特色产业等多种方式促进地区经济快速发展，提供数量更多、质量更优的就业机会。

二 促进女性群体就业公平

前期研究表明，促进女性就业公平、增加女性就业机会，是释放地区人力资源潜能、提升地区劳动参与率的有效途径。因此，各级政府应该从以下方面着手促进女性群体就业公平：一是加强女性就业权益救助机制建设，努力消除就业的性别歧视，保障女性群体获得与男性群体同等的工作机会；二是加强女性就业宣传力度，转变女性就业观念，提升地区就业质量；三是加大对女性劳动力职业能力的培训，让女性群体有能力实现就业。

三 提升专业技术人员保有量

据统计数据分析揭示，贵州省很多地区专业技术人员规模偏小，对于该地区经济创新发展的贡献度不足。因此，应加强地区专业技术人员开发力度，提升专业技术人员保有量，充分发挥专业技术人员对于经济发展的支撑作用，为地区经济发展注入创新活力。

四 积极建立健全多类型就业服务平台

打造创新创业平台，是提升区域经济活力，改善创新创业环境的有效路径。因此，一是要完善企业孵化器等服务职能，扩大人才创新创业载体，激发创新创业活力，为地区的经济发展注入新鲜活力，为增加地区就业机会提供支撑。二是推动优惠政策的落地实施，坚持专业技术人员引进与留存并重；再加大力度吸引更多的优秀人才。三是完善服务政策机制，在企业急需人才的情况下就要简化招聘程序，建立"人才引进绿色通道"，推动子女入学、住房补贴与人才引进协作联动，优化人才服务环境。

五 着力提升就业质量

数据分析揭示，贵阳市、遵义市、毕节市和六盘水市四个市的登记失业人数是贵州省较多的市（州），地区经济的发展对于区域内失业人员再就业促进作用并不明显。因此，在提升地区经济发展水平的前提下,应加强就业指导与失业再就业培训服务,着力改善地区就业环境,大力提升就业质量,为全省就业工作做出地区性贡献。

改善地区就业质量,应从以下几个方面着手:一是强化政府对人才市场宏观调控职能和对人才流动的导向作用,引导人才向经济社会急需领域、紧缺领域、基层一线流动;二是积极完善人才供需对接信息平台,分行业、分类别打造各类人才信息库与人才需求发布平台,推动企事业单位精准选人、用人,推动就业者获取信息的针对性与便捷性;三是加强从业人员前期的就业指导,明确自身定位与工作需求,降低就业搜寻成本;四是对失业者进行再培训上岗,让失业者获得社会所需技能,提升失业者再就业稳定性;五是推进人才的培训、录用、就业、流动、失业等各环节协作联动,提高就业和再就业质量,加快地区经济快速发展。

六 畅通人才流通渠道

目前,贵州省人才分布存在"体制内多、体制外少,公有制多、私有制少,政府事业单位多、产业企业少"的基本现状,行政机关、事业单位、企业三者之间人才流动尚存在诸多隐形障碍。因此,一是要转变观念,要有"容人的雅量",要有海纳百川的精神,吸引与接纳各领域优秀的人才;二是需要进一步畅通人才流通渠道,推动人才在行政机关、事业单位、企业三者之间的自由转换;三是建立多元化的人才引进体系,并支持人才在各个领域间相互流通;四是本着"不求所有,但求所用"的原则,鼓励各类人才来本地区兼职、技术投入和技贸合作等,鼓励人才柔性流动。

第六章

贵州省女性群体就业特点与发展趋势

第一节 全国女性就业规模状况

目前,我国社会经济快速发展,经济发展水平不断攀升,女性受教育程度不断提高,女性劳动就业成为透视一个社会中女性的经济权利和社会地位的重要视角。女性就业既是女性获得并保有财产权利的重要途径和保障,也是实现男女平等、提高妇女地位的先决条件,进而影响到社会的和谐与稳定。

一 女性就业规模状况

从全国总体情况来看,全社会就业人员中女性占比超过四成。女性就业选择更加多元,"妇女能顶半边天"的作用愈加凸显。2018年,全国女性就业人员占全社会就业人员的比重为43.7%,比上年提高了0.2个百分点,超过《中国妇女发展纲要(2011—2020年)》中"保持在40%以上"的目标。①

二 女性城镇就业状况

在城镇就业方面,城镇单位女性就业人员规模为6545万人,比

---

① http://www.stats.gov.cn/tjsj/zxfb/201912/t20191206_1715998.html.

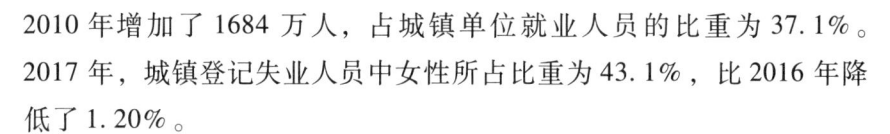

2010年增加了1684万人，占城镇单位就业人员的比重为37.1%。2017年，城镇登记失业人员中女性所占比重为43.1%，比2016年降低了1.20%。

三 女性专业技术人员就业状况

在人才类别方面，女性专业技术人员持续增加。2017年，公有制企事业单位中女性专业技术人员为1529.70万人，比2010年增加了260.30万人，所占比重为48.60%，提高了3.5个百分点；其中，女性高级专业技术人员为178.90万人，比2010年增加了77.30万人，所占比重为39.30%，提高约4个百分点，提前达到了《中国妇女发展纲要（2011—2020年）》中设定的就业目标。

第二节 贵州省女性就业规模发展状况

近年来，贵州省女性从业规模和受教育程度均低于全国与西部地区的平均水平。具体分析显示，在就业人员规模变化上，女性就业人员规模增速高于男性；在就业人员受教育占比上，女性就业人员受教育比例远低于男性。贵州省女性就业整体呈现出受教育程度低、失业率下降的就业特点。

一 贵州省女性从业人员规模状况

从2012年的失业保险或生育保险缴费比例测算，女性从业人员规模约为750.41万人，占总从业人员规模的比例为40.11%；2017年，女性从业人员规模约为906.88万人，女性占从业人员规模的比例为44.63%，高于2018年度全国女性就业人员占全社会就业人员的比重（43.7%）。历年数据表明，贵州省女性从业人员规模逐步增加，女性从业者占全省从业规模的比例稳步上升，成为贵州省经济社会快速发展的推动力。

二 贵州省城镇单位女性从业人员规模

2012年全国城镇单位平均就业人数为491.5万人，2016年全国城镇单位平均就业人数为577万人，增加了85.5万人，其中女性平均就业人数增加了34.15万人，占增加人数的比重为39.94%；2012年西部地区城镇单位平均就业人数为272.2万人，2016年西部地区城镇单位平均就业人数为319.8万人，增加了47.6万人，其中女性平均就业人数增加了20.24万人，占增加人数的比重为42.52%；2012年贵州省城镇单位就业人数为269.5万人，2016年贵州省城镇单位就业人数为310.5万人，增加了41万人，其中女性就业人数增加了20.62万人，占增加人数的比重为50.29%（见图6-1）。2013—2017年，贵州省城镇单位平均就业人数和女性就业人员增长率呈正向关系，从2013年开始，增长趋势逐渐下降，但仍高于全国和西部地区平均增长幅度。2013—2017年，贵州省城镇单位女性从业人员规模在城镇单位就业人员中的占比与增速均高于全国和西部平均水平，其中女性规模占比基本与男性持平。

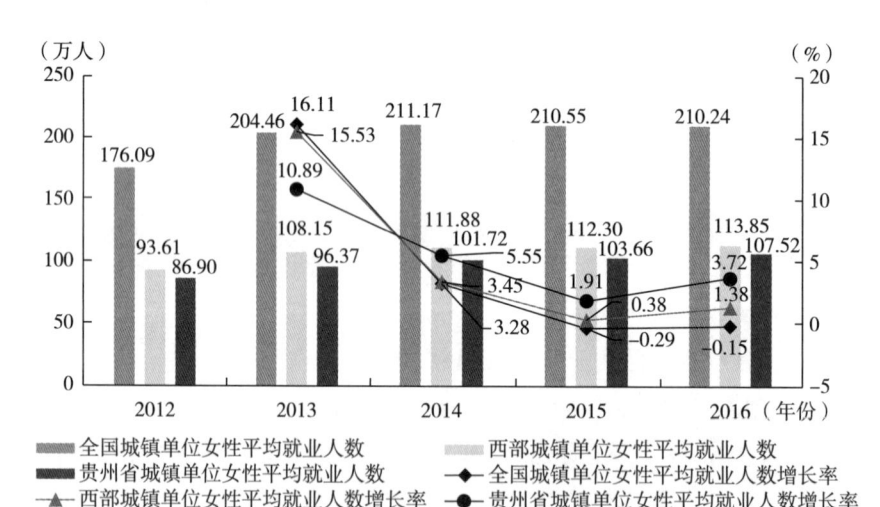

图6-1 2012—2016年全国、西部地区与贵州省城镇单位女性平均就业人员及增长率①

三 贵州省女性劳动参与率

贵州省女性劳动年龄人口为1155.68万，从业人员占比为

---

① 本部分数据来源如无特别说明，均来源于《中国劳动统计年鉴》。

44.63%，推算出贵州省女性从业人员规模为906.88万人，则贵州省女性劳动参与率为78.47%，男性劳动参与率达到90.74%。按国家公布的经济活动人口占适龄劳动力人口比计算，2017年劳动参与率为77.79%。按44%的女性从业者规模占比，48.8%女性劳动力人口占比，推测出中国女性劳动参与率为70.14%，男性劳动参与率为85.08%。以上数据表明，贵州省女性劳动参与率比全国平均水平高7.65个百分点，而中国女性劳动参与率为全球最高，贵州女性则远高于全国平均水平，贵州省女性劳动参与率居于全球前列。

四 贵州省女性失业状况

2012—2016年，西部地区城镇登记平均失业人数增加了2.6万人，其中女性平均失业人数增加了1.7万人，占比为65.4%；贵州省城镇登记失业人数增加了2.24万人，其中女性失业人数增加了0.9万人，占新增失业人数比为40.2%（见图6-2）。

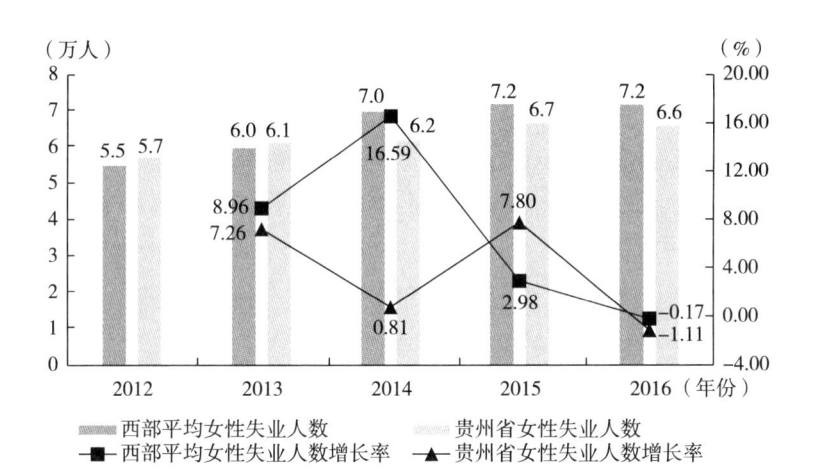

图6-2 2012—2016年西部地区与贵州省城镇登记女性失业人数及增长率

从增长率看，贵州省总体失业人员增长率和女性失业人员增长率整体低于西部平均水平（见图6-3），与全国以及西部地区呈相反态势。

五 贵州省女性就业群体受教育状况

值得警惕的是，2013—2017年全国未受教育的从业人员比例呈上

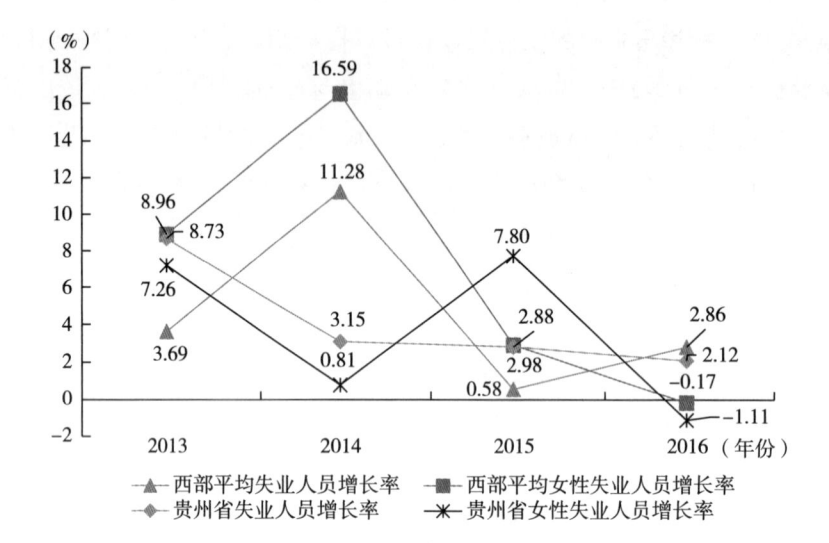

图6-3 2012—2016年西部地区与贵州省女性失业人数增长率

升趋势，一方面说明劳动力资源结构性短缺背景下的低端体力劳动岗位用工标准的下降，另一方面说明未受教育者参与社会竞争的自信心增强、机会增多、公平性提升。2012—2016年，全国女性就业人员未受教育平均比例从3.1%上涨到了4.2%，涨幅高于男性（从1%增长到1.4%）；西部地区女性就业人员未受教育平均比例从6.6%增长到9.9%，也高于男性（从2.4%增长到4.4%）；贵州省女性就业人员未受教育平均比例从9.2%上涨到了16.2%，占女性从业人员规模的比例约为1/6。图6-4数据显示，全国就业人员未受教育比重加大，女性就业人员未受教育从业者规模占比约为男性的4倍。从增长幅度来看，贵州省男女性就业人员未受教育从业者规模增长率都呈正增长趋势，增长幅度都远高于全国和西部平均水平（见图6-4），说明了脱贫攻坚背景下贵州省农村剩余劳动力外出就业的积极性大幅提升，贵州省女性劳动者更加勤劳务实，更愿承担养家责任。

六 贵州省女性参与的积极性

总体看来，贵州省女性更加勤劳，主要体现在以下几个方面：一是劳动参与率比全国平均水平高7.65%；二是女性失业率低于男性；三是建筑行业全国平均女性就业规模占比从11.63%下降到10.93%，西部地区平均女性就业规模占比从 13.17% 下降到 12.52%，贵州省女性就业规模占比从 10.98% 上升到 14.01%，与全国呈反向增长趋势。以上数据说明贵州省女性劳动人口相对中国其他大多数省份可能更加勤劳。

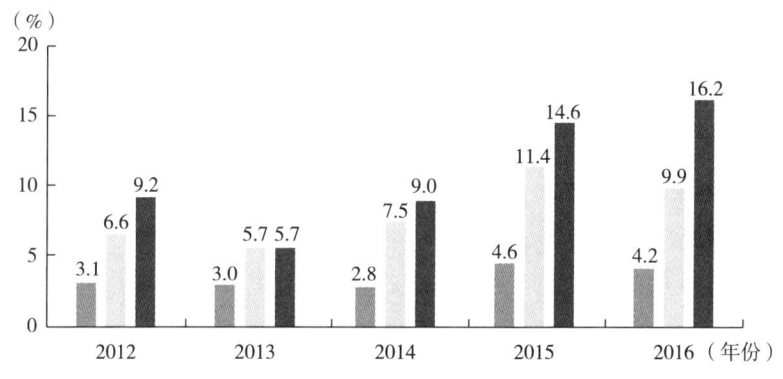

图 6-4 2012—2016 年全国、西部地区与贵州省女性就业人员未受教育比例

第三节 贵州省女性群体就业的行业分布状况

女性就业人员的行业分布是反映女性参与经济发展的重要指标，本部分通过分析城镇单位女性在 18 个行业门类的分布状况，展示女性就业人员的行业分布特点。

一 农林牧渔业女性就业者规模发展状况

2012—2016 年，贵州省农林牧渔业总体就业规模呈负增长趋势，女性就业规模下降趋势与总体就业规模变化趋势基本一致。2012 年，全国农林牧渔业平均女性从业者规模占本行业就业者规模的比例约为 36.9%，西部地区约为 40%，贵州省约为 28%，贵州省农林牧渔业女性规模远低于全国和西部平均水平。2016 年，全国农林牧渔业女性就业规模占本行业总就业规模的比重约为35.5%，西部地区平均约为39%，贵州省约为31.8%，说明在2013—2017年，全国和西部地区农林牧渔业就业规模中女性的比重有所下降，而贵州省农林牧渔业就业规模中女性规模的比重逐步提升（见图6-5）。

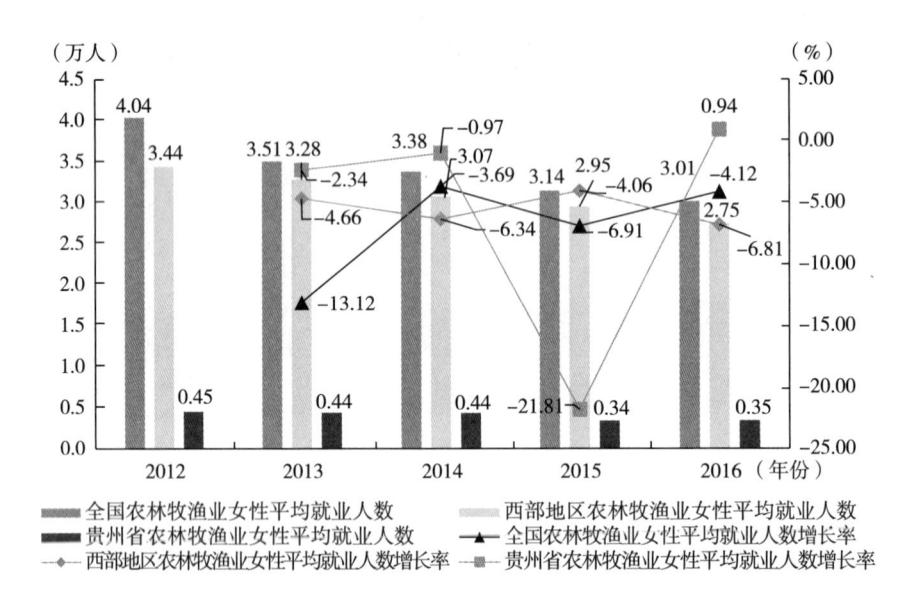

图6-5 2012—2016年全国、西部地区与贵州省农林牧渔业女性就业人数及增长率

二 采矿业女性就业规模发展状况

2012—2016年，贵州省采矿业总体就业增长率和女性就业增长率均低于全国和西部。贵州省采矿业总体和女性就业增长率在2012—2013年呈上升趋势，2014—2016年呈负增长趋势；2012年，贵州省采矿业女性占本行业从业者比例仅为11.5%，低于西部地区采矿业女性平均占比（16.3%），贵州省采矿业对于女性就业人员的吸纳能力较差。2012—2016年，贵州省采矿业女性从业者从2012年的2.09万人下降到2016年的1.53万人，规模减少了0.56万人，规模缩减了26.79%，略高于行业规模缩减程度26.19%（见图6-6）。预计到2020年，贵州省采矿业女性就业人数规模在1.1万人左右。

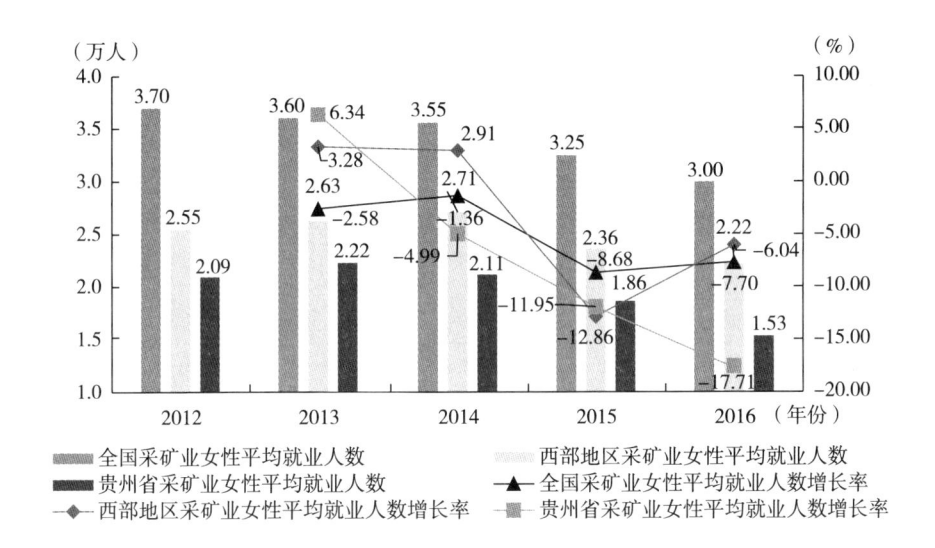

图 6-6 2012—2016 年全国、西部地区与贵州省采矿业女性就业人数及增长率

三 制造业女性就业规模发展状况

2012—2016 年,贵州省制造业总体和女性就业增长率呈负增长趋势。2012 年,全国女性在制造业的就业规模占全国制造业就业总规模的比例为 38.97%,西部地区为 33.5%,贵州省为 32.21%;2016 年全国女性在制造业的就业规模占全国制造业就业总规模的比例为 39.34%,西部地区为 34.32%,贵州省为 33.75%,占比均呈缓慢上升趋势。然而在此期间,全国制造业女性就业规模增长了 15.92%,而贵州省制造业就业规模下降了 11.54%,与全国呈反向变化趋势(见图 6-7)。贵州省的制造业水平一直低于全国和西部平均水平,女性就业人员规模占比低于全国平均水平约 5%。

四 电力、热力、燃气及水生产和供应业女性就业规模发展状况

2012—2016 年,全国电力、热力、燃气及水生产和供应业就业人员规模增长了 12.50%,贵州省增长了 44.81%,在过去五年中,贵州省公共资源供给就业规模与全国平均水平差距逐步缩小,接近全国与西部地区平均水平,贵州省基本公共服务供给水平进一步提升。在就业人员性别分布方面,全国电力、热力、燃气及水生产和供应业中

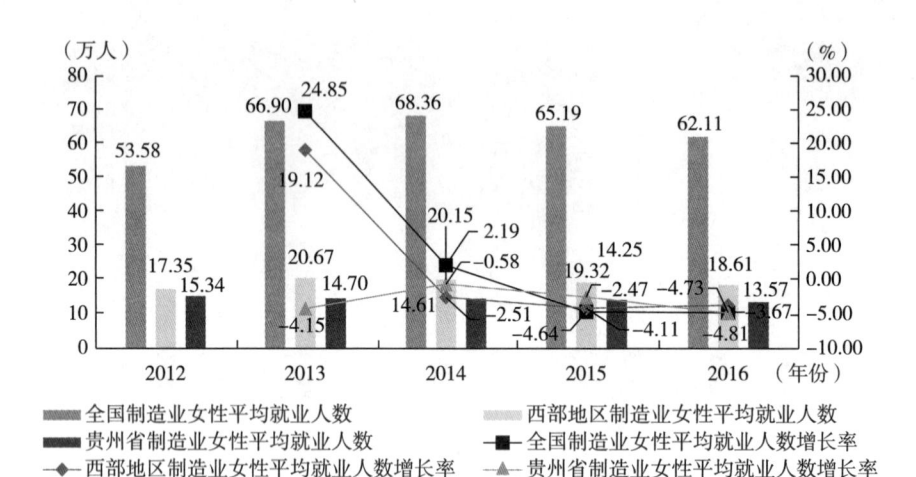

图 6–7　2012—2016 年全国、西部地区与贵州省
制造业女性就业人数及增长率

女性从业人员在本行业总就业规模的比重从 2012 年的 28.36% 下降到 2016 年的 27.31%，西部地区电力、热力、燃气及水生产和供应业中女性从业人员的比重从 2012 年的 31.02% 下降到 2016 年的 29.63%，贵州省电力、热力、燃气及水生产和供应业中女性就业规模的比重从 2012 年的 28.55% 下降到 2016 年的 26.36%。总体而言，本行业女性从业人员的比重较小，且从业人员的性别分布差距被进一步拉大（见图 6–8）。

五　建筑业女性就业规模发展状况

2012—2016 年，全国建筑业就业人员规模增长了 26.22%，西部地区增长了 21.2%，贵州省增长 23.72%，贵州省建筑业就业人员规模增速在 2012—2016 年低于全国平均水平。在从业人员性别分布方面，全国建筑业中女性就业规模占本行业总就业规模的比重从 2012 年的 11.63% 下降到 2016 年的 10.93%，西部地区的比重从 13.17% 下降到 12.52%，贵州省的比重从 10.98% 上升到 14.01%（见图 6–9）。全国和西部建筑业中女性从业人员的比重较低，且逐步降低，就业规模的性别差距进一步拉大，但贵州省的女性比重要高于全国和西部水平，且逐步增长。

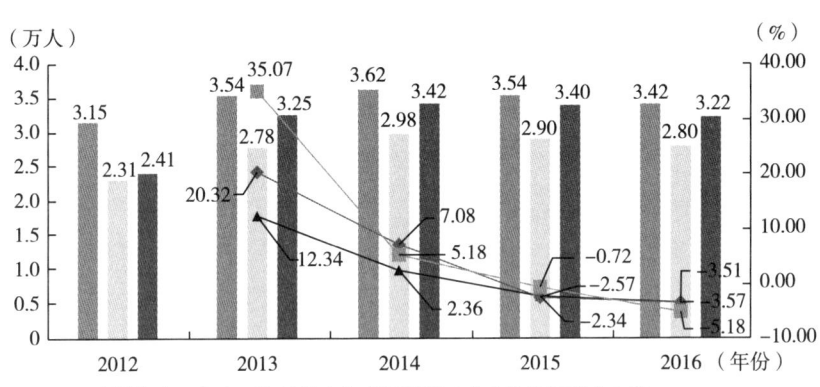

图 6-8 2012—2016 年全国、西部地区与贵州省电力、热力、
燃力及水生产和供应业就业人数及增长率

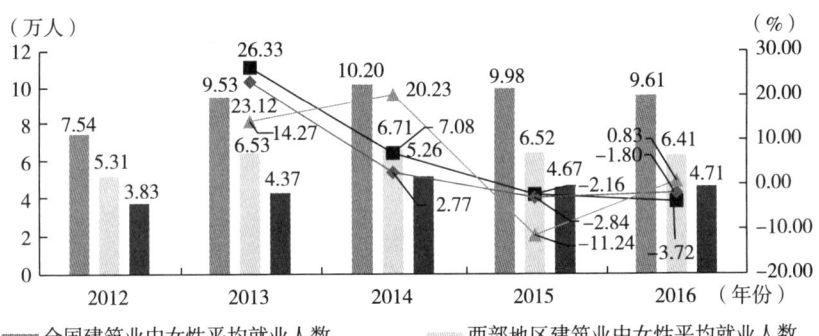

图 6-9 2012—2016 年全国、西部地区与贵州省
建筑业女性就业人数及增长率

六 批发和零售业女性就业规模发展状况

2012—2016 年,贵州省批发和零售业总体和女性就业规模均呈增长趋势。2012 年,全国、西部地区与贵州省的批发和零售业平均女性

就业者规模占本行业就业者规模的比例分别约为47.68%、46.59%和41.61%;2016年,全国、西部地区与贵州省的批发和零售业平均女性就业者规模占本行业就业规模的比例分别为50.45%、53.7%和41.72%(见图6-10)。2013—2017年,贵州省批发和零售业女性占比增长缓慢,低于全国和西部地区平均水平。

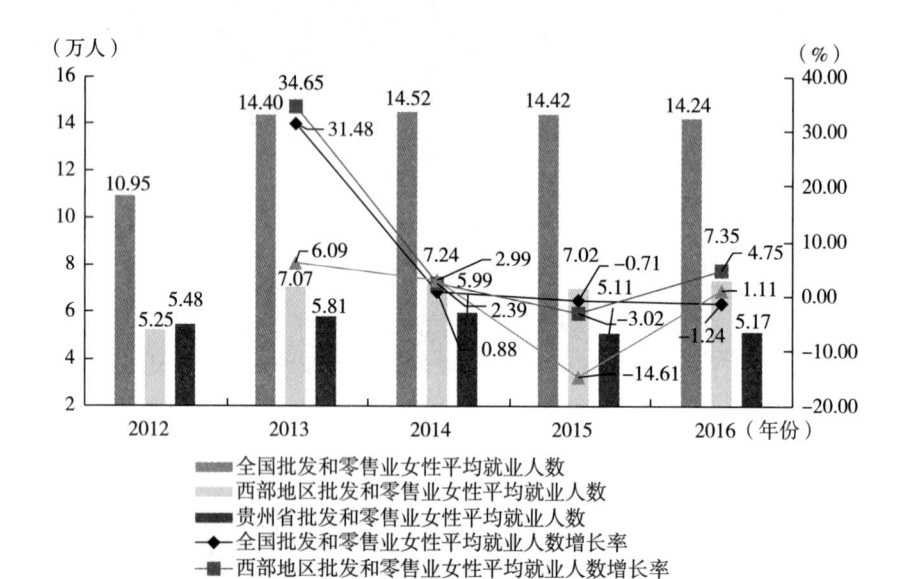

图6-10 2012—2016年全国、西部地区与贵州省
批发和零售业女性就业人数及增长率

七 交通运输、仓储和邮政业女性就业规模发展状况

2012—2016年,贵州省交通运输、仓储和邮政业总体就业规模呈正增长趋势。2012年,全国交通运输、仓储和邮政业女性就业者规模占本行业从业者规模的比例约为26.32%,西部地区约为28.61%,贵州省约为28.63%,贵州省交通运输、仓储和邮政业女性规模与全国和西部地区平均水平基本持平;2016年,全国交通运输、仓储和邮政业女性从业者规模占本行业就业者规模的比例约为26.11%,西部地区为28.13%,贵州省约为27.41%(见图6-11),说明2013—

2017年贵州省交通运输、仓储和邮政业女性占比虽有小幅增长，但总体稳定，该行业整体吸纳女性就业能力相对较弱。

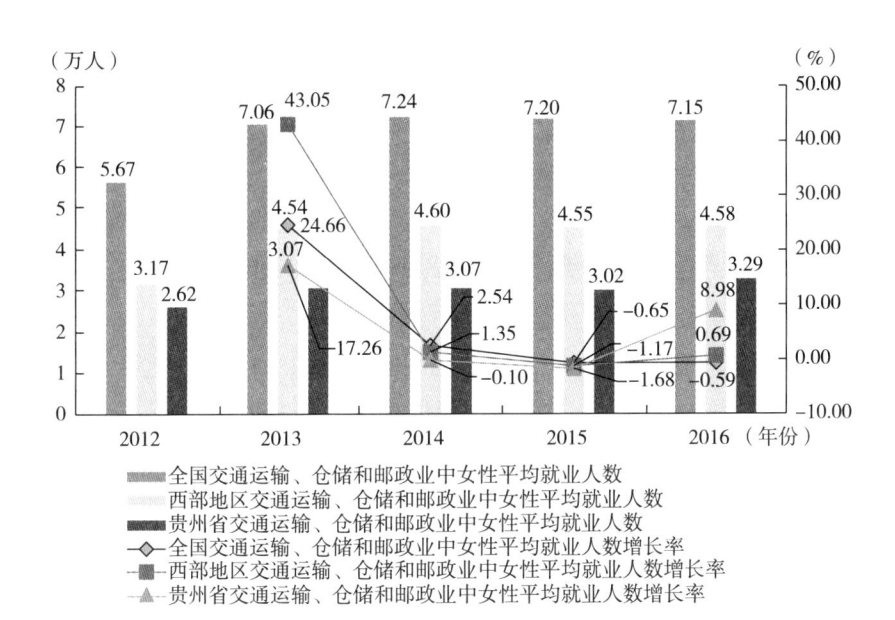

图6-11 2012—2016年交通运输、仓储和邮政业女性就业人数及增长率

八 住宿和餐饮业女性就业人员规模发展状况

2012—2016年，贵州省住宿和餐饮业总体和女性就业规模均呈正向增长。2012年，全国、西部地区与贵州省的住宿和餐饮业平均女性就业者规模占本行业就业者规模的比例分别为53.04%、56.66%和57.42%；2016年，全国、西部地区与贵州省住宿和餐饮业平均女性就业者规模占本行业就业者规模的比例分别为54.99%、57.94%和61.59%。在2013—2017年，贵州住宿和餐饮业女性就业规模占比逐步上升，总体高于男性。

九 金融业女性就业规模发展状况

2012—2016年，贵州省金融业总体和女性就业人员规模呈正向增长态势。2012年，全国、西部地区与贵州省金融业女性就业者规模占本行业就业规模的比例约为50.94%、50.3%和48.4%；2016年，全国、西部地区与贵州省金融业女性就业者规模占本行业就业者规模的比例约为52.23%、51.9%和50.1%。2013—2017年贵州省金融业女性就业占比增速快，与全国和西部地区平均水平差距逐渐减小。

十 房地产业女性就业规模发展状况

2012—2016年，贵州省房地产业总体和女性就业人员规模呈正向增长态势。2012年，全国房地产业女性就业者规模占本行业就业者规模的比重约为34.92%，西部地区约为35.26%，贵州省约为34.32%，说明贵州省房地产业女性就业规模与全国和西部地区水平基本持平；2016年，全国房地产业平均女性就业者规模占本行业就业者规模的比重约为37.32%，西部地区约为39%，贵州省约为36.95%。2013—2017年，贵州房地产业中女性就业人员比重逐步增加，但是增长速度略低于全国和西部地区平均水平。

十一 租赁和商务服务业女性就业规模发展状况

2012年，全国、西部地区与贵州省租赁和商务服务业平均女性就业者规模占本行业就业者规模的比例分别为31.6%、30.35%和25.29%；2016年，全国、西部地区和贵州省租赁和商务服务业平均女性就业者规模占本行业就业者规模的比例约为32.73%、26.44%和30.52%。2013—2017年，贵州省租赁和商务服务业女性就业人员的比重逐渐增加，与全国平均水平差距逐渐缩小，高于西部地区，表明贵州省租赁和商务服务业对于女性就业人员吸纳能力逐渐增强。

十二 科学研究和技术服务业女性就业规模发展状况

贵州省科学研究和技术服务业在2012—2016年总体和女性就业人员规模呈正向增长趋势。2012年，全国、西部地区与贵州省科学研究和技术服务业的女性就业者规模占本行业就业者规模的比例分别为30.67%、28.82%和27.61%，2016年，全国、西部地区与贵州省科学研究和技术服务业的女性就业者规模占本行业就业者规模的比例分别为31.47%、30.56%和29.47%。2013—2017年，贵州省科学研究和技术服务业女性就业人员的比重逐渐增加，与全国和西部地区平均水平差距逐渐缩小。

十三　水利、环境和公共设施管理业女性就业规模发展状况

2012—2016年,贵州省水利、环境和公共设施管理业总体就业人员规模和女性就业人员规模均呈正向增长趋势。2012年,全国、西部地区与贵州省水利、环境和公共设施管理业女性就业者规模占本行业就业者规模的比例分别为40.28%、42.66%和49.39%;2016年,全国、西部地区与贵州省水利、环境和公共设施管理业女性就业者规模占本行业就业者规模的比例分别为40.9%、57.07%、53.85%。2013—2017年,贵州省水利、环境和公共设施管理业女性就业规模占比逐渐超过男性,该行业对女性就业吸纳能力较强。

十四　居民服务、修理和其他服务业女性就业规模发展状况

2012—2016年,贵州省居民服务、修理和其他服务业总体和女性就业人员规模呈上升趋势,女性就业人员规模逐渐扩大。2012年,全国、西部地区与贵州省居民服务、修理和其他服务业女性就业者规模占本行业就业者规模的比例分别为37.11%、37.83%、45.2%;2016年,全国、西部地区与贵州省居民服务、修理和其他服务业女性就业者规模占本行业就业者规模的比例分别为43.62%、48.37%和48.52%。2013—2017年,贵州省居民服务、修理和其他服务业女性就业规模占比高于全国与西部地区水平,逐渐与贵州省男性就业规模持平。

十五　教育行业女性就业规模发展状况

2012—2016年,贵州省教育行业总体就业人员和女性就业人员规模呈正向增长趋势,但是增长速度在逐步放缓。2012年,全国、西部地区与贵州省教育行业女性就业者规模占本行业就业者规模的比例分别为51.26%、48.40%和43.58%;2016年,全国、西部地区与贵州省教育行业女性就业者规模占本行业就业者规模的比例分别为55.05%、52.48%和49.81%。2013—2017年,贵州省教育行业女性就业规模占比逐渐上升,但与全国和西部地区平均水平存在差距。

十六　卫生和社会工作行业女性就业规模发展状况

2012—2016年,贵州省卫生和社会工作行业就业规模与该行业女性就业人员规模均呈正向增长趋势,但增长速度逐步放缓。2012年,全国、西部地区与贵州省卫生和社会工作女性就业者规模占本行业就

业者规模的比重分别为61.19%、61.13%、58.92%；到2016年年底，则分别达到64.24%、64.85%、64.26%。2013—2017年，贵州省卫生和社会工作行业对于女性吸纳能力较强，整体女性就业规模占比逐渐上升，与全国和西部地区平均水平基本持平。

十七　文化、体育和娱乐业女性就业规模发展状况

2012—2016年，贵州省文化、体育和娱乐业总体和女性就业人员规模呈正向增长趋势，最高增长率分别为16.79%和37.88%，增长幅度远高于全国和西部地区水平，女性就业人员比重也逐渐提高。2012年，全国、西部地区与贵州省的文化、体育和娱乐业中女性就业人员规模占本行业就业者规模的比重分别为43.11%、41.81%、36.62%；2016年，全国、西部地区与贵州省的女性就业者规模占比分别为45.14%、45.05%和45.24%。2013—2017年，贵州省文化、体育和娱乐业的女性就业人员的比重逐渐增大，与全国和西部地区水平基本持平，与男性就业人员规模差距也呈逐渐缩小趋势。

十八　公共管理、社会保障和社会组织中女性就业规模发展状况

2012—2016年，贵州省公共管理、社会保障和社会组织中女性就业人员规模呈正向增长趋势，增长速度高于全国和西部地区水平。2012年，全国、西部地区与贵州省公共管理、社会保障和社会组织中女性就业者规模占本行业就业者规模的比例分别为29.44%、30.5%、29.63%；2016年，全国、西部地区与贵州省公共管理、社会保障和社会组织中的女性就业规模占比分别为31.55%、32.99%、30.81%。2013—2017年，贵州省公共管理、社会保障和社会组织中女性就业者规模占比略有增长，但是增长速度略低于全国平均水平和西部地区平均水平，对女性就业吸纳能力相对较弱。

第四节　贵州省女性群体的就业问题研判

随着经济增长速度逐渐放缓，就业形势日趋严峻，女性在就业过程中面临着生理弱势和诸多现实问题。

一 女性就业意识问题

根据调研发现,受多种因素影响,贵州省较多的女性在就业观念和意识方面,主动或者被动地受到抑制,导致对于提升就业质量有着明显阻碍。一是部分地区重男轻女观念仍然严重,在接受教育阶段,教育机会更多倾向于男性家庭成员,女性成员较少有教育机会,随着经济发展,这一情况有所改善,但更多、更好的教育资源仍然明显倾向于家中男性成员;二是一些女性对于自身职业和社会地位的满意率相对于男性偏低,导致部分女性缺乏主动竞争意识,容易满足现状;三是受职业水平和观念影响,部分女性就业面相对狭窄,职业晋升困难。

二 女性自身角色冲突问题

受中国传统文化的影响,现代社会的女性扮演着照顾家庭和参与社会活动的双重角色。然而对大多数已经成家的女性而言,参与社会活动和照顾家庭中,存在时间上的冲突,这种冲突最终也转化为角色冲突。一方面女性从业者为了维持自己与家庭成员的生活,需要有收入稳定的工作;另一方面她们又必须兼顾家庭事务,承担家庭主妇的责任。双重角色的冲突对于女性的就业动机、获取成长机会、工作绩效等有着重要影响,进而制约女性从业人员的事业发展。

三 女性就业人员接受教育问题

截至2016年年底,贵州省女性就业人员未受教育比例是男性的4倍,女性就业人员受教育程度与男性差距较大,影响了女性就业机会的获取,进而影响全省就业质量。究其原因,一是贵州省经济发展落后,政府对于教育的财政投入相对有限;二是贵州省贫困面积较大,农业人口比例大,人均年收入远低于全国平均水平,受地理位置、传统思想与民族文化等原因影响,对于女性教育投资较少;三是少数民族文化对于女性角色(如妻子、母亲、女儿等)的固化,女性往往被要求干农活和参加体力劳动,使其受教育的机会比男性少;四是重男轻女的传统思想制约,女性享受教育的机会被剥夺;五是在继续教育方面,大多数女性受制于家庭角色羁绊,主动参与各种岗位技能培训的时间与机会相对较少,这也是造成女性就业质量不高、失业规模较大的重要因素。

四 女性失业问题

众多研究成果表明，经济发展水平与国民素质呈高度正相关。因此，经济发展影响人们的思想、意识与行为习惯。在失业问题方面，贵州省女性从业人员失业率低于男性，与全国和西部地区的状况正好相反。其原因如下：第一，经济发展水平。基于劳动参与率相关研究成果表明，经济发展水平越低，则女性劳动参与率相对越高。贵州省经济发展水平相对较低，需要更多的家庭成员（尤其是女性成员）来共同创造家庭收入、承担赡养家庭的责任。第二，女性就业意愿。随着经济发展水平的提升，传统农耕时期的"男主外、女主内"的思想观念逐步破除，愿意主动外出就业的女性逐渐增多，女性就业规模占比逐渐上升。第三，少数民族文化因素。经调查访谈发现，在贵州省诸多少数民族地区的农村家庭中，女性劳动力多为外出务工、农业耕种和打零工，而男性在家带孩子，处于失业状态。因为这些少数民族地区的女性地位相对较低，男性地位相对较高，这些少数民族文化催生的结果是女性不得不承担起养家糊口的体力劳动，这种性别歧视促使女性失业率下降，男性失业率高于女性失业率。第四，务农的规模。受地理位置偏僻、交通落后以及信息了解不全面的影响，导致贵州省山区女性从业者对外界信息接收相对较少，对相关政策了解不足，与男性相比，与外界沟通交流的机会更少，导致获得就业的渠道相对更加狭窄，从事务农的女性规模较大，就业相对稳定。

五 批发和零售业女性就业问题

2012 年，全国批发和零售业平均女性就业者规模占本行业就业者规模的比例约为 47.68%，西部地区平均约为 46.59%，贵州省约为 41.61%。2016 年，全国批发和零售业平均女性就业者规模占本行业就业者规模的比例约为 50.45%，西部地区为 53.7%。说明全国与西部地区的批发零售行业对女性就业者接纳程度已经与男性差异逐步缩小，就业的性别歧视相对较小。在 2013—2017 年，贵州省批发和零售业就业规模比重变化较小，贵州省的批发和零售业对女性是否存在隐性排斥有待进一步研究。

第五节 女性就业的发展趋势研判

整体就业环境日趋复杂，女性就业面临着诸多不确定因素。根据统计数据对城镇女性从业人员规模进行回归预测分析，对城镇单位吸纳女性就业能力最强的行业、女性就业规模增长最具潜力的行业、女性就业规模稳步增长的行业、女性就业规模持续减少的行业进行预判，有利于提升女性就业帮扶政策制定的科学性与针对性。就业人员统计数据表明，贵州省的女性就业潜力巨大，各级政府应根据各行业女性就业人员规模变化，构建全行业女性就业帮扶机制，提升女性获取就业机会的公平性，减少女性就业不平等现象的发生。

一 贵州省城镇女性就业规模研判

2012年城镇女性从业人员总量为260.12万人，城镇女性从业人员占城镇总从业人数规模的比例为43.64%；2017年城镇女性从业人员规模为381.24万人，城镇女性从业人员占城镇总从业人员规模的比例为44.63%，女性劳动参与率为69.86%。基于城镇人口规模、城镇从业人员规模，对城镇女性从业人员规模进行回归预测分析，预计到2020年，贵州省城镇单位女性就业规模约为420万人，整体从业人员规模将持续增长，女性从业人员规模将持续增长。

二 吸纳女性就业人数最多的行业预测

2012—2016年，各行业年末女性就业人员规模增长情况显示，就业规模增长排名前五的行业依次为：教育（新增7.79万人）；卫生和社会工作（新增4.57万人）；公共管理、社会保障和社会组织（新增3.59万人）；房地产业（新增1.38万人）；金融业（新增0.95万人），且这5个行业的女性就业人员规模均呈增长趋势，教育行业女性就业人员复合增长率为8.87%；由于教育行业规模庞大，教育行业吸纳女性就业能力最强；卫生和社会工作女性从业人员复合增长率为11.23%；公共管理、社会保障和社会组织女性就业人员复合增长率为6.36%；房地产业女性就业人员复合增长率为

14.88%；金融业女性就业人员复合增长率为6.06%，新增就业潜力较大。

三 女性就业规模增长最具潜力的行业预测

2012—2016年，各行业年末女性就业人员规模增长情况显示，女性就业规模增长潜力排名前五的行业依次为：租赁和商务服务业，复合增长率为24.93%；房地产业，复合增长率为15.58%；文化、体育和娱乐业，复合增长率为15.47%；信息传输、软件和信息技术服务业，复合增长率为11.43%；卫生和社会工作，复合增长率为11.37%，可以发现，租赁和商务服务业是全行业中女性就业规模最具增长潜力的行业。

四 女性就业规模保持稳步增长的行业预测

2012—2016年，各行业年末女性就业人员规模增长情况显示，就业规模稳步增长的行业有：房地产业（增长1.38万人）；科学研究和技术服务业（增长0.66万人）；居民服务、修理和其他服务业（增长2.22万人）；教育（增长7.79万人）；卫生和社会工作（增长4.57万人）。预计后期以上行业仍将继续保持增长态势。

五 女性就业规模将持续降低的行业预测

2012—2016年，各行业年末女性就业人员规模增长情况显示，就业规模持续减少中，排名前五的行业依次为：制造业（减少1.77万人）；采矿业（减少0.56万人）；住宿和餐饮（减少0.55万人）；批发和零售业（减少0.31万人）；农林牧渔业（减少0.11万人），且这五个行业的女性就业人员规模均呈减少趋势，制造业女性就业人员复合增长率为-3.02%；采矿业女性从业人员复合增长率为-7.50%；住宿和餐饮女性就业人员复合增长率为-6.77%；批发和零售业女性就业人员复合增长率为-1.45%；农林牧渔业女性就业人员复合增长率为-6.53%，预期未来3年制造业等5个行业的女性就业规模预计将持续降低。

第六节 经验借鉴

作为劳动力的重要组成部分,女性参与就业备受关注,尤其是新中国成立之后,女性更是成为独立的劳动力参与社会劳动。学界关于女性就业的研究起步早且经验丰富,现将部分研究作以下阐述。

一 影响女性就业的因素

第一,家庭劳动力分工差异导致女性就业机会少。李实(2001)通过对20世纪90年代以来中国农村妇女的就业与收入状况开展分析,发现农村男女劳动力在家庭内部劳动分工方面存在明显的性别差异,农村妇女劳动力的非农就业机会相对较少,因而被大量配置于农业劳动和家务劳动;农村妇女劳动力在农业经营中的报酬率高于男性劳动力,相反在非农业经营领域其报酬率明显低于男性劳动力,两者的收入差异主要在于获取非农业收入方面的差异,同时也表明在劳动力市场上存在一定程度的性别歧视。

第二,受教育程度及传统民族观念的影响。徐克娟(2019)通过对临夏的研究认为,在现行社会下,临夏地区的农村女性在就业时仍然是弱势群体,就业时仍然有诸多问题。作者发现,受教育程度以及传统民族观念的长期影响,农村女性与其他发达地区的女性相比,存在社会地位低、发展方向狭窄等问题,这些问题造成了农村女性就业困难及家庭困难。作者认为,应该发扬农村地区女性就业的优势,凸显他们的特色,让她们在受教育程度不高的情况下获得一些专业技术,这对于贵州省现实状况有着极大借鉴意义。李实(2001)研究发现,妇女自身的教育水平和居住地的经济发展水平都是影响妇女劳动力从事非农经营活动的重要决定因素。因此,发展落后地区的非农经济以及给女童创造更多的受教育机会,是从根本上消除妇女就业机会不平等的重要途径。

第三,女性自身地位的影响。苏群、刘华(2003)通过对农村女性劳动力的流动进行研究,发现农村女性劳动力在流动就业中明显受到来自个人和家庭因素的制约，其根源在于女性自身的特点和所处的特殊地位。苏群、刘华认为，通过提升劳动力的文化水平，增强职业技能培训和心理素质、价值观等方面的引导，对农村女性劳动力的流动和整个社会的发展具有积极的促进作用。另外，将性别意识纳入政府工作决策，加强对农村女性的保护也十分必要。

二　女性自然禀赋对就业质量的影响

第一，女性婚姻及生育状况。张川川（2011）利用全国健康与营养调查数据从城镇妇女以及农村妇女两个方面分析了子女数量对于已婚女性的劳动供给、工作时间以及工作水平的影响。结论发现，在城镇已婚妇女方面，生育子女的数量显著降低了他们的劳动供给，同时显著降低在业女性的工作时间投入和工资水平；在农村已婚妇女方面，生育子女数量对她们是否参与非农就业没有显著影响，对参与非农就业的女性工资也没有显著影响，但在其工作时间投入方面有着显著负向影响。张琪、张琳（2017）通过研究中国妇女社会地位的调查数据发现，加强女性权益保障能对女性生育中断就业起缓冲作用。罗俊峰、苗迎春（2014）也利用人口监测数据对生育子女数对女性流动人口劳动参与率的影响进行分析，发现生育孩子数在乡城流动人口样本回归中有内生性，而在城镇间流动人口中不存在内生性，孩子数量对女性流动人口就业产生负效应；城镇间流动女性生育子女数对其就业的负效应比乡城间流动女性大。作者认为，只有政府、企业、家庭成员三管齐下，提供政策支持、成本支持、照料支持，才能让婚育女性安心工作，降低生育对女性劳动参与的影响。

第二，儿童照管公共服务。熊瑞祥、李辉文（2018）研究儿童照管以及公共服务对农村已婚妇女参与非农就业的影响，通过数据分析发现，现阶段中国农村仍然存在大量（约72%）因为需要自己照管儿童而从事农业就业的女性劳动力，而提供儿童照管公共服务则有助于将这些劳动力从农业部门中释放出来，从而更好地应对未来因为经济结构转向服务业，而导致对女性劳动力不断增长的需求。

第三，家庭结构的变迁。沈可、章元和鄢萍（2012）从家庭结构变迁的视角来研究中国女性劳动参与率，发现多代同堂的家庭结构对劳动参与有着重要影响：女性劳动参与和工作时间受到显著影响，但是对于男性的劳动参与影响并不显著，背后主要原因是多代同堂时，中老年父母可以在料理家务事情上帮助女儿，有助于她们有更多时间投入工作。所以，多代同堂家庭比率的下降对近20年以来的女性劳动参与率的下降有着极大影响，这是一种中国女性劳动参与相对于男性下降更快速提供了一种新的研究视角。

三 构建多种措施促进女性就业

第一，建立公平公正的市场就业竞争机制。潘锦棠（2002）认为，经济体制转轨尤其是统包统配劳动制度的松动，妇女就业开始接受市场经济的考验。根据我国劳动力供过于求的现状，尤其是妇女过度就业的现实，在中国深化经济改革、完善现代企业制度和社会保障制度的过程中，将会有较高比例（相对于男性）的新增女性劳动力和富余女职工进入失业队伍，男女工资收入平均水平也将进一步拉开差距。该文认为，国家要保证市场公平竞争、健全女性社会保障，以保证女性能够正常地参与社会劳动。卢萍、代春柳（2009）通过对日本促进女性就业的政策研究，得出以下结论：一是在就业起点方面，应该完善法律和政策，保障女性就业起点公平；二是在工作方式方面，应该实行弹性工作制，使更多女性实现就业；三是在再就业以及自主创业方面，应该加强就业指导以及培训，推进社会环境建设，以促进事业女性实现再就业以及自主创业。

第二，开设女性就业创业培训。王金翠（2018）将研究对象设置为女大学生进行研究，发现整个社会就业困难的背景下，女性就业更加严峻，与男性相比，女大学生更容易遭受求职过程中的性别歧视、可能遭受因生育被调离原岗位乃至被辞退以及职业层次较低、可能遭受晋升"天花板"这三大类问题。文章从高校角度出发，认为高校应该找准自身的角色定位，在以下几个方面对女性大学生提供帮助：培养良好的就业心态、提供有针对性的就业指导、与用人单位沟通协调以及建立就业后跟踪与评估机制，促进女大学生优质就业。

第三，调整产业结构促进经济稳定发展。陈英姿、荣婧（2019）从经济增长与就业角度进行研究，发现在产业方面，第一产业对女性就业的带动效应并不明显,第二产业对女性就业产生"推力"作用,第三产业逐渐成为吸纳女性就业的主要行业。作者认为,应该从政策法律、就业行业以及女性自身三个层面发力,更好地推动女性就业。

第七节 对策建议

从历史经验来看,女性就业问题不仅仅是经济问题,更是一个涵盖经济发展环境、社会机制、人文思想观念、公民素质等综合性社会问题。目前,贵州省女性就业状况已经有明显改善,各行业与全国平均水平或西部平均水平差距正在缩小甚至实现超越。同时,各级政府部门应当清醒地看到,伴随经济的发展和社会的进步,贵州省女性就业仍然面临许多亟待解决的问题。要解决这些问题,就必须适应时代发展潮流,从贵州省实际情况出发,针对影响女性就业的经济、文化等因素,提出改善措施,为贵州省女性创造一个公平友善的就业环境。

一 引导女性转变观念

贵州省女性就业者受教育比例远低于男性,女性就业人员社会角色(如妻子、母亲、女儿等)趋向固化,女性往往被要求承担更多家庭责任,使其受教育的机会比男性少得多。因此,应重视男性在人类再生产中的责任分担,倡导男性与女性共同承担家务劳动。此外,加强劳动监察和劳动仲裁,通过政策、法令、规章等形式的多维度保障,将性别平等纳入社会主流意识。同时,要通过各种宣传手段,引导她们摒弃落后的思想观念,树立现代意识的择业观,同时关注市场需求和社会需求,不断拓宽就业渠道。

二 加强对女性就业的宏观指导

女性就业单靠自身努力是不够的,首先,应该发挥政府对于女性就业的指导作用,统筹多种社会力量,从宏观上规划、指导、协调和推动女性就业,积极、及时收集和发布女性就业相关信息;其次,在女性就业、再就业培训方面加大投入,强化政府在解决女性就业难题中的主导作用；最后，要完善劳动力市场，加强对女性就业的指导，引导广大女性从业人员提升自己，以适应社会发展和市场需求。

三 加强女性生育保障

社会发展越快，文明程度越高，对妇女生育保障程度也越高。生育保险是在生育期间对生育责任者给予收入补偿、医疗服务和生育休假的社会保障制度。生育保障制度实施目的不仅是维护"妇女享有与男子平等的就业权利"，同时通过社会统筹设立生育保险基金能够减轻企业的生育保险费用的压力和家庭生育费用的压力；对企业而言，实行生育保障制度，使企业能更准确、客观地评价男女雇员的工作能力，使男女就业机会更加平等。因此，加强生育保障是使女性在劳动力市场上获得与男性平等竞争地位的一种重要制度安排，也是"全面二孩"政策下解决妇女就业创业难题的一个重要环节。

四 促进女性灵活就业

贵州省很多女性从业者在面对家庭与工作的冲突时，都倾向于选择家庭，从而导致失业状况发生，这种情况在偏远、贫困地区更常见。因此，应大力发展灵活就业，以拓宽女性就业渠道，增强女性竞争力；通过发展社区灵活就业渠道，发挥女性在社区就业中的天然优势，如照顾老人、哺育孩子以及料理家务等，为女性就近就业提供了良好空间，同时也可以缓解女性在家庭与工作中的矛盾，同时也增加女性对就业形式的选择。

五 加大贫困地区女性职业与就业培训力度

贵州省属于经济欠发达省份，贫困地区就业形势较为严峻，文化程度偏低，单一的劳动技能是造成妇女就业困难的主要原因，尤其是对于身处弱势群体的女性来说，其就业难度更大。因此，应针对贫困地区女性的个人意愿，加强其在专业技能、信息获取、风险应对及资源利用等方面的教育和培训，既要提升贫困地区女性的劳动力数量和质量，为贫困地区女性提供专业技能培训，促使其专业素质和能力的进一步提升；又要强化贫困地区女性应对风险的能力和意识，提升风险应对能力。此外，还要加强对女性自我发展能力的培养和引导，加大生产经营活动的宣传和指导力度，推动贫困地区女性自我发展能力的提升。

六 完善女性就业救助机制

贵州省传统行业女性就业规模大幅下降，部分行业对于女性就业人员生理歧视较为严重。首先，要在社会支持、社会促进、社会指引方面发力，形成完备的救助机制。其次，应强化立法保护，保障男女平等、保障女性合法权益。建议在制定《反就业歧视法》《就业促进法实施细则》，修改完善《就业促进法》《劳动保护监察条例》时，对就业性别歧视定义、罚则、法律救济途径做出具体规定。再次，建议人力资源和社会保障部门将女性就业性别歧视列为劳动保障监察内容，明确就业性别歧视的类别、评定标准与处罚标准；必要时可以设立不同行业的女性就业最低录用数据，促进女性就业的行业分布均衡。最后，协同妇联等相关单位，建立女性就业救助响应机制，设立救助热线，及时对招聘过程、工作场所、职业发展过程中涉及性别的歧视问题进行干预和救助，并形成常态化救助机制。

第七章

贵州省大中专毕业生群体就业特点与发展趋势

第一节 全国大学生群体就业状况

一 全国大学毕业生就业发展状况

20世纪80年代以来，随着科技的进步和社会的发展，各国对受教育人口特别是较高层次教育人口的需求快速增长，世界各国开始了不同程度的教育扩招。但随着高等教育进入"大众化"的教育阶段，大学生的就业问题也成为社会的焦点问题。1999年，我国普通高等学校招生数为155.86万人，毕业生人数为84.76万人，在2017年，我国普通高等学校招生数为761.49万人，毕业生人数达到735.83万人。毕业生就业形势非常严峻。促进高校毕业生就业既是国计，也是民生。习近平总书记多次对高校毕业生就业工作做出重要批示，2019年中国政府工作报告中提出了就业优先政策导向。

近年来，我国在高校毕业生就业工作方面取得了积极成效，为全国各地各行各业输送了大量人才，也为经济社会发展做出了积极贡献。总体来看，我国高校毕业生就业制度体系具有多方面的优势，如坚持就业优先的宏观政策，调动教育体制内外资源促进高校毕业生就业；坚持"市场导向、政府调控、学校推荐、学生和用人单位双向选择"的毕业生就业工作机制；坚持把高校毕业生作为重要人才资源，支持和引导毕业生面向服务国家重大发展战略和基层一线就业，着力实现人才合理配置；坚持开展就业指导服务和困难帮扶，帮助学生更充分、更高质量就业。以上一系列政策导向取得了明显成效，然而，高校招生就业制度体系建设仍有不足和差距，需要进一步深化改革，提升大学生招生就业的系统性、整体性和协同性。

大学毕业生就业质量是人才培养质量的重要反映，毕业生就业状况与人才培养质量状况是进一步完善毕业生就业政策的反馈机制，是推动学科专业调整、推进教育教学改革等工作的重要参考，也是增强学科专业设置与社会需求匹配度、毕业生就业创业能力的"指南针"。

二 职业院校毕业生就业发展状况

职业教育在我国的教育体系中占据重要位置，是衔接普通教育和继续教育体系的重要枢纽。根据国家2014年发布的《现代职业教育体系建设规划（2014—2020年）》要求，到2020年，我国将形成适应发展需求、产教深度融合、中职高职衔接的具有世界水平的现代化职业教育体系。中等职业教育方面，将在政策发布后一个时期内总体保持普通高中和中等职业学校招生规模大体相当，高等职业教育规模占高等教育的一半以上，本科层次职业教育达到一定规模局面。

随着高等教育的普及，自2011年以来，我国中等职业教育的招生人数呈下降趋势，2011—2018年，共减少了257万人，降幅为31.57%（见图7-1）。2018年，我国中等职业教育招生557万人，在校生1555.20万人，毕业生487.30万人。根据教育部的就业率数据，我国中职毕业生就业率自2008年以来稳步提升，2018年已经超过92%，而高职毕业生维持在96%左右，新增就业人口的60%来自职业院校毕业生，我国深化职业教育教学改革已经取得显著的成效。

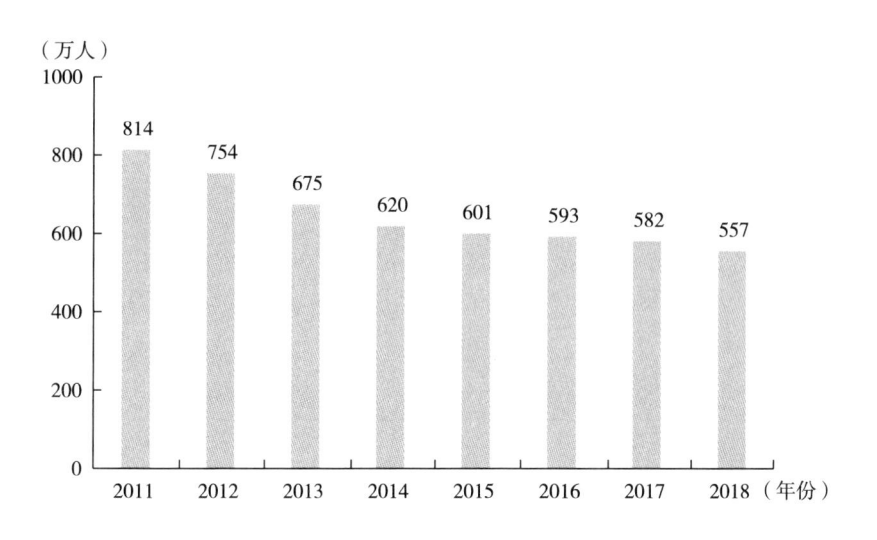

图 7-1　2011—2018 年全国中等职业教育招生规模①

第二节　贵州省大中专毕业生就业规模发展状况

从 1999 年我国开始实行普通高等学校扩招政策以来，致使各高校大幅度扩大招生规模，到 2017 年，贵州省本专科学校从 20 所增加至 73 所，在校生从 5.64 万人增加至 62.76 万人。应届毕业生规模从 1999 年的 1.06 万人增加至 2017 年的 14.90 万人。研究生培养机构从 7 所增加至 9 所，在校研究生人数从 768 人增加至 1.86 万人。近 20 年来，贵州省中高等教育快速发展，大中专生招生与就业规模大幅增长，与全国的差距不断缩小。

一　贵州省中职院校规模发展状况

贵州省中等职业教育近 10 年来发展也持续呈增长态势，自 2008 年至 2017 年，中等职业教育专任教师数从 1.02 万人增加至 1.82 万

---

①　资料来源：国家统计局网站公布数据。

人，增长了78.43%。招生数从16.12万人增加至18.31万人，增长了13.59%；应届毕业生数从7.56万人增加至15.90万人，增长了110.32%；在校生数从35.67万人增加至50.31万人，增长了41.04%（见表7-1）。近10年来，在校生规模与招生规模增速低于专任教师，中职类教育的师生比逐年下降，教育投入持续加大，教育规模与质量进一步提升。

表7-1　　2008年与2017年贵州省中职教育发展状况对比

编号	类别（万人）	2008年	2017年	增长率（%）
1	专任教师数	1.02	1.82	78.43
2	招生数	16.12	18.31	13.59
3	在校生数	35.67	50.31	41.04
4	应届毕业生数	7.56	15.90	110.32

二　贵州省普通高校规模发展状况

自高校扩招以来，贵州省高等教育发展迅速，在校生规模增长了11倍多，从1999年的5.65万人增长到2017年的62.76万人，贵州省高等教育为贵州省经济社会输送了大量的高层次人才。2010—2017年，近8年来，贵州省高等院校从47所增加至73所，增长55.3%，在校生从32.33万人增加至62.77万人，增长94.2%，高等院校在校生与毕业生人数激增，预计未来3年贵州省大学生就业压力将持续增大。

三　贵州省大中专毕业生供给能力评价

2017年全国中职毕业生406万人，普通高校毕业生为735.83万人，中职毕业生与普通高校毕业生比为1∶1.81，贵州省中职毕业生为16.81万人，普通高校毕业生为15.39万人，中职毕业生与普通高校毕业生比为1∶0.92。贵州省普通高校毕业生占全国普通高校毕业生的比例约为2.09%，低于人口比2.57%，贵州省普通高校毕业生供给能力弱于全国平均水平。

四 贵州省大中专毕业生就业的总体特点

本部分主要包括大学生总体分布特点、本科及以上学历毕业生分布特点、普通专科毕业生分布特点三个方面。

（一）贵州省普通高校毕业生层次变化状况

总体来看，2015届毕业生总人数为12.28万人，2016届毕业生总人数为12.32万人，2017届毕业生总人数为15.59万人，毕业生人数呈逐年递增的趋势。从学历层次来看，2015—2017年，博士、硕士毕业生、本科毕业生和专科毕业生人数均有所增长。其中，本科毕业生增长幅度较大，比2015年增加了27.82%（见图7-2）。

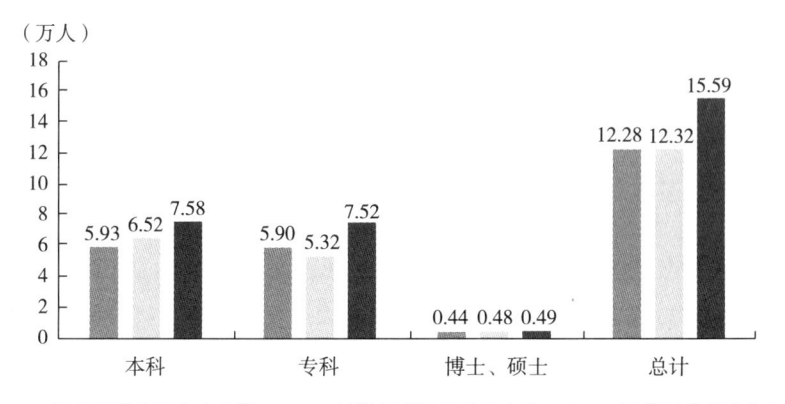

图7-2 2015—2017届贵州省普通高校毕业生人数

（二）高校毕业生就业率

数据显示，2015—2017届毕业生就业率呈小幅增长的趋势，就业率基本稳定在90.00%左右。其中2015届、2016届、2017届毕业生就业率分别为89.07%、90.88%、90.89%。从学历层次看，近三届专科毕业生就业率均高于本科毕业生和博士、硕士毕业生，博士、硕士毕业生的增长幅度较大，增长了9.86%；本科毕业生与专科毕业生增幅较小，分别为1.73%、1.13%（见图7-3）。

（三）贵州省大中专毕业生占常住人口比

从全国各类中高等学校毕业生占全国常住人口比例来看，自2013年起连续5年呈现下降趋势，从2013年的0.92%降至2017年的

0.87%，降幅达0.05%；从西部地区各类中高等学校毕业生占其常住人口比例来看，规模占比增长趋势基本保持稳定，连续五年保持在0.86%。贵州省各类中高等学校2013—2017年毕业生总数占常住人口的比例，呈持续增长态势，从2013年的0.55%增至2017年的0.87%，涨幅超过50%，与全国平均水平持平（见图7-4）。

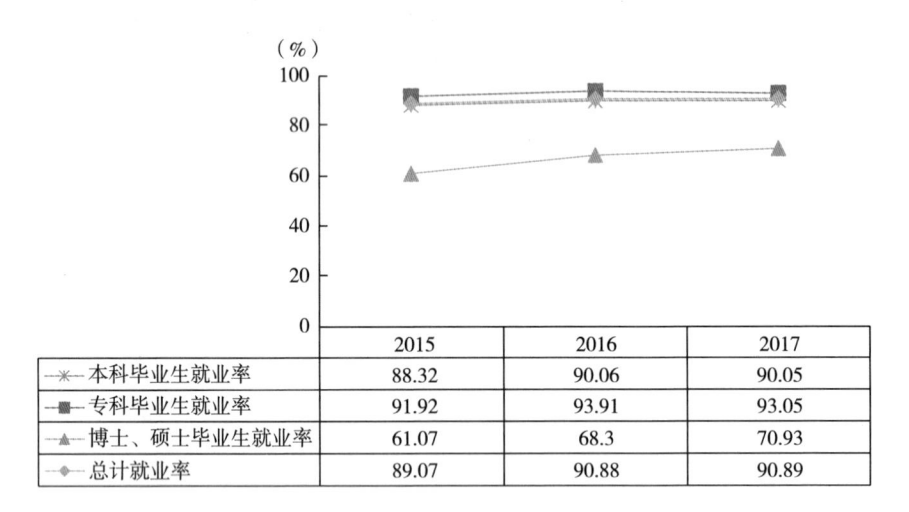

（%）	2015	2016	2017
本科毕业生就业率	88.32	90.06	90.05
专科毕业生就业率	91.92	93.91	93.05
博士、硕士毕业生就业率	61.07	68.3	70.93
总计就业率	89.07	90.88	90.89

图7-3 2015—2017届贵州省普通高校毕业生总体就业率

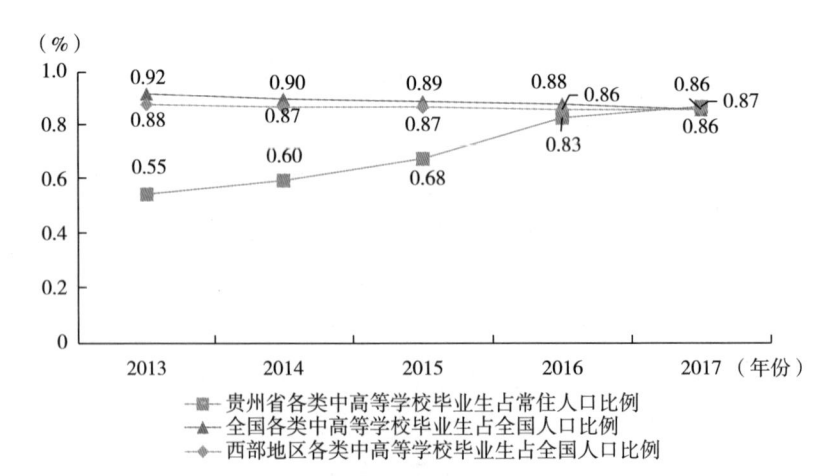

图7-4 2013—2017年全国、西部地区以及贵州省中高等学校毕业生占其人口比例

第三节 贵州省大中专毕业生规模分布特点

一 毕业生规模整体变化特点

（一）贵州省毕业生结构发展状况

据统计数据显示，2013—2017年，贵州省中等职业教育毕业生规模占全国中等职业教育毕业生规模的比例呈增长趋势，从2013年的1.8%增长至2017年的3.91%，高于贵州常住人口占全国人口规模的比例（2.57%）。2013—2017年，贵州省普通本科毕业生数增长趋势平稳，连续五年呈稳渐增长趋势，从2013年的1.35%增至2017年的1.95%，但低于贵州省常住人口比。2013—2017年，贵州省研究生毕业规模占全国研究生毕业规模的比重呈现平稳状态，从2013年的0.79%增至2017年的0.85%（见图7-5），仅为贵州常住人口占全国人口规模的比例（2.57%）的1/3。本科与博士、硕士毕业生规模占比过低，影响贵州省人力资源素质的提升。

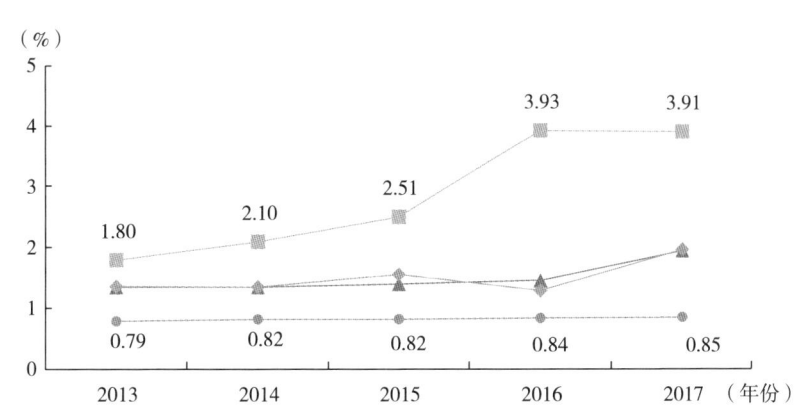

图7-5 2013—2017年贵州省毕业生规模占全国规模比例

（二）贵州省高层次毕业生规模发展状况分析

据统计数据显示，2013—2017年，全国以及西部地区博士、硕士毕业生规模占总体毕业生规模的比例连续5年均呈现增长趋势：全国博士、硕士毕业生规模占毕业生总规模的比例从2013年的4.12%增至2017年的4.82%，增幅约16.99%；西部地区博士、硕士毕业生规模占西部地区毕业生总规模的比例从2013年的3.41%增至2017年的3.65%，增幅达7.04%；2013—2017年，贵州省博士、硕士毕业生数占贵州省总毕业生规模的比例连续5年呈下降趋势（见图7-6），从2013年的2.10%降至2017年的1.58%，与全国和西部地区趋势相反。研究生教育是国民教育体系的顶端，是培养高层次人才和释放人才红利的主要途径，是区域科技竞争与人才竞争的主要支柱，是科技第一生产力、人才第一资源、创新第一动力的结合点，贵州省急需加大研究生人才培养供给力度。

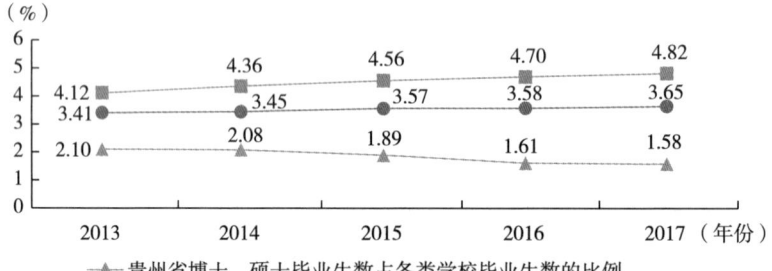

图7-6 2013—2017年全国、西部地区以及贵州省博士、硕士毕业占其毕业生总规模比例

（三）贵州省本科毕业生规模发展状况

据统计数据显示，2013—2017年，西部地区以及全国普通本科毕业生数占比情况连续五年都呈上升趋势，全国普通本科毕业生数占各类学校毕业生数的比例从2013年的25.65%增至2017年的32.01%；西部地区普通本科毕业生数占其各类学校毕业生数比例从2013年的

22.96%增至2017年的28.51%；贵州省普通本科毕业生数占其各类学校毕业生数比例从2013年的22.40%增加到2017年的23.97%。图7-7显示，全国普通本科毕业生规模增速总体上高于西部地区，西部地区增速高于贵州省，贵州省本科毕业数占全省毕业生总规模的比例，均低于全国与西部水平。

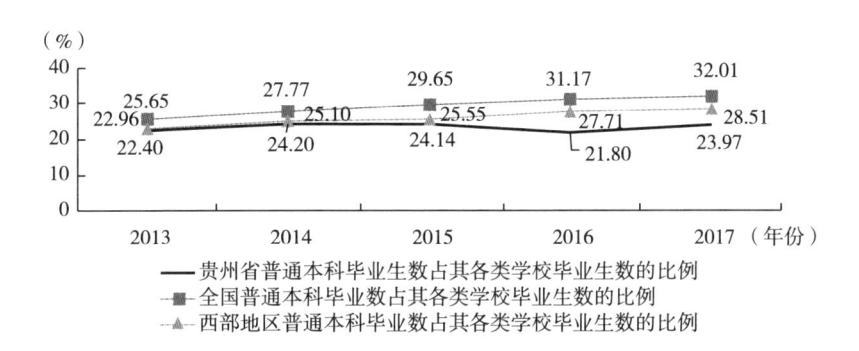

图7-7 2013—2017年全国、西部地区以及贵州省普通本科毕业数占其各层次普通本科毕业生比例

（四）贵州省普通专科毕业生规模发展状况

据统计数据显示，全国与西部地区普通专科毕业生数占比连续五年呈上升趋势。全国普通专科毕业生数占其各类学校毕业生数的比例从2013年的25.55%增至2017年的29.30%；西部地区普通专科毕业生数占其各类学校毕业生的比例从2013年的22.64%增至2017年的27.49%；贵州省普通专科毕业生数占其各类学校毕业生的比例从2013年的23.38%增至2017年的23.65%（见图7-8），总体低于全国平均水平和西部地区平均水平。

（五）贵州省大中专毕业生规模增速与全国及西部地区的比较分析

据统计数据显示，贵州省大中专毕业生占西部地区各类学校毕业生总规模的比例从2013年的6.10%增至2017年的9.74%，涨幅超过50%，与西部地区整体增长水平相比，贵州省毕业生规模增长幅度相对较大。与全国总体规模相比，贵州省大中专毕业生占全国各类学院毕业生总规模从2013年的1.54%增至2017年的2.61%,增幅接近70%(见图7-9),说明2013—2017年西部地区大中专毕业生规模增速高于全国平均水平,贵州省规模增速则远高于西部地区平均水平。

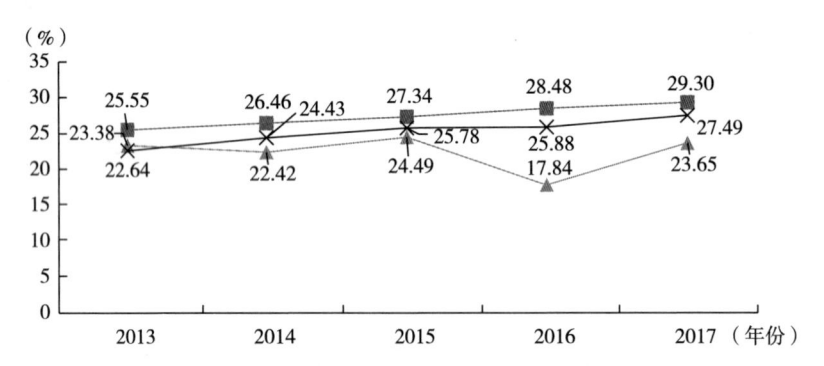

图7-8 2013—2017年全国、西部地区以及贵州省普通专科毕业数占其各类毕业生比例

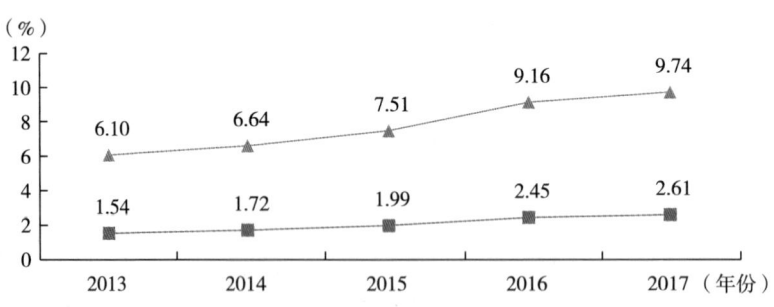

图7-9 2013—2017年贵州省大中专毕业生规模占全国、西部地区比例

二 本科及以上层次毕业生专业就业率

(一)贵州省博士、硕士毕业生专业就业率

1. 就业率排名前十位的专业

2015—2017年贵州省博士、硕士毕业生就业率方面,均排名前十

位的专业为结构工程、通信与信息系统、电子与通信工程、地质工程、机械工程、材料学、建筑与土木工程（见表7-2）。

表7-2　2015—2017年贵州省普通高校博士、硕士毕业生就业率前十位专业①

2015年	2016年	2017年
结构工程★★②	地质工程★★	民族学
通信与信息系统★★	建筑与土木工程★★	通信与信息系统★★
学科教学（数学）	工业设计工程	结构工程★★
行政管理	麻醉学	地质工程★★
机械制造及其自动化	计算机应用技术	电子与通信工程★★
中医内科学	森林培育	美术
电子与通信工程★★	中药学	影像医学与核医学
微电子学与固体电子学	化学工程	材料学★★
工商管理硕士	机械工程★★	机械工程★★
金融学	材料学★★	建筑与土木工程★★

2.就业率排名后十位的专业

2015—2017年贵州省博士、硕士毕业生就业率方面，工科类专业就业率排名更为靠前，农药学、植物学、自然地理学、艺术学理论专业排名靠后（见表7-3）。

表7-3　2015—2017年贵州省普通高校博士、硕士毕业生就业率排名后十位专业

2015年	2016年	2017年
社会工作	马克思主义中国化研究	中药学
人文地理学	植物学★★	中西医结合临床
农药学★★	农药学★★	社会保障

---

① 本部分关于专业排名的数据均源于贵州省教育厅2015年、2016年、2017年度发布的《贵州省高校毕业生就业质量发展报告》。
② "★★"表示该专业在近三年内有两次均排名前十位或排名后十位。

续表

2015 年	2016 年	2017 年
法律（法学）	外国语言学及应用语言学	病理学与病理生理学
植物学★★	课程与教学论	中医内科学
自然地理学★★	艺术学理论★★	日语笔译
经济法学	农村与区域发展	自然地理学★★
法律（非法学）	数学	免疫学
环境科学	生物化学与分子生物学	艺术学理论★★
刑法学	中国史	行政管理

（二）本科毕业生专业就业率

1. 就业率排名前十位的专业

统计数据显示，2015—2017 年，贵州省本科毕业生就业率近两年均排名前十位的专业为园林、数学与应用数学、土木工程（建筑工程方向）、中药学、小学教育（见表 7 - 4）。

表 7 - 4　　　　2015—2017 年贵州省普通高校本科毕业生
专业就业率排名前十位

2015 年	2016 年	2017 年
药学	中药学★★①	小学教育★★
财务管理	小学教育★★	舞蹈学
土地资源管理	土木工程（建筑工程方向）★★	保险学
统计学	药物制剂	广播电视学
材料科学与工程	资源环境与城乡规划管理	酒店管理
园林★★	社会体育	中药学★★
应用心理学	学前教育	针灸推拿学
软件工程	医学影像学	物流管理
数学与应用数学★★	护理学	园林★★
土木工程（建筑工程方向）★★	日语	数学与应用数学★★

① "★★"表示该专业在近三年内有两次均排名前十位或排名后十位。

2. 就业率排名后十位的专业

统计数据显示，2015—2017年，工程管理专业就业率连续3年均排名后十位，土木工程、冶金工程、审计学专业3年中有2年的就业率排名后十位（见表7-5），需要建立专业预警体系与退出机制。

表7-5　　2015—2017年贵州省普通高校本科毕业生就业率排名后十位专业

2015年	2016年	2017年
工程管理★★★①	工程管理★★★	财政学
临床医学	冶金工程★★	医学检验技术
汉语言文学（师范）	广播电视新闻学	土地资源管理
采矿工程	审计学★★	审计学★★
机械设计制造及自动化	土木工程★★	工程管理★★★
电子商务	法学	冶金工程★★
土木工程★★	医学检验	生物技术
社会工作	矿物加工工程	护理学
信息管理与信息系统	软件工程	法学（医事法律方向）
生物工程	信息与计算科学	制药工程

三　贵州省普通专科毕业生就业率

（一）普通专科毕业生就业率

2015—2017年贵州省专科毕业生分专业大类就业率变化趋势显示，2015年专科毕业生就业率最高的为水利大类（96.83%），2016年为法律大类（99.67%），2017年为公共事业大类（97.29%）。近三年就业率逐年增长的为公共事业大类、土建大类，其中公共事业大类的增长幅度最大，提升了10.58个百分点。交通运输大类有明显的下降趋势，而轻纺食品大类在2016年达到最低值（87.86%）。

（二）普通专科毕业生就业率排名情况

1. 就业率排名前十位的专业

贵州省专科毕业生就业率排名中，没有连续三年就业率排名前十

---

① "★★★"表示三年内有三次排名前十位或后十位。

位的专业；连续两年排名前十位的专业分别为会计与审计、水利水电建筑工程、汽车应用技术、畜牧兽医、汽车检测与维修技术，这些专业共性特点是技术性与可操作性强（见表7-6）。

表7-6 2015—2017年贵州省普通高校专科
毕业生就业率排名前十位专业

2015年	2016年	2017年
口腔医学	法律事务	安全防范技术
动漫设计与制作	汽车检测与维修技术★★	道路桥梁工程技术
广告设计与制作	中药制药技术	交通安全与智能控制
会计与审计★★	中药	机械制造与自动化
药学	康复治疗技术	药品经营与管理
汽车技术服务与营销	汽车运用技术★★	语文教育
水利水电建筑工程★★	畜牧兽医★★	水利水电建筑工程★★
电子商务	会计与审计★★	工程测量技术
汽车运用技术★★	计算机网络技术	汽车检测与维修技术★★
畜牧兽医★★	文秘	数学教育

2. 就业率排名后十位的专业

现有数据表明，没有连续三年就业率排名后十位的专业；连续两年就业率排名后十位的专业为数学教育、临床医学、美术教育、装潢艺术设计、城市轨道交通运营管理。这些专业大致可以分为两类：一类是应用性偏弱的专业，如数学教育、美术教育等；另一类是实践经验要求高的专业，如临床医学、装潢艺术设计等专业（见表7-7）。

表7-7 2105—2017年贵州省大学专科毕业生
就业率排名后十位专业

2015年	2016年	2017年
中医学	装潢艺术设计★★①	城市轨道交通运营管理★★
安全防范技术（特保方向）	城市轨道交通车辆	音乐教育
法律事务	语文教育	美术教育★★

---

① "★★"表示该专业在近三年内有两次均排名前十位或排名后十位。

续表

2015年	2016年	2017年
社区管理与服务	城市轨道交通运营管理★★	初等教育
学前教育	环境艺术设计	会计与审计
数学教育★★	铁道机车车辆	医学影像技术
临床医学★★	口腔医学	装潢艺术设计★★
通信技术	数学教育★★	工程测量与监理
康复治疗技术	数控技术	航空服务
美术教育★★	临床医学★★	财务管理

第四节　贵州省大学毕业生就业问题研判

据统计数据表明，贵州省大中专毕业生就业存在规模偏小、结构失衡、调节机制缺失等问题，具体如下。

一　贵州省大中专毕业生结构问题

统计数据表明，2017年贵州省各类学校毕业生占其常住人口比达到了2.61%，接近贵州省常住人口占全国人口比的2.57%。然而，2017年全国中职毕业生406万人，普通高校毕业生为735.83万人，中职毕业生与普通高校毕业生比为1∶1.81，贵州省中职毕业生为16.81万人，普通高校毕业生为15.39万人，中职毕业生与普通高校毕业生比为1∶0.92，贵州省大中专毕业生结构失衡。

二　贵州省普通高校毕业生规模问题

贵州省普通高校毕业生占全国普通高校毕业生的比例为2.09%，低于人口比2.57%，普通高校毕业生供给能力弱于全国平均水平；贵州省博士、硕士毕业生占全省毕业生规模的比例只有1.5%（见图7-10），远低于全国平均水平（4.5%），并且呈下降的趋势，严重制约了贵州省人力资源素质提升。

三　贵州省中等职业规模占比问题

贵州省中等职业教育毕业生占贵州全省毕业生总规模的比例接近

60%，而全国以及西部地区的中等职业教育毕业生的占比都呈持续下降趋势（见图7-11）。贵州的中等职业教育毕业生的占比处于全国以及西部地区水平之上，但中职毕业生以省外就业为主，造成了人力资源效应外溢。

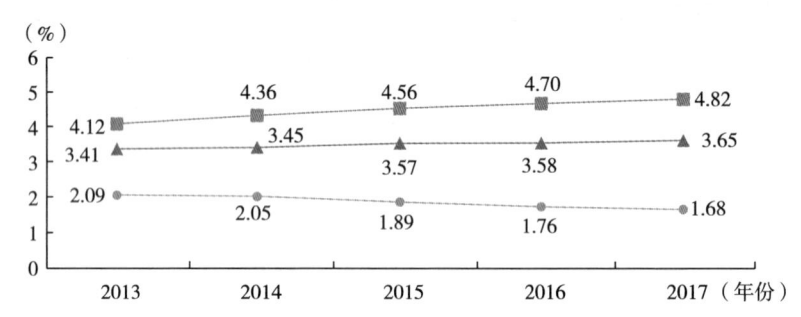

（%）

年份	全国	西部地区	贵州省
2013	4.12	3.41	2.09
2014	4.36	3.45	2.05
2015	4.56	3.57	1.89
2016	4.70	3.58	1.76
2017	4.82	3.65	1.68

图7-10 2013—2017年全国、西部地区以及贵州省
研究生占其毕业生总数比例

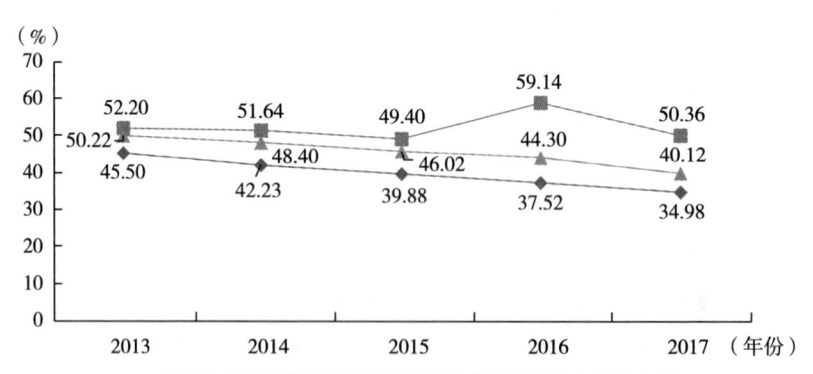

年份	贵州省中职	西部地区中职	全国中职
2013	52.20	50.22	45.50
2014	51.64	48.40	42.23
2015	49.40	46.02	39.88
2016	59.14	44.30	37.52
2017	50.36	40.12	34.98

图7-11 2013—2017年全国、西部地区以及贵州省
中等职业教育毕业生规模占其总毕业生规模比例

四 贵州省高校专业调整机制问题

统计数据显示,工程管理类本科专业,在 2014 年、2015 年、2016 年连续三年就业率均排名靠后(在最后十名之列),连续多次排名靠后均未能激发相关学校进行调整。另外一些"差"学校"差"专业就业较难,在毕业生激增的情况下,用人单位的招聘标准普遍提高,明确指出聘用重点大学及专业的毕业生。如贵州大学作为"211"大学,其毕业生就业率就要高于其他高校。另一些市场需求大的专业相对好就业,但对于市场需求小,难以找到工作的专业高校却并没有及时地调整,这说明贵州省高校的专业预警、调整与退出机制有待进一步完善。

五 就业市场建设规范问题

大学生就业市场完善、规范对毕业生就业的影响非常大。然而贵州省在一定程度上还存在大学生就业体制市场化程度较低、不规范的情况,从而导致对大学生就业缺乏必要的引导、管理等方面的有效调控。用人单位在招聘毕业生的过程存在某些不规范行为,会进一步影响市场的正常运作,影响毕业生就业和利益。

六 毕业生就业指导服务问题

由于大学毕业生对于自己的职业规划尚不清楚,缺乏客观而明确的自我定位和长远职业规划,需要老师的就业指导,但高校就业创业指导部门的专业指导人员匮乏。同时,多数高校关于就业创业指导培训的提升尚未出台完善的制度,指导教师的思想不能与时俱进,很难开展针对学生的就业创业指导帮助。

第五节 贵州省大学生就业发展趋势研判

对贵州省总体毕业生人数、本科及以上学历毕业生人数、普通专科毕业生人数和中等职业教育毕业生人数进行趋势预测,通过把握各学校、各专业毕业生的发展态势,可以及时调整专业招生、释放各学校的就业压力,为下一阶段就业工作做好必要措施。

一 贵州省毕业生总规模预测

根据招生规模推测,贵州省各类学校毕业生总数在2020年年底将达到41.24万人,相比于2017年预计增长10万人。其中博士、硕士毕业生数将达到0.71万人,普通本科毕业生数将达到9.68万人,普通专科毕业生数将达到8.72万人,中等职业教育毕业生数将达到22.29万人。

二 贵州省毕业生占常住人口比预测

贵州省各类学校毕业生占其常住人口的比率预计在2020年达到1.12%,全国各类学校毕业生占全国人口比率预计在2020年下降至0.86%,贵州省毕业生占常住人口比预计在2020年有望超过全国平均水平,后续有望持续增长。

三 博士、硕士毕业生规模预测

根据2016—2017年贵州省大学研究生在校生数据推测,贵州省博士、硕士毕业生数2017年占全省毕业生总规模的比例为1.58%,根据2017年招生人数为7117人的数据,预计在2020年博士、硕士毕业生规模约为0.7万人,占贵州省毕业生总规模的比例约为1.70%,略有回升。

四 贵州省本科毕业生规模预测

按照2016年贵州省本科招生规模推测,贵州省普通本科毕业生数预计在2020年将达到9.68万人,相比于2017年将增加2万人左右。但贵州省普通本科在其各类学校中的占比仍处于全国及西部地区平均水平之下。

五 贵州省专科毕业生规模预测

根据2016—2018年贵州省大学专科在校生数据推测,普通专科毕业生数预计在2020年将达到8.72万人,比2017年增加1万人左右。

六 贵州省中职毕业生规模预测

根据2017—2018年贵州省中等职业教育在校生数据推测,贵州省中等职业教育毕业生数预计在2020年将达到18.3万人,相比于2017年减少1.3万人左右。贵州省中等职业教育毕业生数2017年占

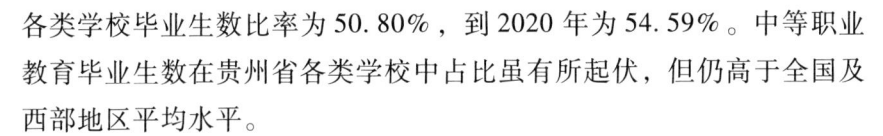

各类学校毕业生数比率为50.80%，到2020年为54.59%。中等职业教育毕业生数在贵州省各类学校中占比虽有所起伏，但仍高于全国及西部地区平均水平。

七 大中专毕业生结构调整预测

从当前社会发展态势看，部分大专的专业因为实用性弱、可操作性弱、理论性也有所欠缺。在可操作性方面可能弱于中职中专毕业生，在基本素质与综合知识方面弱于本科毕业生，这类专业的大专毕业生在就业过程中处于相对尴尬的地位，可能面临较大的就业压力。因此，贵州省将坚持实用型、可操作性强、社会急需为导向，进行大学专科、中职中专的专业调整。排名靠后的专业将面临撤销，排名靠前的专业将被其他学校增设。

第六节 经验借鉴

自1999年高校扩招政策实行以来，学术界的学者都对其产生的经济效应及教育收益率、大学生就业情况等进行了大量的研究，现将一些文献进行梳理，以期对缓解贵州省大学生就业压力有借鉴作用。

一 推进高校教学质量提升

第一，提升高等教育质量。史昭乐（2007）表明，高等教育大众化有利于促进人才总量的快速增加，但同时也带来了高校毕业生就业难的问题。从贵州高等教育大众化进程的特点来看，劳动就业、人口素质、人才建设、社会阶层结构及人民生活五大领域的影响较为突出，而且同一社会领域中产生的影响往往既有正面影响又有负面影响。首先，贵州高等教育大众化延缓了就业压力，高校扩招政策使一部分本该进入劳动市场的劳动力得以有机会进入高校继续学习，从而减轻了当时全省的就业压力。其次，高校扩招也带来了大学生结构性就业难等问题，如在党政机关等传统就业领域就业相对较难。与此同时，随着大学生数量的增多，一些相对"差"的专业难以就业，如工程管理类大学生在2014年、2015年、2016年连续3年就业率均排名靠后。而大众化教育除了有助于促进人才总量的增加，还有助于调整与优化人才结构，也会导致精英人才储备的流失。文中数据显示，自贵州省普通高校扩招以来，由贵州省内流向省外的人才越来越多，而这些人才在深造后很难再回到欠发达地区工作，加剧了贵州精英人才的储备。因此，应进一步发挥政府的主导作用，积极地发展高等教育，提高高等教育的教学质量，以减轻大学生就业难的压力。

第二，提升高校毕业生就业质量。周彰波（2014）指出，通过促进高校毕业生的就业率和就业质量的提升，可以为贵州省经济社会发展提供强有力的人力资源保障。大学生就业难的原因主要集中在社会经济环境、政治体制、毕业生家庭、毕业生自身和高校培养质量等多个方面。各省的社会经济状态及就业形式是制约大学生就业的重要因素，同时就业政策、毕业生的家庭因素影响以及毕业生自身的能力素质都是影响当下高等院校毕业生就业及就业质量的主要因素。因此，这就要求政府方面进一步调整经济和产业结构，促进经济发展，完善大学生就业政策和法律制度，充分保证大学生就业。社会方面要求用人单位规范招聘和用人制度，加强企业和中介机构对大学生就业的服务作用，改善大学生就业市场环境。高校方面应提升教学质量，培养大学生就业能力，建立健全大学生就业指导体系。学生个人方面应正视现实、转变就业观念、确立合理的就业观，同时，毕业生应树立健康的就业心理，加强自身就业能力。

二　建立健全大学生就业指导与帮扶体系

鞠斌杰、夏丹（2019）指出，由于我国经济结构快速转型，就业岗位减少，从而影响整体就业，而对于刚毕业的大学生，缺乏自我调适能力，对自我的认知不明确，造成了巨大的心理压力，因此逃避就业。面对这些问题，文章进一步指出应增强学生的就业能力，加强自我认知，进一步完善就业指导体系，帮助大学生更好地就业。桂晓玲、王瑞和李牧（2018）指出，贵州省中女生和本科毕业生就业相对较难，是贵州省就业困难群体中的多数，通过问卷调查等方式了解到绝大多数大学生都表明需要就业援助。因此，应进一步明确政府对大学生就业援助的职能，加大对大学生就业援助的宣传力度，使学生充分认识大学生就业援助，重视对大学生就业援助方式的多样性以使不同环境、不同背景下的大学生，都能够得到方便合适的就业援助。

三　完善大学生创新创业课程教育体系

第一，理论与实践能力并重。韩红玲、王畅和马斌（2019）指出，随着科技的快速发展，日渐发展的人工智能技术使很多行业迎来了新一轮的下岗与再就业。而大学生作为现当代较高层次的新生人才力量，应如何进一步提升就业竞争力与创新创业能力是当代高校应重点关注的。首先需要进一步让学生从繁多的标准化考试中解放出来，从实践中学习，了解社会需求。其次，高校应加强校企合作，进行针对性的练习，培养学生的团队意识，进一步提升学生就业能力。李婉（2019）认为，当下大学生就业难的主要原因在于高校大学毕业生的就业能力与企业的人才需求不符。因此应立足于社会需求，为高校课程教学改革提供有利的参考价值。通过调查发现，用人单位对工商管理专业的录用，主要考虑学历、实习经验、专业对口、职业资格证、学校层次五个方面的内容，而学生干部、英语等方面的重视程度较低。就业能力培养课程教学目标的清晰定位，就业能力培养课程教学内容的设计，如训练学生的沟通交流能力等，就业能力培养课程教学方法的研究等方面可作为就业能力培养课程教学改革的对策。

第二，鼓励创业就业。罗洋、黎雯和周善菊（2016）指出，重视创新创业的强大经济与社会效益，鼓励大学生以创业带动就业，这有助于缓解严峻的就业形势。而贵州省作为西部地区的落后省份，在新常态下生态优势进一步凸显，大数据产业日益崛起，因此对高素质人才的需求进一步增加。技术进步与产业结构的调整优化逐渐使第一、第二产业就业岗位数量逐渐减少，第三产业将作为大学生谋求职业发展的主要方向。作为接受过高等教育的知识群体、大学生是知识经济时代产业发展的主力军。推进贵州省地方高校大学生创业教育需要建立健全创新创业教育体系。一方面，良好的创业教育体系需要教师资源的大力支撑，一是强化教师认知，逐步引导教师将创业教育融入教学实践中；二是要加强培训，定期组织形式多样的创业教育师资培训，让教师掌握基本教学知识与技能；三是要进行激励机制，激发教师教学热情与兴趣。另一方面，要建设实践教育体系。在具体的教学中，引导学生树立"问题导向"与"行动策略"等基本原则，而不是简单的教条化、机械化行为，应从经验中学习、从错误中学习，以此来教育和指导学生更加理性地投入创业事业之中，以创业带动就业，尽力规避大学生创业的普遍性缺陷，提高创业成功可能性，降低大学生失业率。

第三，校企合作创新办学模式。魏顿（2019）指出，随着我国经济快速发展，经济结构调整优化，各个行业对人才的需求量呈递增趋势，因此众多高校都选择与企业合作的模式，有针对性地对学生进行培养。在校企合作背景下，大学生创新创业课程建设的研究对提高人才的培养有着十分重要的作用。因此应重视创新创业课程的建设，进一步优化创新创业课程体系与资源，突出企业人才在创新创业课程建设中的作用，改变传统大学生的择业观。邱佩钰（2019）提出，随着我国产业结构的调整，大学生就业的焦点已从就业数量转到就业质量上。因此，实现高等院校大学生高质量就业是当下亟待解决的问题，而影响大学生高质量就业的因素是多方面的。不仅政府和社会可以通过规范企业和就业秩序，合理地分配资源来帮助高校大学生快速找到心仪岗位，高校可以从就业指导服务工作，加强学生就业能力的培养等方面加以施加影响。家庭的背景与期盼及个人的心理等都对高校毕业生的高质量就业产生影响。因此，要进一步优化大学生就业指导服务体系、加强就业创业课程的建设，强化社会实践，坚持课堂理论与实践实习相结合，强化学生的就业竞争力，重视校企合作，充分利用高校资源，做好学校与社会的双向联系。

第七节　对策建议

基于贵州省存在毕业生结构失衡、本科与博士、硕士毕业生规模偏小、专业预警机制缺失等问题，特提出以下建议以供参考。

一　加大研究生与本科生招生规模

博士、硕士、本科毕业生是地区人力资源中最优质的毕业生资源。目前，贵州省博士、硕士、本科毕业生规模占比无论是从人口比还是在校生规模比都远低于全国平均水平，也低于西部地区水平。建议加大对研究生与本科生招生规模，提升对本地区经济社会发展的人力资源素质供给水平，为贵州省经济社会转型升级提供强有力支撑。

二　加强就业指导师资队伍建设

目前，大部分毕业生对自身职业定位不清晰，缺乏明确的自我认知和职业生涯规划。因此，应引导各高校要加强对在校生的职业生涯规划教育，帮助学生明确自己的职业定位。此外，加强导师队伍建设，加强集体宣传、政策解读、就业信息的推送，形成分层次、分类别职业规划指导，健全就业指导。

三　加强专业教学内容与课程体系建设

毕业生能否适应现代社会和人才市场对专业人才素质的要求，是学校教学能否达到学科专业培养目标的重要问题，背后折射出的是教学内容不够先进、课程设置不够合理，以及教学手段和教学设施不匹配等方面的问题。因此，针对当前问题应以"宽口径、厚基础"的应用性、复合型并具有创新精神的高级专门人才为目标，按照学分制教学管理模式改革要求，合理规划设计各个专业课程教学内容和配套的课程设置，推进教学模式改革，丰富教学手段，以提高学生专业知识和职业素养，加强学生适应能力和竞争能力。

四　积极开展创新创业教育

当前，各高校选择自主创业的学生人数相对较少，即便选择创业，成功的概率也相对较低。基于此，贵州省各高校应把创新创业教育改革作为高等教育综合改革的重要突破口，在培养方案、课程体系、教学方法和管理制度等方面将改革持续向纵深推进，进一步促进专业教育与创新创业教育深度融合，将创新创业教育贯穿人才培养全过程。同时学校应强化创新创业实践，办好创新创业竞赛，着力培养学生的创新精神和创造能力。

五 建立专业预警与动态调整机制

贵州省教育部门应当建立专业预警、干预与退出机制。当专业就业率第一次排倒数时应当有原因分析、预警与干预机制；连续两年就业率排名倒数时，应当亮黄牌并限期整改，连续3年则应启动专业退出机制，从而促进学科专业优化调整。

六 增强大学生就业竞争力

高等教育扩招政策实行以来，高等院校急剧扩大招生规模，但招生规模扩大除了带来大量的生源之外，也将一部分在原来的高招政策下无法进入大学学习的生源带来了，这使大学生源平均质量下降。因此，高校应进一步加大师资力量，提高高校的教学质量，增强大学生的就业竞争力。

七 健全高校毕业生就业状况反馈机制

高校的教学目标与任务是培养为社会服务、满足社会要求的人才，通过建立健全高校毕业生就业状况反馈机制，可以清楚地了解到高校的教学质量与教学水平。然而，目前高校的就业形势却不容乐观，就业市场供大于求，许多毕业生由于就业期望过高，或竞争力不强只能选择专业不对口的职业或无法找到工作。因此，高校更应该注重增强学生综合实力培养，从而实现学生高质量就业。建立就业状况反馈机制既能够帮助人才培养适应就业市场需求，又能够及时将社会就业信息反馈给高校，促进高校及时调整优化培养目标及相关专业，为社会培养更高质量的人才。

第八章

贵州省农民工群体就业特点与发展趋势

近年来,我国农民工规模和就业格局发生较大变化,贵州省作为传统的劳务输出大省,对农民工的供给影响较大。本部分以贵州省农民工为研究对象,通过对贵州省农民工的总量、流向及各市(州)农民工省内省外就业情况的分析,探讨贵州省农民工就业存在的问题及就业规模、格局的变化趋势,从而提出相应的建议,更好地促进农民工就业创业。

第一节 全国农民工发展状况

农民工群体是我国劳动力资源的重要组成部分,其就业过程就是劳动力资源有效发挥作用的过程。同时,农民工群体作为我国工业化和城市化建设最重要的力量之一,为整个社会的进步与可持续发展做出了巨大贡献。

一 全国农民工基本现状

根据2018年农民工监测调查报告[①]显示,全国农民工总量为28836万人,其中在乡镇内就近就业的本地农民工11570万人,比上

---

① 国家统计局:《2018年农民工监测调查报告》,2019年4月29日。

年增加103万人,增长0.9%;到乡镇外就业的外出农民工17266万人,比上年增加81万人,增长0.5%。在外出农民工中,进城农民工13506万人,比上年减少204万人,下降1.5%。从输入地看,在东部地区就业的农民工15808万人,比上年减少185万人,下降1.2%,占农民工总量的54.8%。在西部地区就业的农民工5993万人,比上年增加239万人,增长4.2%,占农民工总量的20.8%。

二 全国农民工规模发展状况

改革开放以来,随着经济社会的发展,城市化、工业化进程的快速推进,农民工作为支撑我国经济发展的一个特殊群体,他们的就业状况一直备受关注。从整体来看,2013—2017年全国农民工规模稳步增长。2017年全国农民工总量较2013年增加了1758万人,年均增加351万人,年均增长率达到了1.76%。在增长速度方面,2013—2017年,全国农民工的增速分别为2.4%、1.9%、1.3%、1.5%、1.7%,呈"U"形趋势。2013—2015年增长速度呈降低趋势,其增速由2.4%下降到1.3%,2015—2017年,整体呈增长趋势。

三 全国农民工参保率变化状况

在城镇职工养老保险、城镇职工基本医疗保险、失业保险、工伤保险中,工伤保险缴纳规模最大;2013年,全国农民工参加养老保险、城镇职工基本医疗保险、失业保险、工伤保险比例分别为15.70%、17.60%、9.10%、28.50%,同年参加失业保险的比例不到工伤保险的1/3。从2013—2017年,失业保险的比例在逐步提升,由2013年的9.10%提升到了2017年的17.09%,增长速度较快;养老保险所占的比例由15.7%上升到了21.66%,医疗保险由17.60%提升到了21.72%(见图8-1),仅工伤保险所占的比例略微有所下滑,但整体呈上升趋势,全国农民工参保比例逐年上升,农民工社会保障体系不断完善。

四 农民工就业的国家政策发展状况

近年来,中央多次出台相关政策,期望通过国家政策推动农民工就业能力和就业质量提升。2014年,国家发改委发布《国家新型城镇化规划(2014—2020年)》,要求落实城乡劳动者平等就业、同工

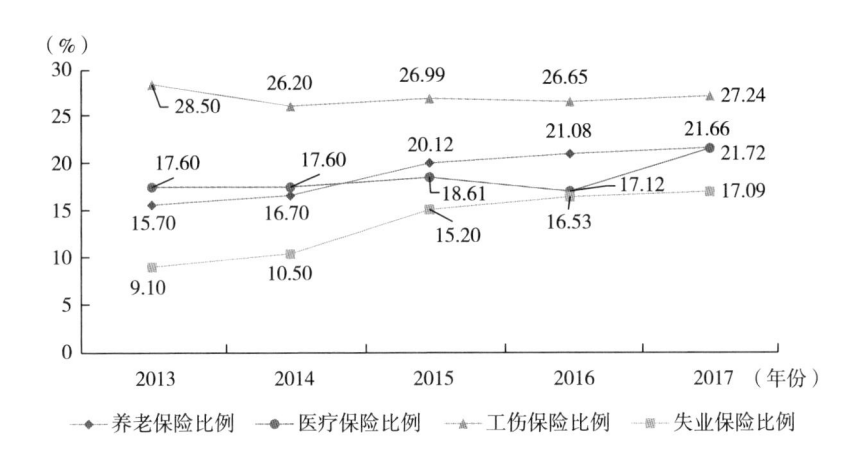

图 8-1 2013—2017 年全国农民工参保情况

同酬，依法为农民工缴纳社会保险，通过开展职业教育和技能培训提升农民工融入城市社会的能力。2017 年国务院《"十三五"促进就业规划》明确提出，到 2020 年实现就业质量进一步提升的目标，农民工被列入就业工作重点人群，要求各地积极开展"技能人才增收行动""新型职业农民增收行动"，实现农民工工资收入合理增长和就业权益保护完善。在一系列推进农民工就业质量提升的政策中，围绕职业技能培训开展的就业能力建设成为工作重点。2016 年，教育部、中华全国总工会联合发布《农民工学历与能力提升行动计划——"求学圆梦行动"实施方案》，明确指出提升农民工学历层次和技能水平的目标在于帮助其实现体面劳动，鼓励企业将农民工参加继续教育与薪酬、晋升相结合，使农民工就业能力提升有效服务于产业转型升级。2019 年，人力资源社会保障部和国务院先后颁布了《新生代农民工职业技能提升计划（2019—2022 年）》和《国家职业教育改革实施方案》两项重要计划方案，要求加强新生代农民工职业技能培训，带动农民工队伍技能素质全面提高，并进一步将其与工人待遇相关联，加强技能人才激励。2019 年政府工作报告再次将农民工列为就业工作重点群体，鼓励农民工报考高职院校，并通过招用农村贫困人口、根治欠薪问题、防止和纠正身份歧视、规范灵活就业形态等方式提升农民工就业能力，多角度改善农民工就业质量。

近年来，我国农民工的数量规模和就业格局发生了较大变化，贵州省作为传统的劳务输出大省，对农民工劳动力的供给影响较大。本部分以贵州省农民工为研究对象，通过对贵州省农民工的总量、流向及各市（州）农民工省内省外就业情况的分析，探讨贵州省农民工就业存在的问题及就业规模、格局的变化趋势，从而提出相应的建议，更好地促进农民工就业创业。

第二节 贵州省农民工就业规模发展状况

本部分基于2013—2017年贵州省人力资源和社会保障统计数据资料汇编的相关数据，从宏观上分析2013—2017年贵州省农民工群体的就业和流动特征。

一 农民工群体就业特征

（一）贵州省农民工规模状况

1. 农民工规模变动状况

2013—2017年，贵州省农民工总量在持续增加，但增长速度自2014年开始有所下降。从规模总量看，2013年贵州省农民工总量为853.6万人，2017年农民工总量为1124.5万人，年平均增加54.18万人，年平均增长率为6.3%（见图8-2）。综上所述，根据贵州省人口发展特点、经济发展速度加快、政策引导农民工返乡就业创业等因素，贵州省农民工人数仍将持续缓慢增长。

贵州省农民工增速与全国农民工增速之间的差距不断缩小。2013年贵州省农民工的增长速度与全国的增长速度之间相差8.59%，2017年增速之间的差距减至0.75%（见图8-2）。

2. 贵州省农民工规模占全国农民工总规模比重变化状况

贵州省作为传统农民工输出省份，农民工群体现有规模大、总量多，近年来贵州省农民工占全国农民工的比重持续上升。从增长速度看，2013—2017年贵州省农民工总量占全国农民工总规模的比值由

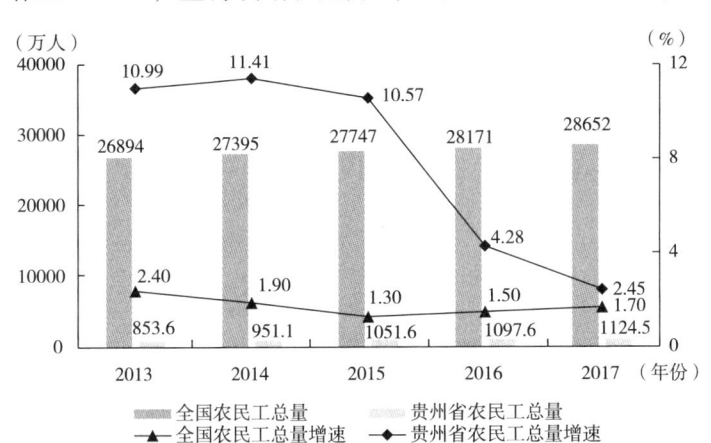

3.1%增至3.92%，呈持续增长趋势（见表8-1、图8-3①）。

图8-2 2013—2017年全国与贵州省农民工总量及增速②

表8-1 2013—2017年贵州省农民工规模占全国农民工的比例

项目	全国农民工数量（万人）	贵州省农民工数量（万人）	贵州省农民工占全国比例（%）
2013年	26894	853.6	3.17
2014年	27395	951.1	3.47
2015年	27747	1051.6	3.79
2016年	28171	1097.6	3.90
2017年	28652	1124.5	3.92

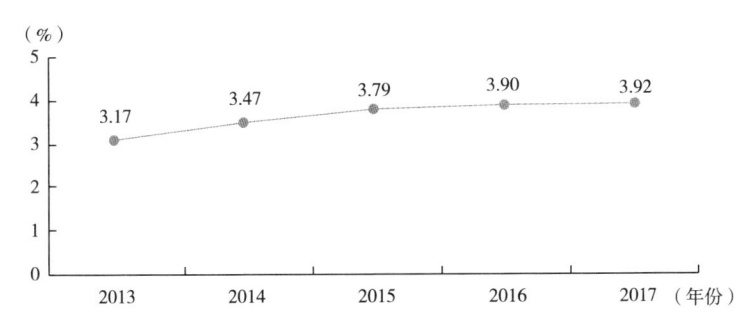

图8-3 2013—2017年贵州省农民工规模占全国农民工总规模比例

---

① 资料来源：国家统计局、贵州省人力资源和社会保障统计数据资料汇编。
② 资料来源：贵州省人力资源和社会保障统计数据资料汇编。

(二）农民工占贵州省经济活动人口的比例变化状况

农民工已经成为贵州省劳动人口中的重要组成部分，为贵州省经济建设发展作出了重大贡献。近年来，农民工总量的增长快于经济活动人口的增长，占比也越来越大。农民工占经济活动人口的比例由2013年的45.79%增至2017年的55.58%（见表8-2）。

表8-2　　　　2013—2017年贵州省农民工占经济活动人口比例

项目	农民工总量（万人）	经济活动人口总量（万人）	占比（%）
2013年	853.60	1864.21	45.79
2014年	951.10	1909.69	49.80
2015年	1051.60	1956.65	53.74
2016年	1097.60	1983.72	55.33
2017年	1124.50	2023.20	55.58

（三）农村劳动力培训和转移就业绩效明显

1. 农村劳动力培训后实现就业率的状况

近年来，贵州省统筹推进规范化技能培训，大力促进农村青壮年就业创业。2017年，全省共完成农村劳动力培训24.92万人，实现就业11.74万人，实现初次就业率达到47.11%，农村劳动力培训后就业率稳步增长。2013—2017年，初次就业率由2013年的44.03%稳步增长到2017年的47.11%（见表8-3）。

表8-3　　　　2013—2017年贵州省农村劳动力培训情况

项目	农村劳动力培训人数（万人）	实现就业人数（万人）	初次就业率（%）
2013年	12.40	5.46	44.03
2014年	22.68	10.03	44.22
2015年	21.29	9.47	44.48
2016年	22.59	10.23	45.29
2017年	24.92	11.74	47.11

2. 贵州省新增农村劳动力转移就业规模发展状况

贵州省新增农村劳动力转移就业总量持续上升，但自2015年起增长速度放缓。从增长规模总量看，2013—2017年，新增农村劳动力转移就业人口总体呈上涨的趋势。2017年劳动力转移就业人口数量由2016年的85.98万人减至2017年的85.37万人，首次呈现负增长（见图8-4）。从增长速度看，2013—2017年贵州省农村新增劳动力转移就业的增长率分别为5.50%、9.65%、9.56%、1.60%、-0.70%，呈倒"U"形趋势，正处于总量增长减缓阶段。

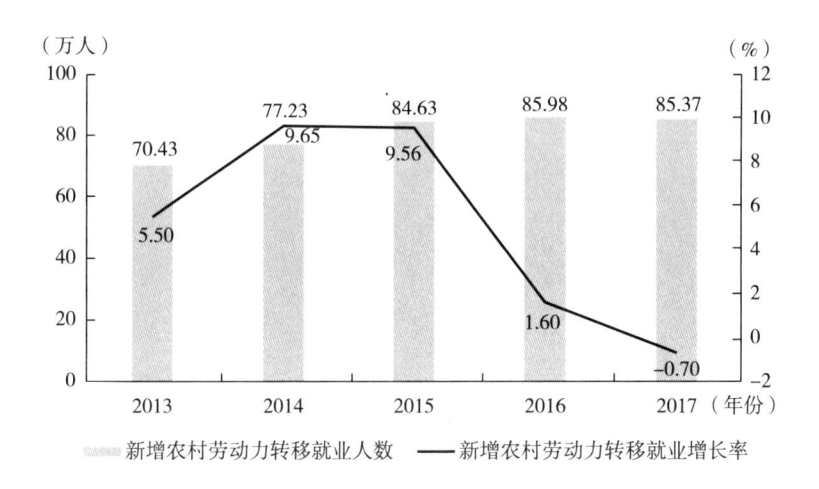

图8-4 2013—2017年贵州省新增农村劳动力转移就业数量及增长率

（四）新增返乡就业创业农民工规模状况

近年来，随着贵州省经济社会的发展、人民生活水平的稳步提高，以及一系列针对农民工返乡就业创业的优惠政策的实施。贵州省每年新增返乡就业创业的人数持续增加。从总量看，2013—2017年，贵州省累计实现369.76万农民工返乡就业创业。从增长速度看，2013—2017年，新增农民工返乡就业创业的增长率分别为7.50%、8.80%、30.60%、12.00%、-16.80%，呈倒"U"形趋势，正处于总量增长减缓阶段（见图8-5）。综上所述，尽管贵州省农民工返乡就业创业现正处于增长减缓阶段，但规模将持续扩大。

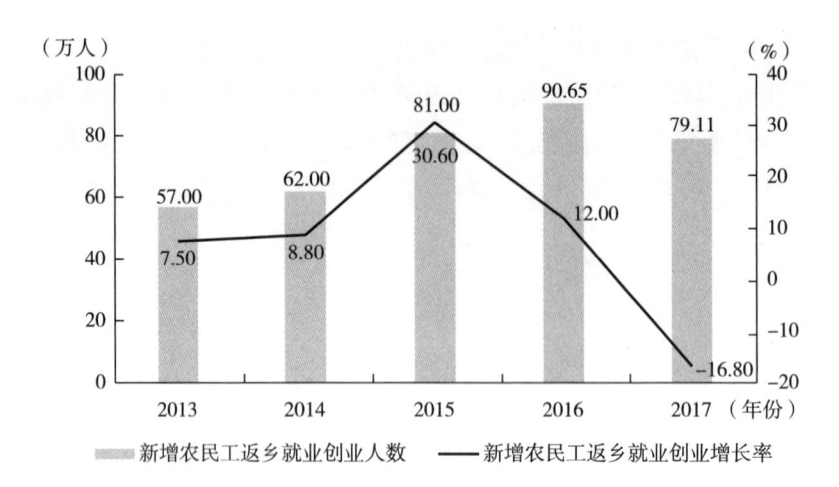

```
（万人）                                                      （%）
100 ┤                                              90.65       40
                                    81.00
 80 ┤                                       30.60          79.11
                             62.00                              30
 60 ┤              57.00
                                                                20
 40 ┤                                                  12.00
              7.50       8.80                                   10
 20 ┤                                                           0
                                                     -16.80
  0 ┤                                                          -20
     2013      2014      2015      2016      2017  （年份）
     ■ 新增农民工返乡就业创业人数    —— 新增农民工返乡就业创业增长率
```

图 8-5 2013—2017 年贵州省新增农民工返乡就业创业数量及增长率

（五）农民工就业权益保障状况

2013—2017 年，城镇职工基本养老保险的参保人数由 21.34 万人增长到了 40.1 万人，年平均增长 3.75 万人。职工基本医疗保险的参保人数由 2013 年的 17.83 万人减至 2017 年的 17.58 万人，呈倒 "U" 形增长趋势，正处于总量增长的减缓阶段。失业保险的参保人数由 12.16 万人增长到了 18.45 万人，呈逐年增长趋势。工伤保险的参保人数由 87.46 万增长到了 92.88 万。2017 年，贵州省农民工参加养老保险、城镇职工基本医疗保险、失业保险、工伤保险比例分别为 14.7%、6.77%、6.45%、34.10%；数据显示，贵州省农民工中只有失业保险比全国平均水平（28.50%）略高，养老保险交缴率比全国平均水平（14.7%）略低，城镇职工基本医疗保险、失业保险均大幅低于全国平均水平（分别为 17.60%、9.10%）。

二 贵州省农民工的基本特征

（一）农民工性别变化状况

农民工群体的性别统计数据显示，2013—2017 年，贵州省农民工主要以男性群体为主，男性占比在 60% 左右波动，女性占比在 40% 左右（见图 8-6）。

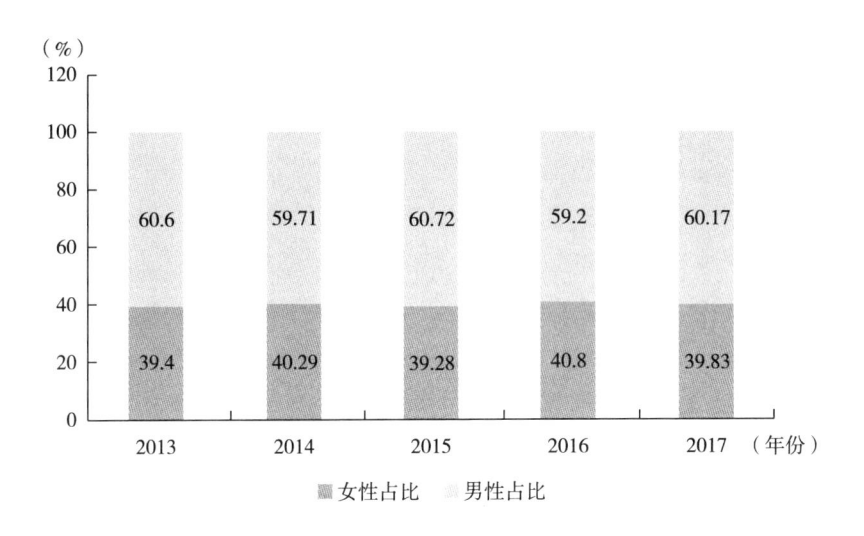

图 8-6 2013—2017 年贵州省农民工性别比

年份	女性占比	男性占比
2013	39.4	60.6
2014	40.29	59.71
2015	39.28	60.72
2016	40.8	59.2
2017	39.83	60.17

（二）农民工年龄变化状况

从年龄构成来看，贵州省农民工主要还是以青壮年为主。但受人口结构变化、农民工就地就近转移就业的影响，农民工平均年龄不断提高，年轻农民工比例逐渐下降。从年龄结构看，30 岁及以下农民工所占比重呈持续下降趋势，由 2013 年的 36.7% 降至 2017 年的 30.9%，但仍高于全国平均水平（27.3%）；30—50 岁的农民工所占比重没有较大变化，呈平稳增长趋势；而 50 岁以上农民工所占比重提升最快，50 岁以上农民工所占比重由 2013 年的 15.1% 增至 2017 年的 20.7%（见图 8-7）。

（三）农民工学历发展状况

初中文化程度的农民工仍是该群体中的主力军。但农民工文化水平缓慢提升。2013—2017 年，小学及以下文化程度的农民工规模中的占比由 2013 年的 23.6% 下降至 2017 年的 16%；初中文化程度的农民工群体占比进入减缓阶段，由 2013 年的 58.6% 下降到 2017 年的 55.6%；高中及以上文化程度农民工群体所占比重逐年上升，由 2013 年的 15.8% 增至 2017 年的 28.4%，增长了 12.6%（见图 8-8）。

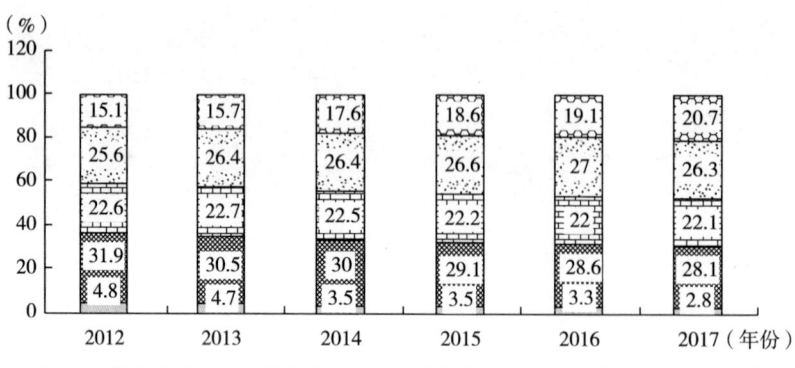

图 8-7 2013—2017年贵州省农民工年龄构成占比

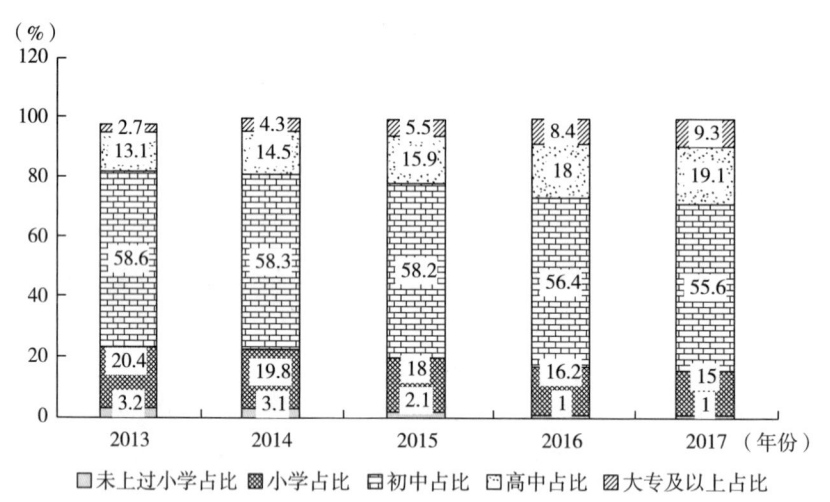

图 8-8 2013—2017年贵州省农民工文化程度占比分布

(四) 贵州省农民工的收入状况

1. 贵州省农民工的月收入增长状况

2013—2017年，贵州省农民工的月收入水平逐步提高，农民工收入增速回落。2013年农民工的月均收入为2447元，2017年农民工的月均收入为3483元，上涨了1036元，平均每年增长207.2元。但是月均收入增速与之相反，呈逐年放缓趋势。2013年农民工的收入增速为13.07%，到了2017年，农民工月均收入增速为7.40%，年平均下降1.13%。

2. 贵州省农民工月均收入与全国的比较

整体来看，全国农民工的月收入长期高于贵州省农民工的月收入水平，但其差距不断缩小。2013年月均收入相差162元，2017年差距缩小至2元，贵州省农民工月均收入基本达到全国水平。从增速来看，全国农民工及贵州省农民工的月均收入都进入了增长减缓阶段。但自2014年起，贵州省农民工月均收入的增长速度开始反超全国农民工月均收入增长速度（见图8-9）。

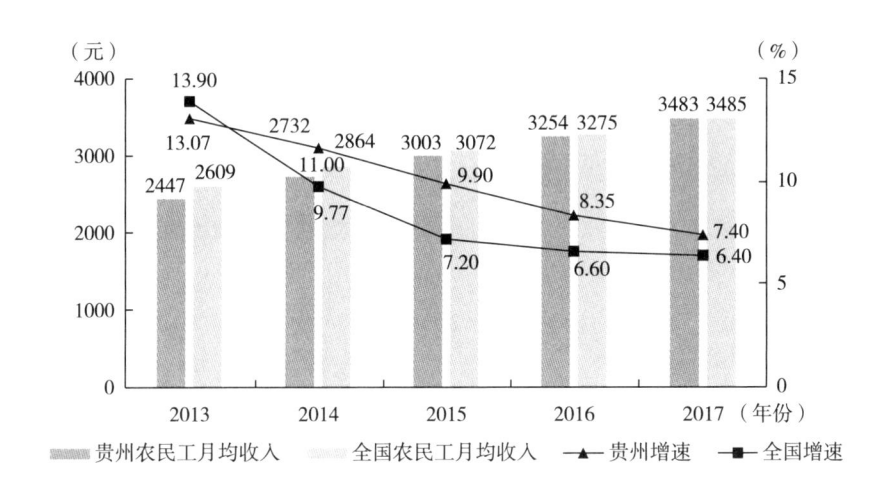

图8-9 2013—2017年全国与贵州省农民工月均收入及增速

三 农民工就业流向变化状况

（一）农民工规模总量状况

贵州省作为传统劳动力输出大省，外出农民工数量持续增长，但近年来，增长速度有所放缓。从整体上看，2013年贵州省外出农民工总量为781.38万人，2017年外出农民工总量为887.28万人。2013—2017年，贵州省外出农民工总量呈逐年增加趋势，年均增长21.18万人。从增长速度上看，2013年贵州省外出农民工的增长速度为8.40%，2017年贵州省外出农民工的增长速度回落了7.1个百分点，年平均回落1.42个百分点,贵州省外出农民工进入了增长减缓阶段(见图8-10)。

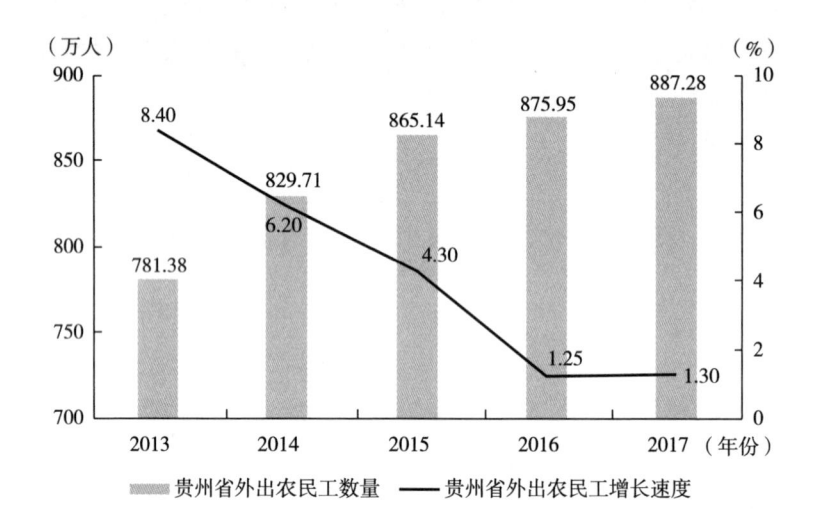

图 8-10　2013—2017 年贵州省外出农民工总量及增速

(二) 农民工省内外规模变化状况

随着外出农民工总量的增速放缓,贵州省跨省外出的农民工规模占比开始下滑,而省内务工的农民工规模占比呈增长趋势。2013—2017年,省内外出务工的人数由2013年的200.32万人增长到2017年的272.37万人,增长了72.05万人,年均增长率为35.96%。其中,2013年的省内外出务工人员规模占比为25.6%,到2017年,该比例增长到31.0%。在跨省外出务工人员规模方面,2013年为581.06万人,到了2017年,增长到614.91万人,增长了33.85万人;但是,跨省外出务工人员的构成比却呈下降趋势,2013年和2017年分别为73.1%和69%,下降了4.1个百分点。省内外出务工的人数逐年增长,跨省外出务工的人数规模占比逐步下降,农民工倾向于就近就地务工的就业意愿明显(见表8-4)。

表 8-4 2013—2017 年贵州省外出农民工省内、省外务工数量及构成比

地区	省内		省外	
	数量（万人）	构成比（%）	数量（万人）	构成比（%）
2013 年	200.32	25.6	581.06	73.1
2014 年	226.35	27.2	603.36	72.8
2015 年	248.12	28.7	617.02	71.3
2016 年	263.80	30.1	612.15	68.9
2017 年	272.37	31.0	614.91	69.0

第三节 贵州省农民工就业分布状况

本部分主要从跨省输出、返乡回流、各市（州）分布三个方面对贵州省农民工群体就业格局变化的趋势进行研究。

一 贵州省农民工跨省就业发展状况

（一）贵州省新增外出就业农村劳动力中跨省输出状况

2013—2017 年贵州省新增农村劳动力跨省输出比重变化较小，维持在 60% 左右。2013—2017 年贵州省新增农村劳动力外出就业总量逐年变动。2017 年贵州省新增农村劳动力外出就业总量为 159.39 万人，比上一年增加了 19.11 万人，上升了 13.62%（见图 8-11）。

（二）贵州省农民工省外返乡回流发展状况

从农民工省外返乡回流人数来看，2013—2017 年，增加了 38.79 万人，增长了 67.78%；从农民工省外返乡回流增速来看，2013—2015 年呈上升趋势，上升了 24.1 个百分点，而 2015—2017 年呈下降趋势，从 31% 下降到 7%，下降了 24%；贵州省农民工省外返乡回流人数占省外就业人数的比例呈上升趋势，由 2013 年的 9.85% 上升到 2017 年的 15.62%，上升了 5.77 个百分点（见图 8-12）。贵州实施"大扶贫、大数据、大生态"三大战略行动，产业结构转型升级加快，

经济社会加速发展，对劳动力的需求不断增大，促使农民工就近、就地就业，农民工省外返乡回流规模不断扩大。

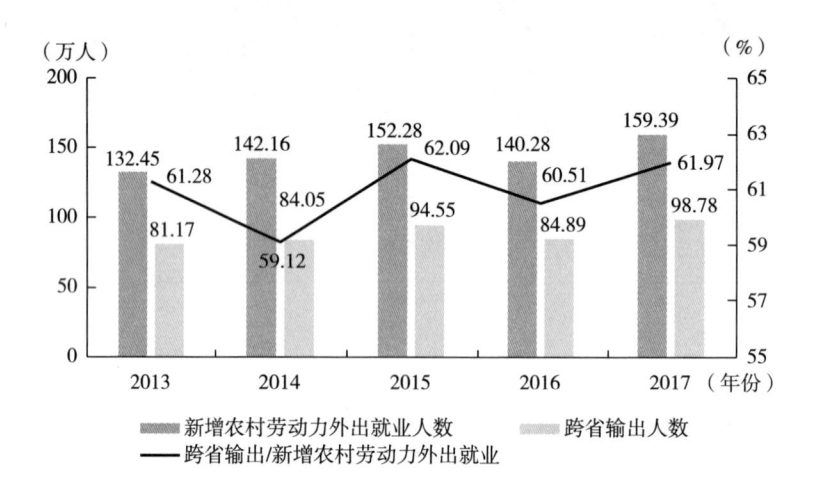

图 8-11　2013—2017 年贵州省新增农村劳动力外出就业规模

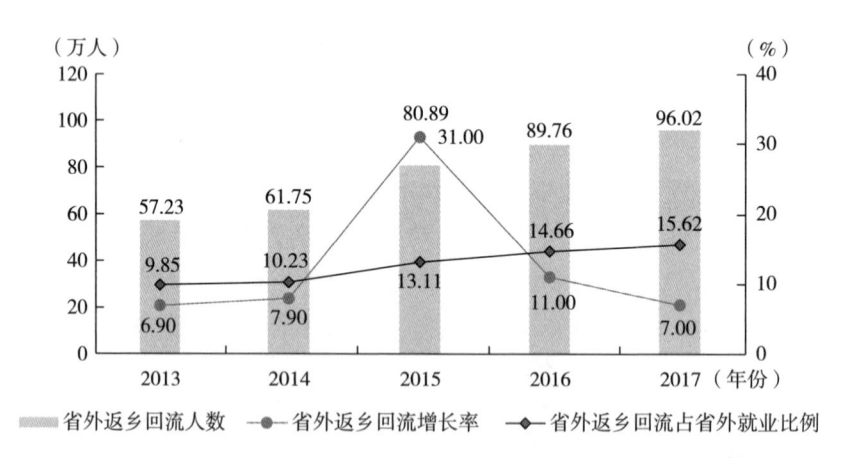

图 8-12　2013—2017 年贵州省农民工省外返乡回流人数

（三）农民工返乡创业就业增速状况

在农民工返乡创业就业人数规模变化方面，2013—2016 年呈上升趋势，由 2013 年的 57 万人增加到 2016 年的 90.65 万人，增加了

33.65万人，2017年农民工返乡创业就业人数有所回落；相较2016年减少了15.22万人；2013—2015年农民工返乡创业就业增速逐渐上升，2016年出现回落，且2017年呈现负增长，2017年增长率为-16.79%；农民工返乡创业就业人数占返乡回流总人数的比例在2013—2016年呈上升趋势，从2013年的60.86%上升到2016年的70.02%。返乡回流的农民工实现创业就业的人数逐年上升，但每年仍有超过30%的农民工未在返乡回流当年实现就近就地创业就业。2017年农民工返乡创业就业人数占返乡回流总人数的比重仅为50.95%，近49.05%的农民工返乡回流以后未实现就地就近创业就业，需要引起关注（见图8-13）。

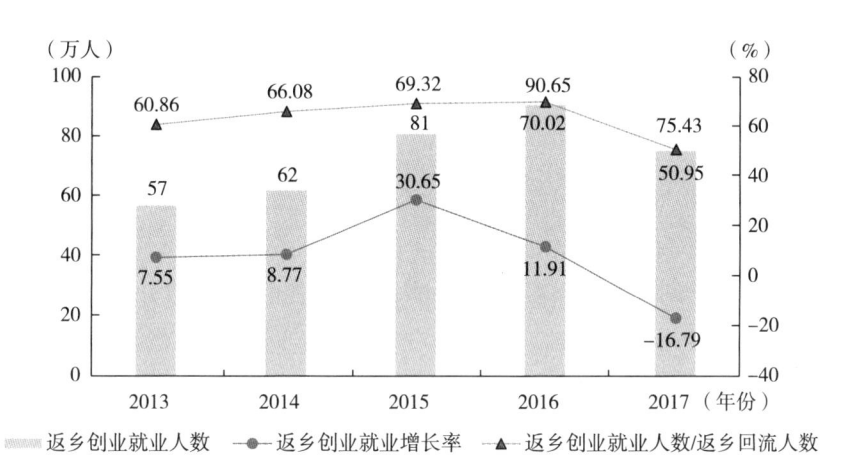

图8-13　2013—2017年贵州省农民工返乡创业就业情况

二　农民工来源地区分布状况

（一）黔东南州外出务工比例最高，贵阳市外出务工比例最低

2017年，外出务工的农村劳动力占户籍人口比例排名前三位的分别是黔东南州、铜仁市与黔南州，其占户籍人口的比例分别为25.16%、21.89%、21.47%；外出务工比例最低的地区分别为贵阳市、六盘水市，分别占户籍人口比为8.35%、16.53%；其他地区均在20%左右，且差距较小（见表8-5）。

表8-5 2017年贵州省农村劳动力外出务工规模占户籍人口比重分地区统计

地区	户籍人口（万人）	劳动年龄人口（万人）	外出务工（万人）	外出务工占本地户籍人口比（%）	外出务工人员占本地劳动人口比（%）
全省	4474.94	3006.26	887.28	19.83	29.51
贵阳市	408.31	274.30	34.09	8.35	12.43
遵义市	805.15	540.90	164.50	20.43	30.41
六盘水市	341.56	229.46	56.47	16.53	24.61
安顺市	300.54	201.90	60.86	20.25	30.14
毕节市	922.65	619.84	188.86	20.47	30.47
铜仁市	440.24	295.75	96.36	21.89	32.58
黔东南州	475.99	319.77	119.77	25.16	37.46
黔南州	419.89	282.08	90.16	21.47	31.96
黔西南州	360.61	242.26	75.46	20.93	31.15

（二）贵州省各市（州）农民工回流状况

1. 各市（州）总体回流情况

据统计数据显示，农民工回流比例排名前三位的分别是黔西南州、黔东南州与安顺市，分别占本地区外出就业总数的比例为35.31%、27.51%、21.02%；回流比例最低的地区分别为遵义市、毕节市与贵阳市，分别占本地区外出就业总数的比例为9.96%、10.02%、10.08%。其中，黔东南州增长最为迅速，回流比例由2013年的8.91%增长到2017年的27.51%，规模增长了18.6%，其次是黔西南州和六盘水市，分别由2013年的20.47%、7.80%增长到2017年的35.31%、17.56%，规模分别增长了14.84%、9.76%。

2. 各市（州）省外回流情况

2017年，省外回流人员规模占本年度新增省外就业人员规模比排名前三位的分别是黔东南州、遵义市与黔西南州，分别占本地区回流总人数的比例为78.74%、70.29%、67.52%；省外回流占新增省外就业规模比最低的地区分别为贵阳市、安顺市与毕节市，分别占本地区回流总人数的比例为52.3%、53.33%、54.01%。其中，遵义市增长最为迅速，省外回流的比例由 2013 年的 61.88% 增长到 2017 年的 70.29%，其次是黔东南州和黔西南州，分别由 2013 年的 71.21%、62.88% 增长到 2017 年的 78.74%、67.52%，规模分别增长了 7.53%、4.64%。

第四节 贵州省农民就业问题研判

在《国务院关于解决农民工问题的若干意见》中明确指出，在新时期需要鼓励与支持农民工返乡就业创业，这对建设新农村具有推动性，也可以实现以创业带动就业。在诸多因素的影响下，大量的农民工纷纷返乡，但是面临的就业创业形势却是十分严峻的，各类问题层出不穷。通过对贵州省农民工省内、省外的就业规模变化、农民工就业人员特征、就业培训及农民工返乡就业创业情况进行统计分析，主要发现存在以下四个方面的问题。

一 贵州省农民工省内就业规模状况

（一）新增农村劳动力就业问题

2013—2017 年，贵州省农村劳动力跨省输出比重基本持平，维持在 60% 左右，即每年约有 40% 的新增农村劳动力选择在省内就业，贵州省劳动力市场每年需要吸纳 40% 的新增农村劳动力就业。

（二）贵州省农民工省外返乡回流人员就业问题

农民工省外返乡回流规模在 2013—2017 年呈上升趋势，2017 年比 2013 年增加了 38.79 万人，规模增长 67.78%。虽然农民工省外返乡回流增速放缓，但未来 3 年贵州省农民工省外返乡回流规模将不断扩大，解决回流农民工就业的压力不断增大。

（三）贵州省农民工省内就业问题

2013—2017 年，贵州省农民工省内就业人数不断增加，由 272.54 万人增加到 509.59 万人，增长了 237.05 万人，规模增加了 86.98%，省内就业的农民工规模占农民工总数的比重也呈上升趋势，从 2013 年的 31.93% 上升到 2017 年的 45.32%，省内农民工就业压力持续增大。

二 贵州省农民工就业人员年龄问题

2013—2017年，贵州省农民工的年龄结构变化显示，贵州省农民工主要以青壮年为主，但是30岁及以下农民工所占比重呈下降趋势，其规模占比从2013年的36.7%下降到2017年的30.9%，而50岁以上农民工所占比重呈上升趋势，其规模占比从2013年的15.1%上升到2017年的20.7%，上升了5.6%。在农民工总量增加的情况下，农民工群体中青壮年数量在减少，而老龄化农民工的规模呈增长趋势，逐渐呈现"倒金字塔"。可以预见，随着医疗与教育的不断发展，这种格局将越来越明显。

三 贵州省农村劳动力培训问题

近年来，贵州省采取多种方式组织农民工进行职业技能培训，并出台了相关政策，以期提高农民工的就业和创业能力。2013—2017年，农村劳动力培训人员规模整体呈上升趋势，初次就业率从2013年的44.03%上升到2017年的47.11%，上升了3.08个百分点，但有超过一半的农民工在培训后没有实现就业，说明贵州省企业与培训机构尚未形成良好的对接机制，农民工就业信息获取来源较为单一，农村劳动力的培训效果有待提高，原因可能是农村劳动力就业主动性不强、培训项目针对性与实用性较低、照顾老人或小孩不能外出就业、农民工就业服务体系不完善等多重因素导致。

四 贵州省农民工返乡创业问题

农民工是我国社会经济转型期较为特殊的群体，是乡村振兴的主要建设者，其数量多，涉及范围广，在受到城镇就业总量以及结构性压力所带来的影响下，大多数农民工纷纷返乡就业创业，这种发展趋势符合时代的要求，也可以从本质上解决农民工的切身利益，而农民工返乡创业就业人员规模在2013—2016年呈上升趋势，但增速自2015年开始逐年减缓，且2017年呈现出负增长。可能有以下几点原因：首先，农民工对于政策缺乏明确的认识。由于文化水平和信息不对称等因素的限制，农民工无法在第一时间了解到相应的优惠政策，影响创业的效率。其次，农民工在创业中出现银行借贷、融资困难等问题。农民工创业风险和创业成本较高，但创业资本积累量较低，创业资金、社会资源不足，大多数农民工返乡创业资金都是向亲戚朋友借贷，但随着创业规模的不断扩大，这种方式很难满足农民工的创业需求，而银行信贷由于抵押等诸多限制，对于农民工创业所需信贷出现"借不到""放款难"等现象，资金问题成为农民工创业困难的主要障碍，所以农民工对创业的认识应该更加冷静、客观。最后，近年来农民工大量返乡创业就业，造成就业市场暂时性饱和，创业机遇减少，对新增返乡创业就业农民工的吸纳能力降低。

第五节 贵州省农民工就业发展趋势研判

本部分基于上文对贵州省农民工的总量状况、分布情况及存在问题的分析，分别从农民工总量、回流就业、创新创业、省内省外就业格局等方面对贵州省农民工群体未来3年的就业趋势做出预测。

一 贵州省农民工就业规模研判

2013—2017年，贵州省农民工总量持续增加，但增长速度呈下降趋势。随着人口红利消失，未来3年贵州省的农民工增长速度放缓，按照国家农民工监测数据（2017年度为1124.5万人），到2020年年底，贵州省预计农民工总量会小幅度、持续上升，2020年年底将达到1220万人左右。如按贵州省人力资源统计年鉴相关数据推测，可能在2020年年底之前出现增长拐点，即在外就业人员规模相对于2017年的规模（887.28万人）将出现下降。

二 贵州省农民工回流就业规模研判

（一）农民工回流总体规模预测

预计未来3年，农民工返乡回流总规模、省内返乡回流人员规模将不断扩大。预测显示，到2020年贵州省农民工返乡回流规模将达到182.30万人，其中省内回流人数为52.94万人，占总回流人数的比例为29.04%（见图8-14）。自实施精准扶贫政策以来，政府大力实施产业扶贫，发展农村特色经济产业，农民依托土地发家致富，此外,贵州经济快速发展,许多大型企业在贵州安家落户,对劳动力需求较大,吸引了大量农民工返乡就业。

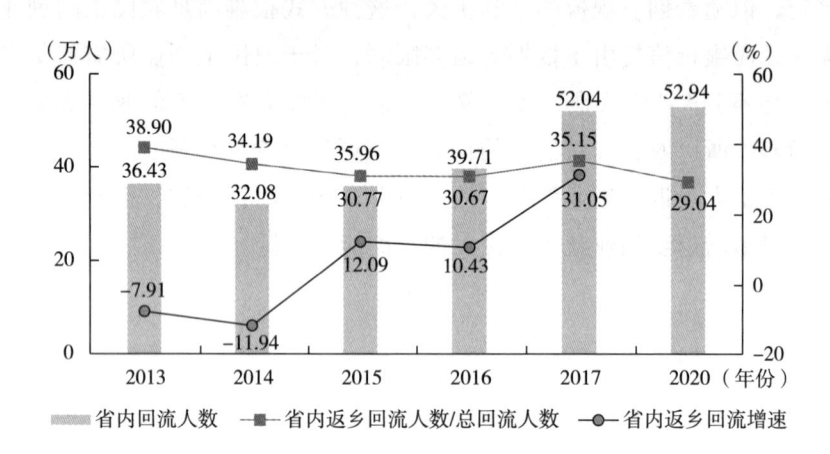

图8-14 2020年贵州省农民工省内返乡回流人数变化状况预测

(二) 农民工省外返乡回流规模预测

未来3年农民工省外返乡回流人数将持续增加,有数据分析显示,2020年农民工省外回流人数预计为129.36万人,占总回流人数的比例为70.96%(见图8-15)。贵州实施"大数据、大扶贫、大生态"战略,仅2017年就减少了农村贫困人口123.69万人,全省经济高速发展,利用大数据发展电商产业,产业园区建设规模不断扩大,劳动

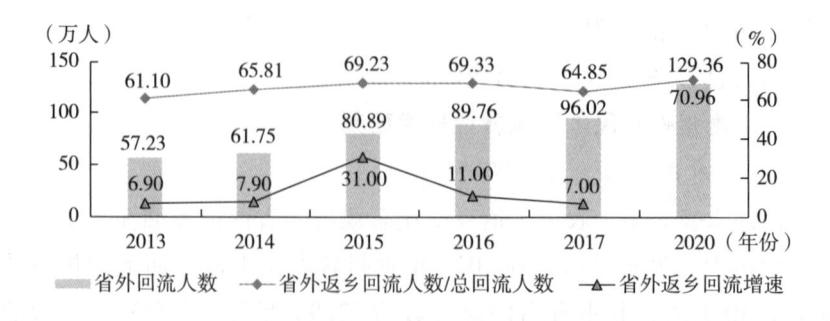

图8-15 2020年贵州省农民工省外返乡回流人数变化状况预测

力需求大，此外"村村通"交通工程使交通更为便捷，推动贵州省农民工省外返乡回流人数占省外就业人数的比例逐年上升。因此，未来3年贵州省脱贫攻坚进入关键时刻，要在2020年实现全省脱贫，对劳动力需求将会逐年增加，农民工省外返乡回流人数将持续增加，甚至有可能出现大幅度的增长。

三 贵州省农民工创新创业规模研判

2013—2015年农民工返乡创业就业增速逐渐上升，2016年意外回落，且2017年呈现负增长。贵州省自2015年开始实施"雁归兴贵"政策，农民工的返乡创业就业人数在2015—2016年大幅度上升，但农民工在返乡创业就业过程中仍面临许多问题，如创业用地的审批、融资问题、劳动力成本等，大部分农民工从事创业只能依托当地市场、依靠自有资金，创业风险大，创业失败率高；此外，农民工大量返乡创业就业，造成市场暂时性饱和，创业机遇减少，因此2017年出现了"农民工返乡热"后的冷冻期，农民工返乡创业就业人数大幅度下降。而未来3年是贵州省脱贫攻坚决胜的关键时期，对人才与劳动力的需求量大，政府应出台一系列创新创业政策，在巩固现有成果的基础上，吸纳更多的农民工返乡创业就业。预计到2020年，农民工返乡创业就业人数达到108.54万人（见图8-16）。

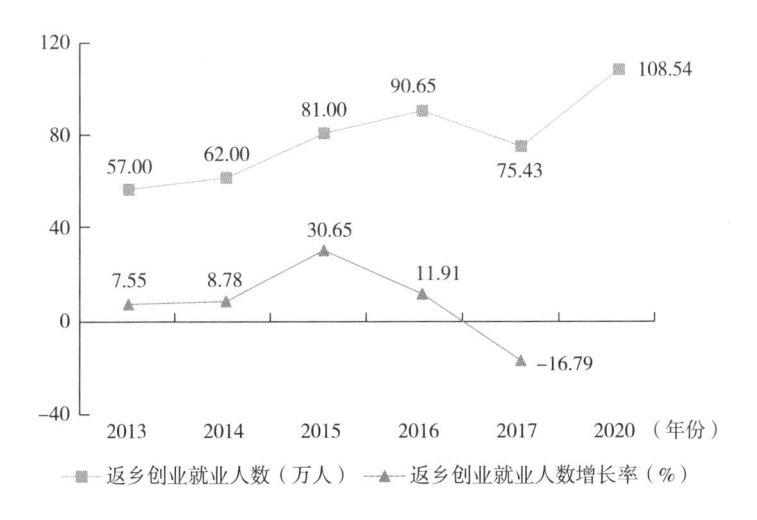

图8-16 2020年贵州省农民工返乡创业就业情况预测

四 贵州省农民工省内外分布规模预测

2013—2017年，贵州省农民工省内就业人数呈上升趋势，但增速逐渐下降。预计未来3年，农民工省内就业人数不断增加，省外就业人数持平或减少，预计到2020年省内、省外均可能达到600万人左右①，省内、省外农民工规模基本持平（见图8-17）。

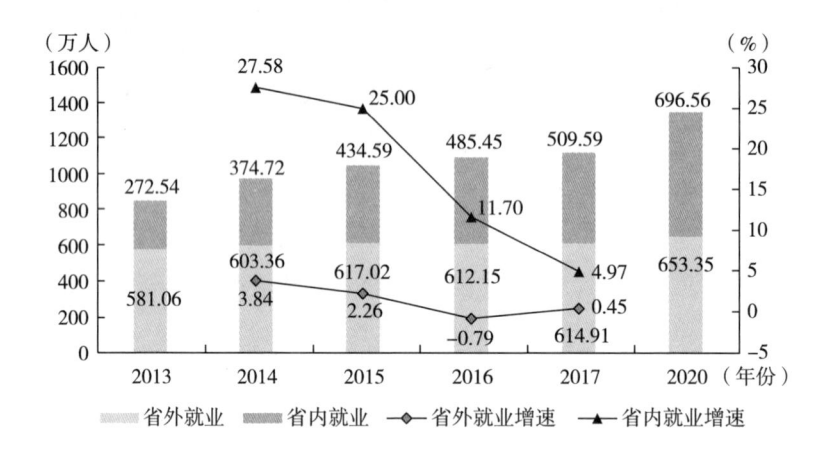

图8-17 2020年贵州省农民工省内、省外就业状况变化趋势预测

第六节 经验借鉴

一 农民工教育培训

胡远华和柯慧飞（2013）对在杭州地区就业的新生代农民工进行了调查，得出区域经济因素是影响农民工选择就业的首要因素，技术培训对于农民工工作满意度的提升有显著的正相关作用，因为新生代农民工更加注重发展平台实现个人价值，所以政府需要加大对新生代农民工的技术指导和培训，实行企业培训免税制度，促进企业对于农民工的技能培训，提升农民工的专业技能。周闯（2014）采用二元离

---

① 资料来源：根据全国农民工监测报告数据推测。

散选择模型分析方法分析了农民工与城镇职工的就业稳定性差异,研究显示农民工稳定性明显低于城镇职工,造成这一现象的主要原因是两者在教育水平和工作经验上存在巨大差距,其中户籍和性别的双重效应对女性农民工存在明显的负影响;从边际效应来看,男性农民工就业稳定性的教育回报要高于城镇职工,女性城镇职工就业稳定性的教育回报略高于农民工。鉴于农民工和城镇职工之间存在就业稳定性的差异,要缩小两者之间的落差就要加大农村地区的教育投入,可以采取教育培训农民工实行税收优惠政策,通过用工企业降低培训成本,提高农民工自身素质,提升专业技能水平,实现新生代农民工的价值。

二 农民工合法权益

冯虹、汪昕宇和陈雄鹰(2013)研究北京外来农民工就业待遇与其行为失范之间的关系发现,农民工对于工资待遇的不满会直接导致其失范行为的发生,要改善农民工就业环境,为农民工提供相对稳定的就业条件和环境,让他们享受和城市职工同等的待遇,从根本上解决这个问题要从制度和机制入手,用行政和法律手段保障农民工的合法权益。赵维姗和曹广忠(2017)对全国13个省份100个村进行了入户调查,分析出我国农民工工资收入越高就业越稳定的情况,而不同职业类型的农民工在就业稳定性方面存在差别,专业技术类、经营管理类稳定性较高,建筑类、工厂的工作流动性较强,所以有针对性地开展职业培训和规范用工制度可以促进农民工就业的稳定性。

因此,为了减小农民工在薪资待遇上带来的不满足感以及因工资问题而引发的就业不平等感和歧视感,首先就要保障工人薪资问题的合法权益;其次要通过建立农民工工会组织,健全农民工利益表达机制,为农民工表达自身权益提供合法渠道;最后,开展农民工文化娱乐、法律、学习等方面的活动使农民工能够更好地融入城市生活。

三 农民工就业质量

提升农民工就业质量,实现人尽其才。任义科、王林和杜海峰(2015)基于性别视角研究了人力资本、社会资本对农民工就业质量的影响,研究显示,男性农民工的小时工资显著高于女性,男性农民工工作单位数多于女性农民工,表明男性农民工的工作不稳定,农民工更多的工资收入依赖于更长的工作时间，用人单位要根据不同性别的农民工的个体差异进行分类指导，实现人尽其才。

因此若要提升农民工的就业质量，就要持续的稳定农民工就业，提升就业质量，就需要政府、用人单位和个人三方共同努力，积极转变就业观念，大力发展专业技能培训，强化企业的责任心。

四 农民工就业动态监测

建立农民工就业动态监测，增加农民工就业选择，树立正确的就业观。目前，我国对农民工流动就业的状况还不能做到准确的统计，农民工就业动态采集体系尚未建立。张原（2019）采用结构化的方式进行研究，得出农民工在人力资本和社会资本等关键就业能力指标上与城镇职工的差异较大，建议构建劳动力就业指标体系，依托现有的公共服务市场信息采集检测体系，系统化采集数据，实时检测并发布重点人群检测报告，谨防出现"重数量，轻质量"的现象，实现科学化、规范化管理。纪韶（2011）在全国19个省对农民工就业的流入地和流出地进行了调研，发现农民工的权益保护还有待提升，解决农民工问题的难点需要从政策制定和制度创新上入手，这就需要政府建立农民工统计监测调查制度，动态监测农民工的失业、就业、收入以及融入城市等状况，为政府更加科学合理地提升公共就业服务提供依据。

五 农民工创新创业培训

农民工群体是中国社会转型创业的主要力量，农民工自主创业已成为缓解中国就业压力的重要途径。赵德昭（2016）发现，拥有创业经验、教育水平较高以及获得政府资助的农民工更容易获得较高的创业绩效，政府部门要充分发挥政策的引导作用，增加农民工返乡创业的热情，实现以创业带动就业的良性循环；同时要对农民工创业进行专业的技术指导，传授相关经验，提供技术支持；要开辟农民工创业手续办理的绿色通道，简化手续，提供专人服务，减少农民工创业过程中不必要的麻烦。罗竖元（2017）认为，农民工群体"二次分化"加剧，农民工返乡创业成为农民工就地市民化的现实选择，要针对农民工市民化的推进程度进行分类引导，在引导一部分农民工实现大城市"异地市民化"的同时，提出农民工"进城打工学习—积累创业资本—返乡创业实践"模式。需要加强人力资本和社会资本对于农民工创业的投入，增强其社会网络以便于获取所需的知识资源和运营资源，而营造良好的创业环境则会提高农民工创业成功的概率。

农民工的创业可以促进地区的经济发展，但是在农民工创业过程中大部分农民工文化程度较低，难以发现有价值的商业机会，资金和技术积累也很难达到创业的要求，而银行等金融机构对于其创业支持力度又偏小，因此对于农民工创业要进行必要的技术、资金、设备等方面的支持，引导其进入各类工业园区进行创业，营造出良好的创业氛围，进而提高农民工创业的成功率。

第七节　对策建议

2019年，政府工作报告首次将就业问题置于经济社会发展全局制高点，把就业政策、财政政策与货币政策并列于宏观政策层面，表明全社会对就业问题的关注和重视达到前所未有的高度，也凸显出当前和未来就业领域面临较大的压力与矛盾。为更好地促进农民工多渠道就业创业，加大农民工返乡创业扶持力度、加强农民工技能培训和职业鉴定，通过各种政策与产业支持带动农民工就业和创业、加强农民工就业信息库建设，改善就业环境，建立农民工权益保障机制等建设性意见，推动乡村振兴战略顺利实现。

一　加大农民工返乡创业扶持力度

抓住乡村振兴战略的契机，结合贵州省的农民工返乡创业就业优惠政策，通过各种政策与产业的支持，鼓励和带动农民工实现就近就业、创业，切实增加农民工收入，推进乡村振兴战略顺利实施。首先，降低农民工创业的市场准入门槛，允许注册资本"零首付"，根据农民工创业资金的实际情况，放宽注册资本到位年限；其次，给予创业资金补助，对厂房租金给予补贴；再次，税务部门要加强落实农民工创业的税收优惠政策，加强税收优惠政策宣传，提供便捷、高效的纳税服务，确保优惠政策落实到位；最后，搭建创新创业服务平台，积极推动大中型企业与农民工创业企业的分工协作和产销对接，引导支持行业协会和骨干企业组建产业联盟，开展技术对接、产品对接和信息交流活动。

二 加强农民工职业教育

在教育培训方面，对已进入劳动力市场的农民工提供培训和职业技能继续教育机会，加强职业认知和敬业精神培养。健全相关配套性措施，调整农民工职业技术教育的发展思路，进而提升农民工技能教育的广泛性和公平性；整合就业培训和技能培训资源，将农民工培训纳入职业教育和人力资源开发的大体系之中，引导职业培训机构与职业教育体系融合发展；适当引入市场竞争机制，以市场主体的需求为导向，进行劳务品牌的打造与输出，逐步探索实现劳务培训和输出的品牌化战略。此外，还应大力推行国家职业资格证书制度，对组织开展新录用农民工技能培训、职业技能鉴定和在岗农民工岗位技能提升培训的企业，给予培训补贴和职业技能鉴定补贴。

三 加强农民工权益保障力度

提升农民工就业环境是提高农民工就业质量和就业稳定性的必要条件。应加快推进医疗保障制度改革的城乡公平性，提升农民工的身心健康水平，落实农民工子女落户政策，提高其就业地区稳定性和社会资本积累水平，全方位提升农民工就业能力。需要消除农民工务工的歧视规定和体制障碍，尽可能设立农民工反歧视法，从法制方面保障农民工就业歧视问题。要建立农民工权益保障机制，设立农民工工会组织，及时了解社会保障、劳资纠纷等问题，使农民工权益保障有渠道、有程序和有制度，减少各类矛盾发生的概率。充分发挥政府与非政府组织作用，在劳动保障、司法、民工救助、法律援助等方面为农民工提供帮助。

四 完善农民工就业服务体系

首先，加强农民工就业信息库建设，乡镇政府部门要对本乡镇返乡农民工的数量、年龄层次及技能等进行梳理排查，县级人力资源部门形成动态资源库；此外，县级人力资源部门要通过走访企业、当地人力资源市场和社会中介机构等渠道收集用工信息，有条件时可形成用工信息报送机制；其次，完善农民工就业服务体系，政府应建立农民工就业公共服务体系，建立农民工公共服务信息平台，为农民工提供就业、培训、创业等一体化服务，免费提供政策咨询、就业信息等服务；最后，鼓励发展各种就业服务机构，加强市场监管，做好对农民工的就业指导、就业培训等。《国家新型城镇化规划（2014—2020年)》明确提出，"完善农业转移人口社会参与机制，积极吸纳农民工参与党团工会组织，引导农民工有序参政议政和参加社会管理"，用工单位方面应建立企业工会组织和职工代表制度，积极吸纳农民工入会，发挥工会职能，改善工作环境、提高薪酬水平、规范工资发放制度等，使返乡、省内就业农民工能稳定、安心就业，构建企业和谐劳动关系。

第九章

贵州省失业群体再就业特点与发展趋势

党的十九大报告中提出城乡居民在就业、教育、医疗、居住、养老等方面遭遇的五难，既是人民群众最基本的民生诉求，也是政府必须妥善应对的现实挑战，还是社会保障体系建设的着力点。只有解决民生"五难"，才能真正增强人民群众的获得感、幸福感与安全感。失业的本质在于劳动者进入劳动力市场的困难性，具体表现为经济收入较低、抵御风险能力的脆弱和生活质量的层次低。通过将全国失业情况与贵州省失业情况进行比对，寻找其存在的差距，准确把握贵州省的失业状况，对解决城乡居民就业问题，增进民生福利有重要意义。

目前，我国劳动力市场供需不均衡，大量劳动人口没有充分就业，造成人力资本的浪费，随着社会的快速发展，产业结构的转型升级，面对失业问题的不仅仅是农民工，还有大学生群体。每一次失业浪潮的到来就意味着诸多劳动者不能通过自己的体力或脑力劳动来获得生活资源。若一个家庭中的核心劳动力失业，整个家庭的经济来源将陷入危机，会破坏整个家庭的和谐发展，甚至很快陷入贫困的旋涡。因此，针对失业形势的严峻性，本章从失业的总量、结构、分布、问题和趋势等方面分析贵州省的失业情况，结合问题产生的原因提出对策建议。

第一节 贵州省农民工就业规模发展状况

一 全国失业率的变化状况

失业率是判断经济发展环境好坏的一个重要因素，关乎民生福祉的一项重要指标，决定着国家重大政策的调整。根据中国统计年鉴数据统计显示，2010—2015年城镇登记失业率稳定在4.1%，2016年全国平均失业率为4.0%。全国平均失业率基本稳定在4.0%—4.1%，总体上失业率较为稳定。

二 贵州省失业规模变化状况

（一）失业人员①占新增就业人口的比重

根据贵州省统计局的数据显示，城镇失业人员规模从2013年的13.66万人增加到2017年的14.90万人，年均增长率为2.1%。2013—2017年，城镇失业人数保持稳步增长。从整体上看，贵州省城镇失业人员呈逐年上升趋势，新增就业人员也在同步上升，且失业人口占新增就业人口比例下降（见图9-1），整体就业形势向好。

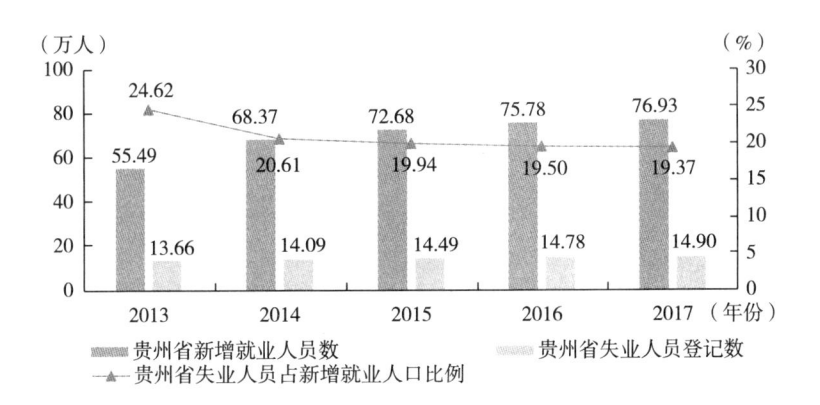

图9-1 2013—2017年贵州省新增就业人员和失业人员登记情况

---

① 如无特别说明，本部分失业人员均指城镇登记失业人员。

贵州省失业人口占新增就业人口的比例整体上远低于西部地区和国家失业人口占新增就业人口比例的平均水平。国家的失业人口占新增就业人口的比例偏高，同时，2013—2016年的比例是逐年上升的，2017年略微下降，整体呈上升趋势，贵州省和西部地区则呈下降趋势（见图9-2）。

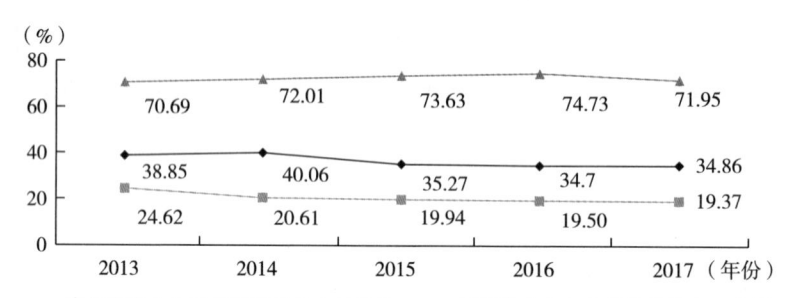

```
(%)
80
    70.69    72.01    73.63    74.73    71.95
60
40  38.85    40.06    35.27    34.7     34.86
20  24.62    20.61    19.94    19.50    19.37
 0
    2013     2014     2015     2016     2017  （年份）
```
── ■ ── 贵州省失业人口占新增就业人口比例　　── ▲ ── 国家失业人口占新增就业人口比例
── ◆ ── 西部地区失业人口占新增失业人口比例

图9-2　2013—2017年贵州省失业人口占新增就业人口比例①

（二）贵州省失业率发展状况

失业率是反映一个国家或地区失业状况的主要指标。根据贵州省2013—2017年人力资源和社会保障事业统计公报数据显示，全国平均失业率从2013年的4.10%下降为2017年的3.90%，全国平均失业率呈下降趋势。同期，2013年贵州省失业率是3.26%，2017年贵州省失业率是3.23%，整体上呈下降趋势，且低于全国平均水平。贵州省失业率和西部地区的平均失业率基本持平，均低于全国平均失业率（见图9-3）。

（三）贵州省城镇就业转失业人员规模状况

根据贵州省人力资源和社会保障事业统计公报数据显示，2013年贵州省就业转失业人员规模为3.53万人，为2013—2017年就业转失业人数的顶峰；但从2013年之后，就业转失业的人数明显下降，截

---

① 资料来源：贵州省人力资源和社会保障事业统计公报。

至 2017 年年底,贵州省就业转失业人数仅为 2.37 万人,降幅达 32.86%(见图 9-4)。与城镇登记失业人员相比,就业转失业人员占总体失业人员的比例逐年下降,就业转失业人员占失业人员的比例在 5 年间下降了 9.9 个百分点。这说明就业转失业人数减少,占失业人员的比例下降,就业总量不断增加,就业局势更加稳定。

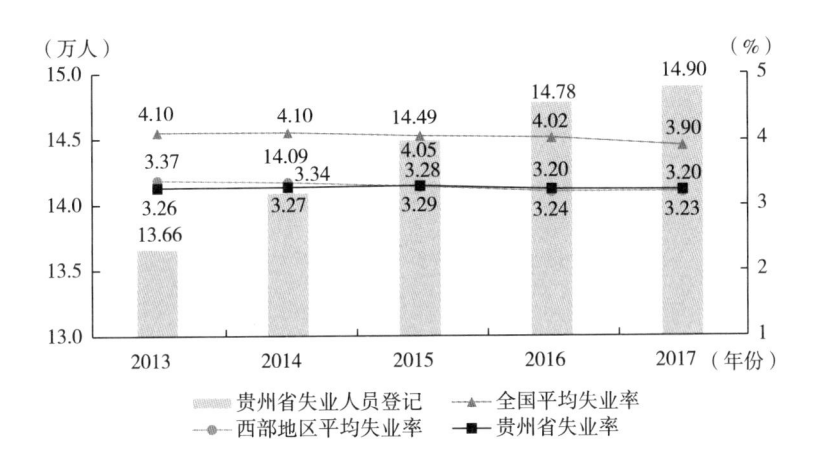

图 9-3　2013—2017 年贵州省失业率发展状况

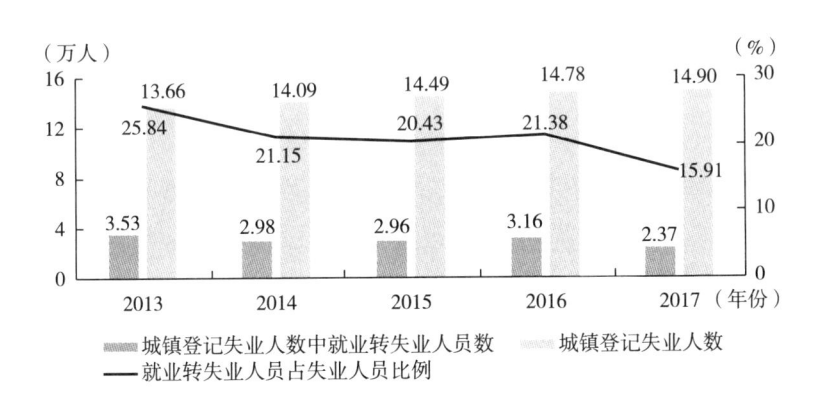

图 9-4　2013—2017 年贵州省城镇就业转失业人员

(四)参加就业培训的失业人员规模占比下降

贵州省坚持以民生为本,积极开展失业再就业培训活动,切实解决失业人员再就业等问题,提高失业人员就业率。失业人员参与就业培训人数规模从2013年的1.55万人增加到2017年的1.72万人,年增长率为2.63%,整体呈上升趋势。在失业人员和参与培训人员规模上升的背景下,失业参与培训人员占失业人员比例虽然总体上升,但总体占比较低(见图9-5)。贵州省失业培训、帮扶政策的宣传与落实有待加强。失业者自身缺乏就业积极性,不主动参与就业培训,将成为制约再就业的重大障碍,很大程度上影响了就业培训的效果,应对此情况加强引导。

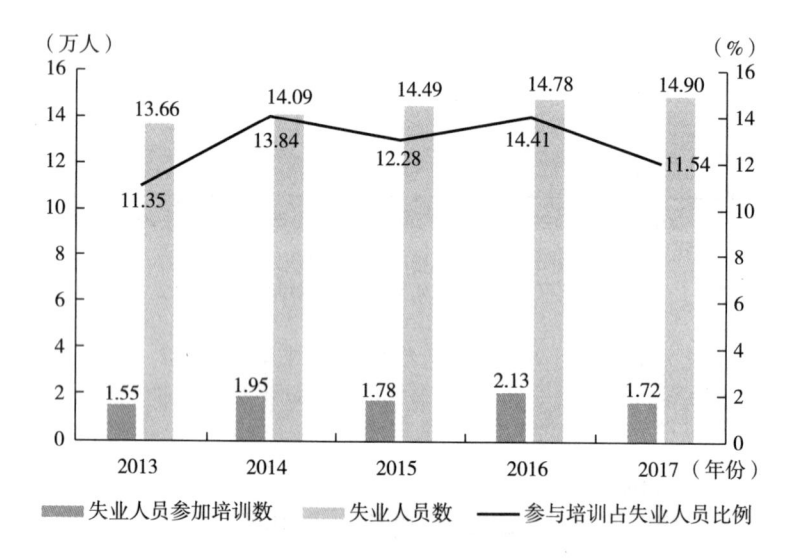

图9-5 2013—2017年贵州省失业人员参与培训情况

三 贵州省失业人员结构状况

(一)贵州省失业人员性别分布状况

贵州省登记失业人员的结构数据显示,2013—2017年,失业人员中女性人数明显上升,但是女性失业者占失业人员总体的比例下降。2013年女性失业人数为6.14万人,占失业人数的44.95%;2017年与2013年占比差距为0.45个百分比(见图9-6)。男性失业率高于女性,体现女性社会地位得到了提高,改善了生活、工作环境。

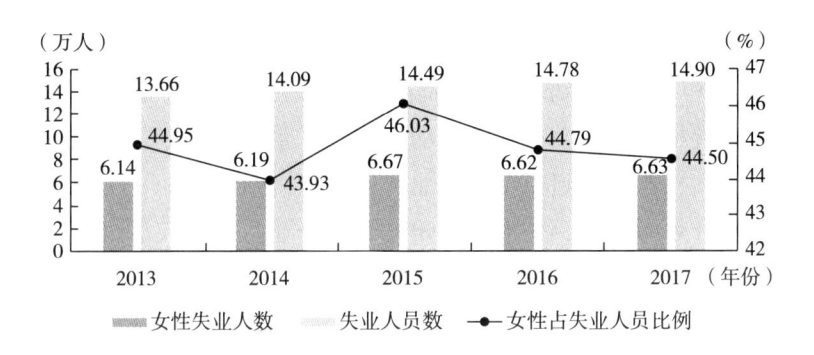

图 9-6 2013—2017 年贵州省女性失业人员规模及占失业人员总数比例

(二) 失业人员规模状况

2013—2017 年，贵州省城镇登记失业人员统计数据表明，长期失业人员规模整体有所上升（见图 9-7）。根据贵州省人力资源市场调研数据显示，贵州省就业岗位相对充足，长期失业人员规模增加，一定程度上反映了慢就业、懒就业问题存在，若就业问题没有得到及时解决，就会引起一系列社会问题，这是需要引起相关部门关注的。

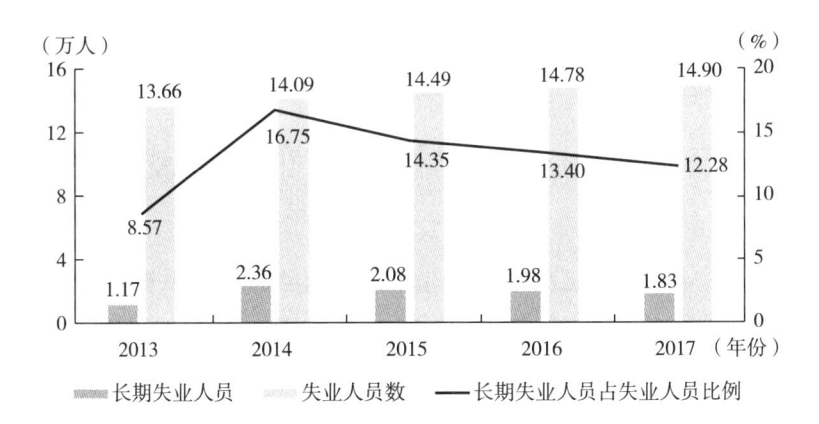

图 9-7 2013—2017 年贵州省长期失业人员占失业人员总数比例

(三) 高校毕业生失业人员规模发展状况

根据贵州省人力资源和社会保障统计公报的数据表明，2013—2017 年贵州省高校毕业生规模逐年增加，失业人员中高校毕业生的数量整体下降，2017年高校毕业生失业人数比2012年减少了1.94万人（见图9-8），进一步表明贵州省高校毕业生就业工作成效显著。此外，贵州省接受过大学教育的劳动力比例严重偏低，非公领域占比更低，引导高校毕业生到中小微企业和民营经济组织就业，实施大学生创业引领计划等措施，是推动贵州省高校毕业生失业人员再就业的重要措施。

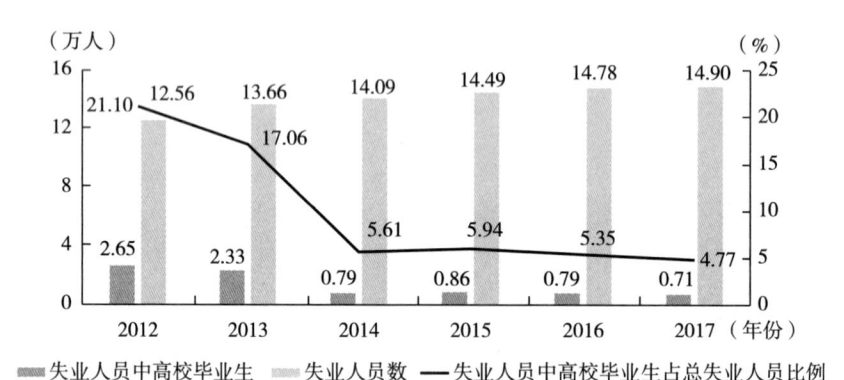

图9-8 2012—2017年贵州省高校毕业生失业人员

第二节 贵州省失业群体分布与再就业状况

对失业人员的地区分布和职业培训分布状况进行系统分析，有助于厘清失业问题。

一 地区分布

（一）黔南州、铜仁市期末登记失业人数增加

贵州省2013—2017年地区城镇登记失业人员情况显示，各市州失业人员的地域分布相对稳定，主要集中在贵阳、遵义、铜仁和六盘水四个市（州），四个市（州）的城镇化程度较高、城镇人口基数较大，失业人员登记占总体失业人员比例较高（见图9-9）。

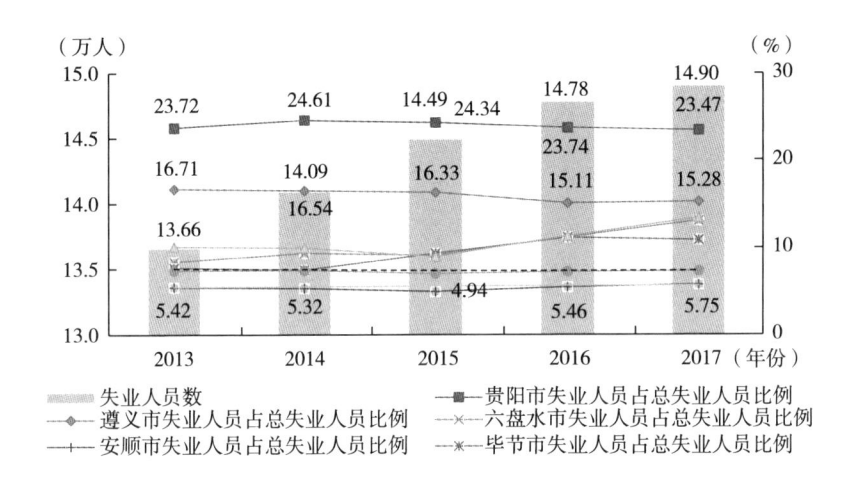

图 9-9　2013—2017 年贵州省失业人员登记地区分布

（二）失业人员再就业呈现出地区差异

2013—2017 年各市（州）失业人员新增再就业数据显示（见图 9-10），各市（州）呈现较大差异性。其中，铜仁市、毕节市、黔南州、遵义市失业人员新增就业人数有所减少，其他地区人数略有增长。整体而言，贵州省各市（州）失业人员占新增就业人员的比例持续下降。一方面登记失业人员规模在缩减，另一方面失业人员就业意愿不强，就业稳定性较差。因此，需要进一步加强引导，转变观念，提升就业稳定性与就业质量。

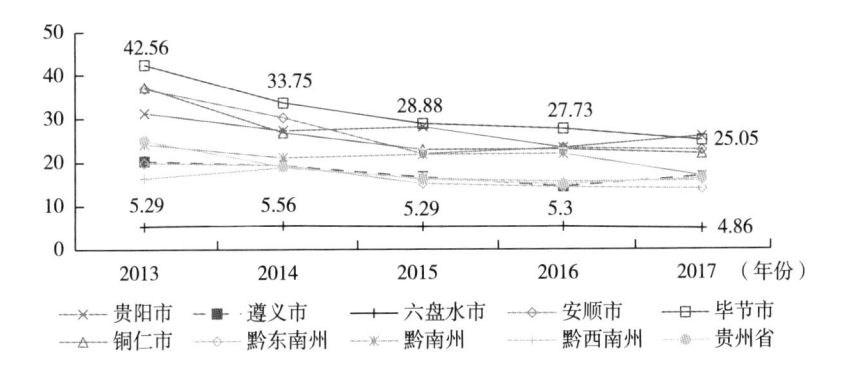

图 9-10　2013—2017 年贵州省各市（州）失业人员占新增就业人员比重

二 职业培训分布

（一）民办机构、技工及培训学校是失业人员职业培训的主体

失业人员参加职业培训的途径主要集中在民办培训机构、技工学校及培训学校。从总量上看，2013—2017年三种职业培训途径的参与人数整体下降，2016年参与人数最多。其中，2017年通过技工学校参与职业培训的人数增加了0.21万人；通过民办机构参加职业培训的人数增加了0.48万人；通过就业培训中心参加职业培训的人数减少了0.52万人。从参与方式占比看，民办机构占比最高，其次是技工学校，最后是就业培训中心。2017年就业培训中心所占比例下降了34.67个百分点（见图9-11），2013—2014年下降幅度最大。

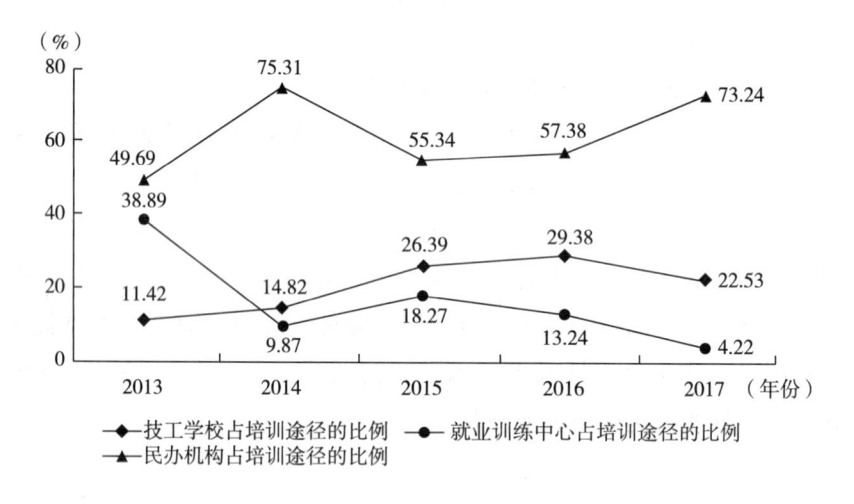

图9-11 2013—2017年贵州省失业人员参与培训途径分布

（二）失业人员和农村劳动者参与就业培训规模稳步上升

就业培训是促进失业者再就业的一个重要途径。2013—2017年，贵州省失业人员参与培训数由1.55万人增加到1.71万人，涨幅为10.32%，而农村劳动者参与培训人数由9.08万人增加到17.78万人，年平均增长1.09万人，涨幅为95.81%（见图9-12）。2013—2017年，整体上参与培训的人数稳步上升。贵州对于职业培训的宣传力度大，实施范围广，农村劳动者可以通过学习新技术，获得新工作，提高家庭收入，农村劳动者参与培训的积极性明显高于其他失业人员。

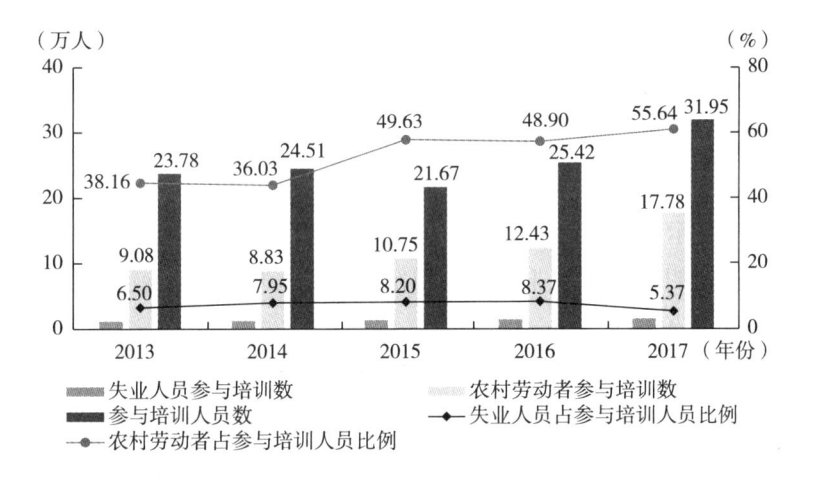

图 9-12　2013—2017 年贵州省参与培训人员规模

（三）失业人员参与培训实现就业的比例整体上升

2013—2017 年，通过职业培训再就业的占比分别为 38.81%、30.07%、41.35%、41.74% 和 43.76%，培训对失业人员实现再就业的作用逐渐增强（见图 9-13）。

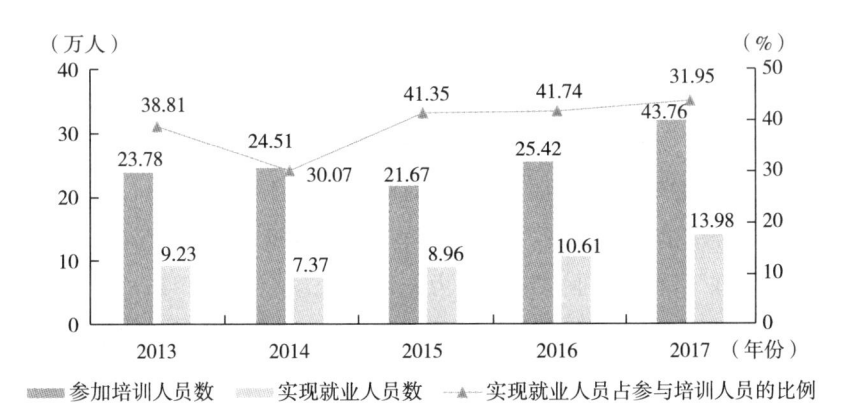

图 9-13　2013—2017 年贵州省参与培训和实现就业培训人员数

第三节 贵州省失业群体再就业问题研判

通过对失业总体状况和分布状况进行分析，对失业中存在的问题进行研判，为制定失业政策提供决策参考。

一 安顺市失业再就业人员问题

数据显示，2013—2017年安顺市失业人员占新增人员的比例相对较高，这说明安顺市就业人员的稳定性较弱，容易引发就业再失业风险，需要重点关注。

二 职业就业培训实施与计划目标偏离问题

针对失业者的职业就业培训是帮助失业人员获得新的工作技能，进一步解决就业问题。但是，贵州省在大力推动职业培训的背景下，参加就业培训与实现就业的人数不成正比，另外，参加职业培训的人数和当前失业的人数存在差距，某种程度上说明政策的宣传力度不足，失业人员再就业意识不强，就业培训实施与其预期目标存在偏差。

三 职业培训问题

当前我国劳动力队伍庞大，但劳动力综合素质偏低，技术型劳动力欠缺。目前，职业培训的方式有技工学校、民办培训学校和就业服务中心三种类型，培训的内容和形式单一，难以满足再就业人员的实际需求。此外，这些培训机构的工作人员专业能力偏弱，专业化程度偏低，综合素质与文化程度参差不齐，影响职业培训效果。

四 第三产业对就业的吸引能力问题

随着经济的快速发展，第一、第二产业的就业岗位对青年一代的吸引力正在下降，农业农村劳动力向城镇流动，意味着第一、第二产业的劳动力人口正向第三产业转移，第三产业的新兴服务业能够接纳更多的就业者。各行业对劳动力的吸纳存在差异，加强第三产业的发展对劳动力就业有一定的促进作用，但第三产业吸纳劳动力的优势并不显著，有待进一步加强。

第四节　贵州省失业群体发展趋势研判

一　贵州省失业人员增速判断

降低失业率是保障经济社会持续健康发展，提升人民生活品质的一项重要举措。中国在实现"两个一百年"奋斗目标的过程中，失业总量将较当前水平减少。根据2013—2017年失业人员规模变化趋势分析，贵州省的失业人员总量增长速度正在逐步放缓。2017年以来，先后制定并出台了《关于做好当前和今后一段时期就业创业工作的实施意见》《贵州省2017年就业工作要点》《贵州省就业补助资金管理暂行办法》《2017年贵州省城镇新增就业考核办法》等文件，就业、创业政策体系进一步完善，预计今后3年，贵州省失业人员登记人数将出现小幅下降。

二　贵州省高校毕业生失业状况判断

2016年，为贯彻落实《国务院办公厅关于做好2014年全国普通高等学校毕业生就业创业工作的通知》（国办发〔2014〕22号）精神，贵州省将拓展高校毕业生就业领域，引导毕业生到中小企业或者民营企业就业；同时，为大学毕业生创业搭建平台，提升毕业生就业能力，深入实施离校未就业高校毕业生就业促进计划。未来三年，贵州省高校毕业生的失业人数预计将逐年下降，失业增长率也将进一步降低。

三　电力、热力、燃气及水生产和供应业与采矿业失业状况判断

2013—2017年，吸纳就业能力最弱的三个行业分别为：采矿业（减少9.96万人）；电力、热力、燃气及水生产和供应业（减少4.28万人）；制造业（增加0.57万人），其中，采矿业和电力、热力、燃气及水生产和供应业的就业规模呈减少趋势，其复合增长率分别为-5.84%、-8.56%，制造业增长缓慢，其复合增长率仅为0.19%。明显三者吸纳能力差，失业率相对较高。

第五节 经验借鉴

中国正处于经济转型的重要时期,产业结构正面临转型升级,就业形势将随之发生变化,城镇失业登记依然保持在较高水平。加之,城镇化使大量农村劳动力涌入城市,农业产业劳动力向非农业产业劳动力转移。劳动力剩余量过大,就业岗位与劳动力数量无法匹配,工作岗位需求量不足导致生产过剩的劳动力失业。国内许多学者对失业问题的研究取得了一定的成果,对失业研究成果进行分类如下。

一 劳动力失业原因

冯国基认为,我国人口基数较大,工作岗位供给不足导致劳动力相对过剩,产业结构的调整使供求结构不平衡。科技进步及生产力快速发展导致对劳动力需求量减少,劳动者的就业观念不能及时适应社会发展,制约着劳动力就业状况。甘元薪认为,失业的主要原因是科技水平的提高、社会生产率的进步、社会保障制度的不完善和劳动力供求关系不均衡,当然也包括一些性别、年龄、求职心理及文化程度等方面。

从以上可以得出,影响我国劳动力失业的因素有产业结构的升级、劳动力供需不匹配。此外,劳动力失业的原因还在于劳动力供求双方被搜寻费用、时间以及工资待遇等方面阻碍,导致两者之间的匹配受挫。

二 结构性失业

劳动力的失业和大学生难就业的情况,就是大多数人所说的结构性失业问题。常文涛(2016)将中国劳动力市场结构性失业问题的表现总结为大学生就业难与新兴产业人才供给不足并存和研发人员、技术人员、熟练技术工人供给缺乏与新增劳动力和下岗失业人员就业难并存这两个方面。王敏(2017)认为,中国的就业结构随着产业结构的调整产生了巨大的变化,现在劳动力市场中的结构性失业主要表现为"民工荒"和"大学生就业难"问题。总体来说,当前我国最主

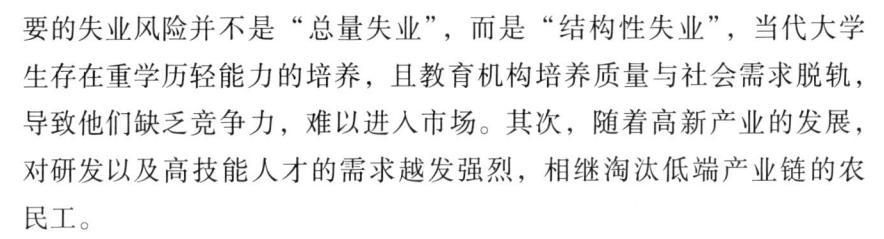

要的失业风险并不是"总量失业",而是"结构性失业",当代大学生存在重学历轻能力的培养,且教育机构培养质量与社会需求脱轨,导致他们缺乏竞争力,难以进入市场。其次,随着高新产业的发展,对研发以及高技能人才的需求越发强烈,相继淘汰低端产业链的农民工。

三 关于失业率的研究

2009年时任中央财经领导小组办公室副主任、中央农村工作领导小组办公室主任陈锡文表示,"离开本乡镇外出就业的农民工的总量大概是1.3亿人,大约有15.3%的农民工因全球金融危机而失去了工作,或者没找到工作"。同时也有学者对影响失业率的因素做了相关研究,任栋(2013)采用我国1990—2010年共10年的有关宏观经济指标数据,利用计量经济模型的方法进行研究,认为影响我国失业率水平的首要因素是资本有机构成,其次为适龄劳动人口数量,"农民工进城"即农村劳动力转移在一定程度上降低了我国的城镇失业率水平,而经济增长率对失业率并没有显著影响。

截至目前,服务业带动了中国的经济增长,并出现了很多就业岗位,如"互联网+"的领域,像开网店这类职业对经济的增长速度并不是很快,但是没有更多的人失业,这就出现了失业率没有明显的上升情况。

四 失业人员再就业的影响因素

吴碧英和吴晓琪(2013)认为,失业存在地域性差异,不同地域的经济发展状况、发展速度、区域特色、就业结构及公共管理服务质量会影响失业时间持续的长短,进而影响失业人员再就业。方婷、谭焱云、付娆和何雨欣(2019)认为,要加强就业政策宣传,增强就业工作宣传的针对性,提高失业人员对就业政策的知晓度,为劳动者提供政策解读与指导,完善就业服务功能。帮助失业人员认清就业形势,引导失业人员转变就业观念。可见,对于失业人员来说,大力开放就业岗位、转变就业观念、提高自身素质以及在相关部门的配合下,就可以在一定程度上减低失业率,实现失业人员的再就业。

第六节 对策建议

一 提高职业技术培训的专业化程度

失业人员难就业与专业能力不足、素质不高、市场需求难以匹配等因素紧密相关。虽然贵州省开展了大量的职业技术培训，但是存在培训形式单一，培训目标不明确、培训讲师不专业等问题。为更好地发展职业培训促进失业者再就业，政府应加大职业技术培训的财政支持力度，扩大职业培训学校的投入，统筹公办和民办职业培训，制定职业培训导师上岗标准；同时，加大教育部门的监督力度，不断提高职业技能培训质量。此外，引导职业培训学校以市场需求为导向，把握市场需求，拓宽培养内容，丰富培养形式，提升培训服务质量，满足市场对相应人才的需求。

二 健全特殊群体的就业政策体系

相关就业政策逐步健全，但落实效果有待进一步巩固。针对高校毕业生，进一步落实高校毕业生创业扶持政策，放宽贷款条件，加大应届高校毕业生创业的资金补贴力度，鼓励高校毕业生创新创业；针对女性失业者，设立再就业补贴专项资金，实施妇女贷款优待计划，为女性就业和创业提供专门的扶持政策。针对残疾人群体，政府应该健全残疾人群体的就业政策，保护和鼓励残疾人就业，为残疾人就业提供基础性保障的同时扩大残疾人就业渠道，残疾人在就业过程中可以实现自我价值及社会认同感。

三 转变城镇失业人员的就业观念

很多失业人员不愿意接受再就业培训，就业信心不足，认为失业的本质问题是自己的能力有问题。因此，应加强对失业人员的心理状态辅导，提升失业人员的就业自信心。从劳动者个人来说，要顺应时代发展需求，抛弃消极落后的传统就业观念，树立正确合理的就业价值观。同时，加大对再就业培训的宣传，消除失业人员对部分职业的偏见，帮助他们树立正确的就业观与择业观。

四 完善就业信息系统

首先，要扩宽就业渠道的深度和广度，建立政府、高校和用人单位一体化的就业信息系统，实现用人单位招聘需求与失业人员的求职信息的有效对接，通过网络实现失业人员与用人单位的双向选择，提升就业服务效率。其次，建立促进劳动力市场就业的统一信息发布平台，确保劳动力就业者搜寻就业信息畅通，降低职业供需双方搜寻成本，营造良好的求职环境。最后，继续深化户籍制度改革，畅通农村劳动力向城镇流动、转移就业的渠道，取消就业歧视。

五 充分发挥第三产业吸纳失业人员

中国经济正处于产业结构调整的关键期，产业结构的转型升级可以促进经济的快速发展，技术、管理及市场的升级可以促进创新及研发。第三产业涵盖了金融保险业、旅游业、快递服务业、广播电视和网络营销等行业，可以积极引导失业人员转换职业方向。如能扩大第三产业的就业面，则可以吸纳更多失业人员进入第三产业并促进第三产业的发展。

六 政策上加强扶持自主创业

失业人员的自主创业动机不强，这与失业人员缺乏创业知识及遭遇风险的心理承受力有关。政府应针对缺乏自主创业经验但又有意愿创业的人员提供创业尝试机会，在政策上给予创业扶持，减小创业者失败后造成的损失。若创业者能够成功创业，不仅能实现自我的人生价值，而且能带动更多的劳动力就业，推动经济社会的快速发展。创业有利于加强技术创新，促进产业转型升级，优化产业结构，提高行业工作效率。

第十章

贵州省助力脱贫攻坚的就业特点与发展趋势

按照党中央、国务院精准扶贫、精准脱贫基本方略和贵州省委、省政府脱贫攻坚决策部署，贵州省各级党委、政府坚持把促进贫困劳动力就业创业作为决战脱贫攻坚、决胜同步小康的有力抓手，不断扩大就业规模和改善就业结构，深入实施就业优先战略和新一轮就业创业政策，多措并举助力脱贫攻坚。就业扶贫作为脱贫攻坚的工作重点，当前取得了哪些成效、未来又如何通过就业扶贫帮助贫困人口实现脱贫将是本章研究的重点。

本章通过对2016—2018年贵州省贫困地区劳动力就业统计数据[①]的整理，分析劳动年龄内贫困人口总量状况，总结目前劳动年龄内未脱贫贫困人口分布特点，同时对脱贫攻坚关键阶段贵州省就业扶贫工作开展所面临的主要问题进行研判，对未来劳动年龄内未脱贫人口总量、就业及创业方式变化趋势进行研究，提出有助于就业扶贫战略目标实现的政策建议。

---

① 本部分由于2012—2015年的数据缺失，如无特别说明，本章所引的数据均指2016年1月到2018年6月贵州省就业局专项统计系统的统计数据。

第一节 全国脱贫攻坚就业状况

从救济式扶贫到开发式扶贫再到精准扶贫,新中国成立70年来,我国出台实施了一系列中长期扶贫规划,探索出了一条符合国情的农村扶贫开发道路。我国实施"精准扶贫、精准脱贫",全面打响了脱贫攻坚战,扶贫工作取得了关键性进展。

一 全国脱贫攻坚人员规模变化状况

从全国情况来看,按现行农村贫困标准,2014—2018年减贫人数分别为1232万人、1442万人、1240万人、1289万人、1386万人,在此期间,每年减贫人数均保持在1000万以上。

二 西部地区脱贫攻坚人员规模变化状况

从西部地区情况来看,西部地区农村贫困人口由2012年年末的5086万人减少到2018年年末的916万人,累计减少4170万人,下降幅度为82.0%;农村贫困发生率由2012年年末的17.6%下降到2018年年末的3.2%,累计下降了14.4个百分点。

三 贫困地区的脱贫攻坚人员规模变化状况

从贫困区域看,集中连片特困地区农村贫困人口935万人,比2012年年末减少4132万人,6年累计减少81.5%;农村贫困发生率从2012年年末的24.4%下降至2018年年末的4.5%,累计下降了19.9个百分点,年均下降3.3个百分点;民族八省区农村贫困人口602万人,比2012年年末减少2519万人,6年累计减少80.7%;农村贫困发生率从2012年年末的21.1%下降至2018年年末的4.0%,累计下降了17.1个百分点,年均下降2.8个百分点。[1]

---

[1] http://www.cpad.gov.cn/art/2019/8/13/art_ 624_ 101661. html.

第二节 贵州省助力脱贫攻坚就业发展状况

2017年,贵州省通过组织"就业扶贫脱贫春季攻势",制定了《全省人力资源社会保障系统2017年脱贫攻坚春季攻势工作方案》、《贵州省精准推进贫困劳动力全员培训促进就业脱贫工作方案》、《关于加强就业创业服务促进就业脱贫的实施细则》,通过明确就业扶贫工作任务、路线图、时间表和责任人,落实工作职责,采取科学、有效措施,使劳动年龄段内贫困人口大幅减少,就业扶贫工作取得了显著成效。

一 劳动年龄段内未脱贫贫困人口规模

近年来,贵州省通过大数据实现就业扶贫精细化、网络化、信息化,通过提供"就近就地"就业、鼓励通过创业带动就业、劳务协作输出就业、公益性岗位安置就业和就业推荐等方式,为劳动年龄内贫困人口提供就业创业服务支持。截至2017年年底,贵州省劳动年龄内未脱贫贫困人口较上一年减少15.31%,累计减少了38.67万人,减少至213.99万人(见图10-1),就业扶贫工作取得了显著成效。

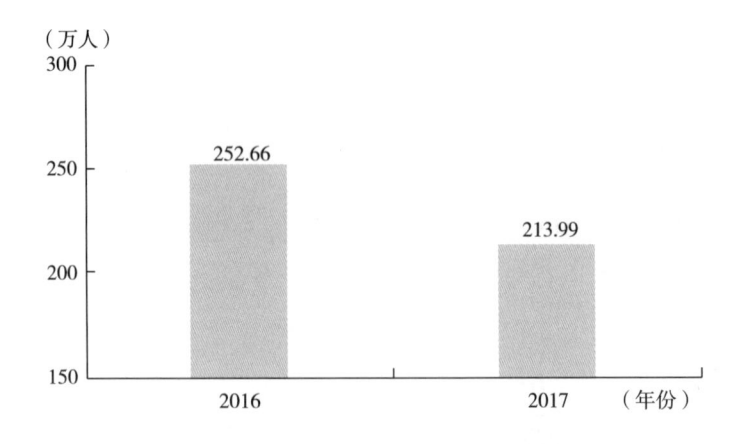

图10-1 2016—2017年贵州省劳动年龄内贫困人口情况

二 劳动年龄内贫困人口性别

2016年，贵州省劳动年龄内贫困人口男性和女性分别有149.93万人和102.73万人，男性占比超过一半，占59.34%，女性占40.66%；2017年，贵州省劳动年龄内贫困人口男性和女性分别减至126.2万人和87.8万人。较上一年，男性减少0.37个百分点，占劳动年龄内贫困人口的58.97%；女性提高了0.37个百分点，占劳动年龄内贫困人口的41.03%（见图10-2），因此劳动年龄内贫困人口性别仍然是以男性为主。

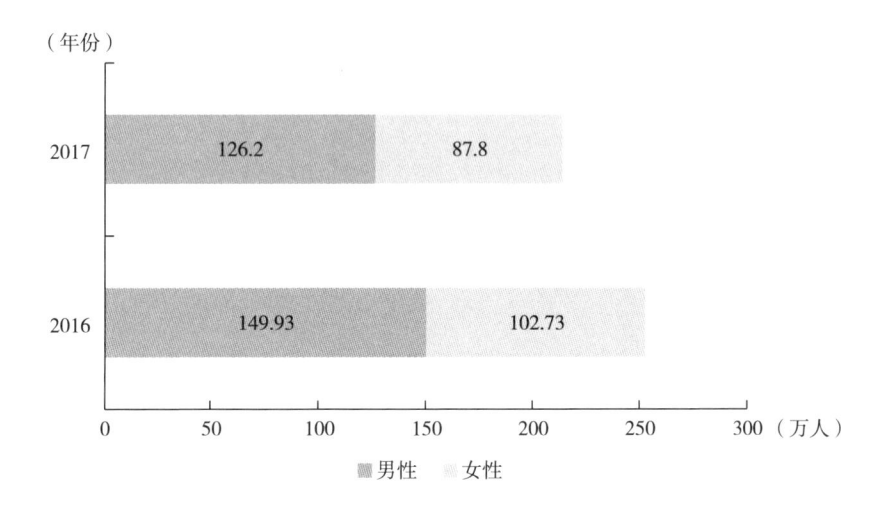

图10-2 2016—2017年贵州省劳动年龄内未脱贫人口性别分布

第三节 贵州省助力脱贫攻坚就业分布特点

未脱贫劳动力，是脱贫攻坚就业扶贫工作的重点扶持对象。因此，要掌握其分布特点，为精准实施就业扶贫工作提供基础支撑。本节主要围绕未脱贫的贫困劳动力就业创业情况、未就业贫困劳动力情况、贫困劳动力就业创业服务情况及其分布特点进行分析。

一 未脱贫劳动力就业创业特点

(一) 未脱贫劳动力就业地域分布状况

随着省内外就业环境不断优化,贵州省贫困劳动力就业规模不断扩大。2018年上半年,贵州省未脱贫劳动力就业规模为15.45万人,占未脱贫劳动力就业总规模的59.62%,比2017年下半年增长7.02%;贵州省未脱贫劳动力在省外就业规模达到10.46万人,占未脱贫劳动力就业总规模的40.38%,相对2017年下半年规模占比降低7.02%(见图10-3)。以上分析表明,贵州省未脱贫劳动力就业地域,已经逐步转向以省内就业为主。

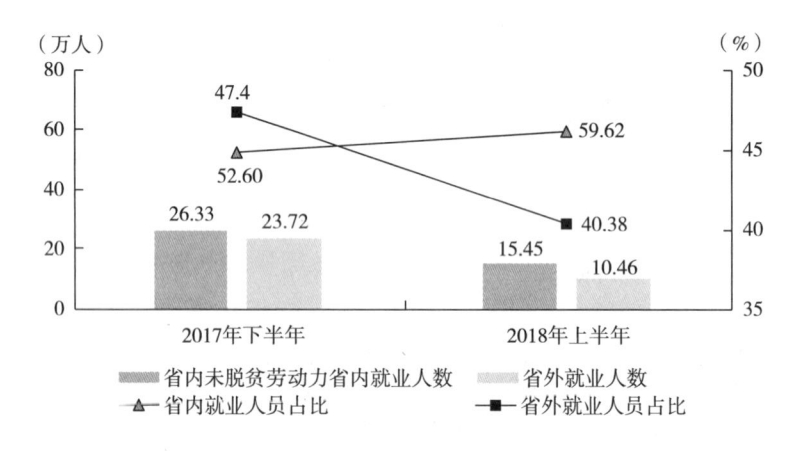

图10-3 2017年下半年与2018年上半年贵州省贫困劳动力就业区域分布

(二) 未脱贫劳动力就业行业分布状况

2018年上半年贵州省就业数据显示,未脱贫劳动力主要就业类别,从2017年下半年的制造业为主转变为多样化类别,贫困劳动力就业类别已呈现多样化发展趋势。截至2018年6月底,未脱贫劳动力以其他灵活就业类别方式的就业规模达到10.2万人,占贫困劳动力就业总规模的39.43%,与2017年下半年相比增长了19.83%;制造业中的就业规模达到6.06万人,占贫困劳动力就业总规模的23.38%,与2017年下半年相比下降8.98%;服务业就业规模达到5.3万,占贫困劳动力就业总规模的20.46%,占比较2017年下半年下降了8.1%；建筑业就业人数达到4.33万人，占贫困劳动力就业总规模的16.72%，同2017年下半年相比下降了2.75%（见图10-4），未脱贫劳动力就业类别呈现多样化特征。

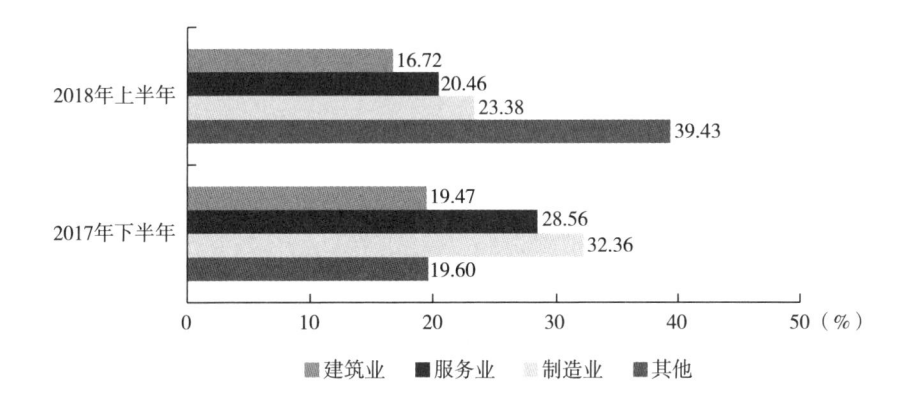

图 10-4 2017年下半年与2018年上半年贵州省贫困劳动力就业类别分布

（三）近半数的未脱贫劳动力就业方式

未脱贫劳动力的就业方式统计数据显示，通过市场推荐方式就业效果逐渐增强。截至2017年6月底，通过市场推荐方式实现就业的贫困劳动力就业规模达到2.83万人，占全部就业人数的9.55%；灵活就业方式吸纳就业规模最大，达到14.64万人，占全部贫困劳动力就业规模的49.41%，接近2017年上半年已就业的未脱贫劳动力规模的一半；通过园区安置的就业规模达到1.61万人，占全部贫困劳动力就业规模的5.43%；通过其他方式就业的人数达到10.55万，占全部贫困劳动力就业规模的35.61%（见图10-5）。

（四）未脱贫劳动力创业方向

截至2017年6月底，贵州省以种养殖形式创业人数达到1.45万人，占总体的49.67%；未脱贫劳动力就业统计数据显示，未脱贫劳动力的创业行业选择主要为种养殖业，达到49.67%；以合作社形式创业规模达到0.74万人，占总体的25.3%；以个体户形式创业的规模为0.45万人，占未脱贫劳动力就业规模的15.31%；以创办企业形式进行创业的规模最小,仅有 0.12 万人,占总体的 4.07%(见图 10-6)。

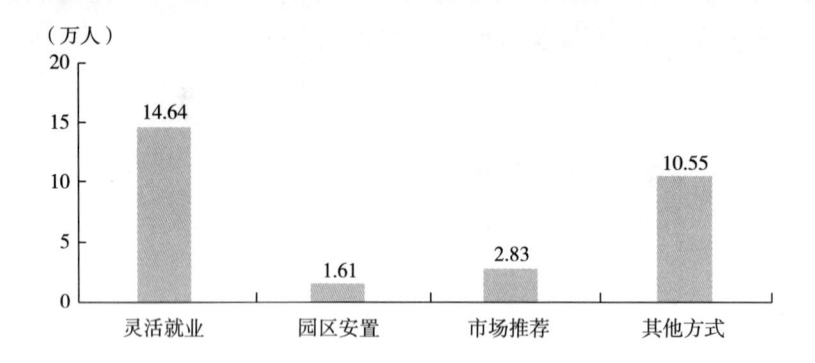

图 10-5　2017 年上半年贵州省未脱贫贫困劳动力就业方式分布

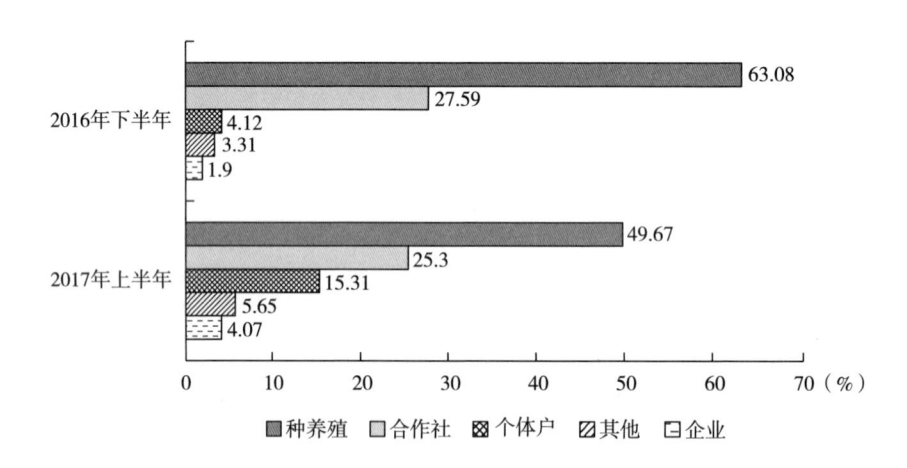

（万人）
- 灵活就业：14.64
- 园区安置：1.61
- 市场推荐：2.83
- 其他方式：10.55

图 10-6　2016 年下半年与 2017 年上半年贵州省未脱贫劳动力创业方式分布

2016 年下半年:
- 种养殖：63.08
- 合作社：27.59
- 个体户：4.12
- 其他：3.31
- 企业：1.9

2017 年上半年:
- 种养殖：49.67
- 合作社：25.3
- 个体户：15.31
- 其他：5.65
- 企业：4.07

作为全国贫困人口最多、贫困面积最大、脱贫攻坚任务最重的省份,贵州省通过精准识别,针对贫困劳动力的现状、致富意愿、致富能力等个体差异,提供了"一市五金多套餐"[①] 等形式多样的"扶贫

---

① "一市五金多套餐",是指变"被动式扶贫"为"问需式扶贫"的关键。其中,"一市"指建立免费苗木超市;"五金"指建立大病医疗抵垫周转基金、产业发展扶持基金、精准扶贫风险兜底基金、小额贷款贴息基金、产业发展担保基金;"多套餐"指精准扶贫多套餐,旨在解决帮扶谁、谁来帮、怎么帮等问题,帮助贫困户实现真正脱贫。

套餐";在种养殖方面,坚持"问需式"原则,让贫困户自主选择扶贫项目,对贫困户选定的扶贫项目给予2—3年的全额贴息扶持;通过与种植、养殖户签订种养殖协议,最后以高于成本价50%—300%的价格进行收购,以此保障贫困劳动力增产增收。通过以上措施,有效促进种养殖业对创业人员的吸纳,为贫困劳动力就业创业提供了强有力的保障。

二 未就业贫困劳动力的特点

(一) 未就业贫困劳动力的就业愿望

截至2017年12月底,未就业贫困劳动力达到50.55万人。有就业愿望的贫困劳动力规模达到18.37万人,占所有未就业贫困劳动力总规模的36.34%;有培训需求的贫困劳动力达到15.19万人,占比为30.05%;有输出就业愿望的贫困劳动力达到14.06万人,占比为27.81%(见图10-7)。

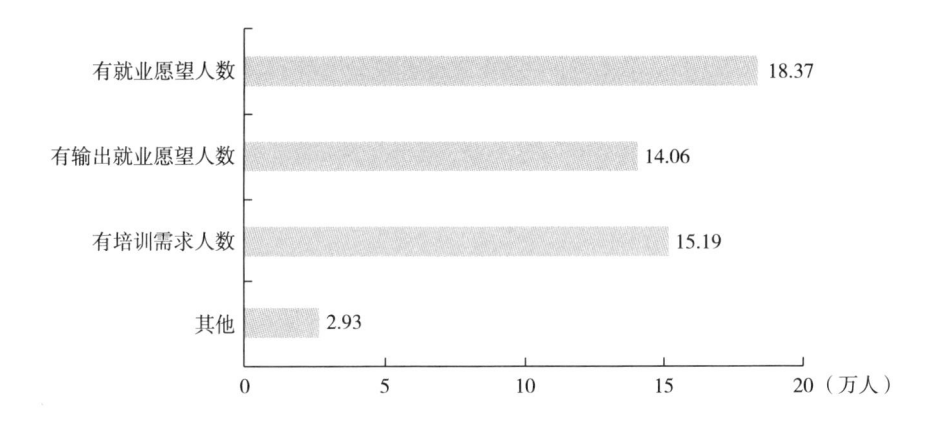

图10-7 2017年12月贵州省未脱贫劳动力未就业人员就业意愿分布

截至2018年7月底,贵州省仍有42.79万人未脱贫劳动力未实现就业。贵州省通过夯实就业扶贫工作基础、深化劳务协作、加强劳务组织化程度、搭建创新劳务组织化体系、加强吸纳贫困劳动力就业载体建设、鼓励引导返乡创业就业、全面实施农民全员培训、扎实做好易地扶贫搬迁劳动力就业创业工作等几大举措,确保到2020年所有农村贫困劳动力家庭至少有一人实现就业的目标基本实现。

(二) 就业意愿的地域倾向分布

截至2017年年底,贵州省未就业贫困劳动力中,有输出愿望人数达到14.06万人。其中,以倾向省内输出为主,人数达9.92万人,占70.55%;倾向省外输出的人数有4.14万人,占29.45%(见图10-8)。

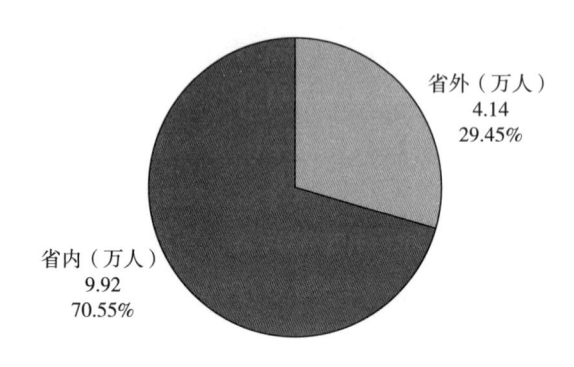

图10-8 2017年贵州省有劳务输出愿望人员就业区域意愿分布

2017年,贵州省通过脱贫攻坚组织发动了"就业扶贫春季攻势、就业扶贫秋季攻势",精准开展贫困劳动力全员培训与就业帮扶等一系列措施,通过组建公益性劳务输出公司、对外劳务联络工作站,有组织、有针对性地引导和服务贫困劳动力转移就业。然而,对于快节奏、高效率、严要求的现代企业生产管理方式以及吃苦耐劳的职业素质要求,输出到省外就业贫困劳动力心理准备不足,适应性较差,整体素质偏低,流失率较高。劳务输出是贫困人口最直接、最有效的增收方式,如何加强与省内外用工企业的劳务输出合作、做好贫困劳动力"扶志转勤"工作、激励贫困劳动力转移就业,将是未来帮助贫困户早日"摆脱贫困奔小康"的工作重点。

(三) 贫困劳动力性别分布

截至2017年6月底,贵州省劳动年龄内男性贫困人口为126.2万人,占比为58.97%,女性为87.8万人,占比为41.03%,劳动年龄内男性贫困人口较女性高出 17.94 个百分点。因此，未就业贫困劳动力中男性劳动力过剩和"就业性别挤压"将日益严重，男性就业竞争压力更大。

三 贫困劳动力就业创业服务

(一) 就业创业服务构成方式

贫困劳动力就业创业服务以推荐就业为主。2017 年 7—12 月，贵州省通过就业创业服务形式累计推荐就业人数达到 10.69 万人，占 99%；通过加大省级财政投入力度，合理开发公益性岗位，提供城镇公益性岗位安置贫困劳动力人数达到 0.14 万人，占 1%（见图 10-9）。

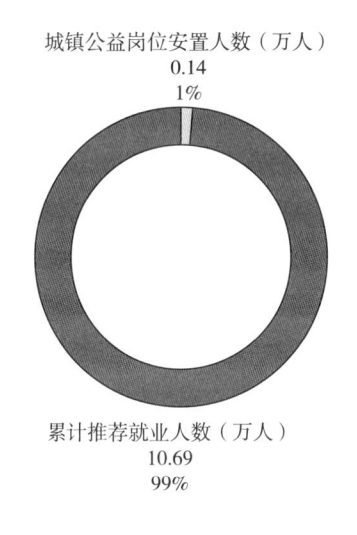

图 10-9　2017 年 7—12 月贵州省贫困劳动力就业创业服务构成

近年来，通过实施一系列就业精准帮扶举措，公益性岗位逐渐成为贫困劳动力的一种就业渠道。优先安置此类就业困难人员，既解决了就业困难人员就业问题，又在一定程度上缓解了就业压力，还弥补了基层用人单位和部分部门人员不足的问题。通过公益性岗位的开发，城市环境卫生不断优化，绿化美化管护水平进一步提升，社会公众安全感大幅增强，公共就业服务质量不断提升，为促进贵州省社会和谐稳定和经济发展做出了积极贡献。

（二）贫困劳动力实现就业推荐次数

据统计数据显示，贵州省贫困劳动力一次推荐就业率低，二次及以上推荐就业率较高。2017年7—12月，贵州省通过搭建线上就业创业公共服务平台、线下组织招聘会等形式，累计推荐就业人数达到10.69万人次。其中，以推荐二次及以上实现就业有6.43万人，占比为79%，大多数贫困劳动力实现就业需要多次推荐；一次推荐实现就业的人员规模最少，为1.89万人，占比为21%（见图10-10）。

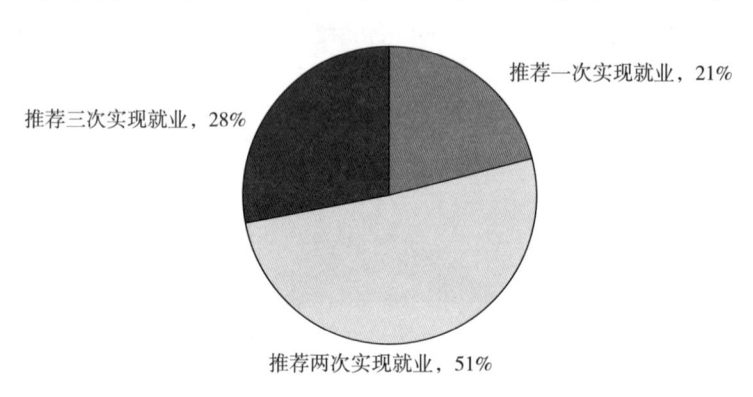

图10-10　2017年7—12月贵州省贫困劳动力推荐后实现就业情况

通过精准收集梳理当地企业用工信息，建立各类企业用工岗位明细表，明确岗位名称、薪酬待遇、岗位要求、工作地点等信息，贵州省在培训组织发动、实施培训和培训结束三个环节分别向贫困劳动力推荐三个以上就业岗位，确保培训后实现就业。并且依据各工业园区企业用工情况，有针对性地推荐就近、就地就业，提高贫困劳动力就业率。

第四节　贵州省助力脱贫攻坚的就业问题研判

学者研究结果与贵州省脱贫攻坚的实践证明，推进农村贫困劳动力转移就业是最直接、最现实、最重要的脱贫手段，对增强贫困地区"造血"功能和内生动力，阻断贫穷代际传递，实现当期脱贫与长期

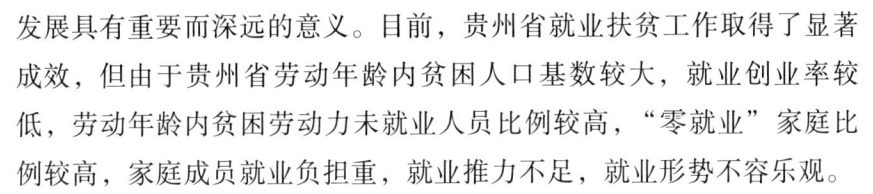

发展具有重要而深远的意义。目前，贵州省就业扶贫工作取得了显著成效，但由于贵州省劳动年龄内贫困人口基数较大，就业创业率较低，劳动年龄内贫困劳动力未就业人员比例较高，"零就业"家庭比例较高，家庭成员就业负担重，就业推力不足，就业形势不容乐观。

一 劳动年龄内未脱贫劳动力规模问题

近几年，贵州省实施了一系列的扶贫开发政策，就业扶贫工作取得了积极成效，但由于贵州省劳动年龄内贫困人口基数较大，截至2018年年底，仍有122.22万贫困劳动力，其中未就业贫困劳动力29.93万人，贫困劳动力就业形势严峻，就业扶贫任务艰巨。

二 未就业贫困劳动力脱贫意愿弱问题

（一）贫困劳动力素质问题

贵州省绝大部分贫困劳动力都是文化程度低、劳动技能差的贫困群众和特困难群体，就业难度大。一些农村贫困劳动力存在"等、靠、要"思想，常年生活在大山深处，缺乏知识和技能，习惯安于现状；部分群众由于照顾病人、老人及小孩或身体原因，属于无法离乡、无业可扶、无力脱贫群体，就业脱贫难度加大。

（二）贫困劳动力就业稳定性问题

一方面，贵州省产业发展薄弱，小微型企业较多，且在起步阶段，稳定性弱；另一方面，部分少数民族贫困劳动力有外出务工意愿，但由于语言不通、环境不适应等原因，尚未实现转移就业；还有部分农村贫困劳动力不安心在外工作，不愿意从事劳动强度大、工作环境差的岗位，好不容易动员出去，半年又回来了，甚至有的一个月不到就跑回来了；部分贫困劳动力生活习惯散漫、自我约束及管控能力较差，劳动纪律观念落后，容易主动辞职或被辞退。

三 贫困劳动力就业能力提升问题

目前留守农村的贫困劳动力文化素质总体偏低，部分贫困劳动力主动参加培训的意愿较弱，甚至存在经过多次宣传动员仍有部分不愿参加培训和就业的现象。部分地区贫困劳动力培训形式与内容的针对性不强，培训组织难度大。

四 贫困劳动者就业权益保护问题

贵州省在外出务工人员跟踪服务方面付出辛苦努力，取得了显著成效，如积极发挥驻外劳务工作站作用，在输入地建立对接服务机制，协调做好务工人员权益维护等服务工作，跟踪服务成效显著。但是，贫困劳动力作为劳动力市场的弱势群体，部分劳动保障权益仍然得不到维护，例如用工单位不为其缴纳社会保险、超时加班、不发加班工资等问题时有发生。

五 贫困劳动力就业培训针对性问题

就业培训是促进贫困人口实现转移就业的重要前提条件，贵州省在就业培训方面仍有着提升空间，主要原因有以下两点：一方面是培训资源整合不到位，没有形成合力，部门联动的功能没有充分发挥出来。另一方面是没有把岗位需求和群众需求有机统一起来，没有完全做到"订单式"培训、"菜单式"培训，培训与转移就业脱节。

六 就业扶贫工作推进力度问题

部分地区对抓好农村劳动力培训及转移就业精准扶贫的重要性认识不足、工作进展不平衡，部分领导重视不够、措施不力、政策落实不到位，特别是部分基层干部对就业扶贫工作仅停留在表面上，口号喊得多，落实工作做得少，影响了有组织输出就业工作的推进。

第五节 贵州省助力脱贫攻坚的就业发展趋势研究

基于对2017年脱贫攻坚就业扶贫工作的绩效分析，本部分将对未来一年贵州劳动年龄内未脱贫人口总量、就业方式和创业方式变化等就业趋势做进一步研判。

一 劳动力年龄内未脱贫人口规模变化

近年来，贵州省劳动力年龄内未脱贫人口呈加速下降趋势，随着贵州省加强扶贫人力资源开发力度，大力推进就业扶贫，扶贫工作取得了积极成效，预计2020年年底贵州省劳动年龄内未脱贫人口将趋

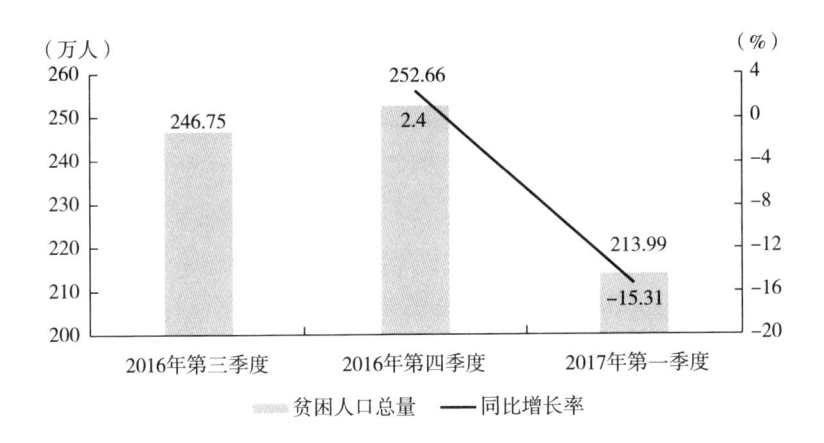

向于零（见图 10-11）。

图 10-11　2016 年第三季度—2017 年第一季度贵州省劳动年龄内未脱贫人口总量变化状况

从 2019 年开始，贵州的扶贫工作将进入巩固期，劳动年龄内未脱贫人口总量将快速减少。未来两年，工作重心将转变为通过再扩大就业规模、优化就业机构、制定和实施新一轮的创业政策，防止已经脱贫的劳动力再度返贫，以及保障新进劳动年龄内未脱贫人口尽快脱贫。

二　贫困劳动力就业及创业方式研判

（一）未来未就业贫困劳动力的就业方式研判

近年来，贫困劳动力就业方式主要包括灵活就业、园区就业、市场推荐和其他就业方式。其中，在 2017 年第一季度，以灵活就业方式实现就业占总贫困劳动人口比例就达到了 3.36%，是贫困劳动力实现就业的首选方式；市场推荐就业方式是帮助贫困劳动力实现就业增速最快的就业方式，自 2016 年第三季度以来加速增长，未来 3 年将呈上升趋势（见图 10-12）。

（二）贫困劳动力创业方式研判

近年来，贫困劳动力创业方式主要包括个体创业方式、企业创业方式、合作社创业方式、种养殖创业方式和其他创业方式。其中呈增长趋势的创业方式是个体创业方式，2016 年第三季度以来呈上升趋势,2017年第一季度达到贫困劳动力总人口的0.10%(见图10-13)。创业规模最大的创业方式是种养殖创业方式;但是,由于种养殖前期的创业发展已经趋向于饱和状态,2016年第四季度以来养殖创业方式逐渐下降。

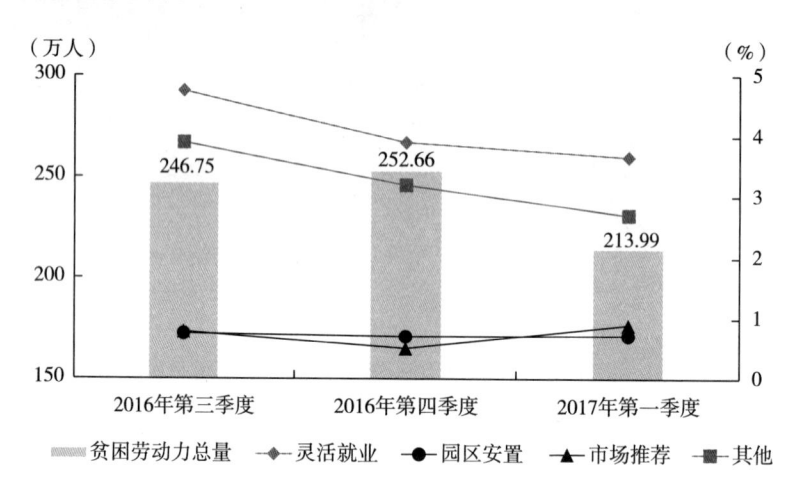

图10-12 2016年第三季度—2017年第一季度
贵州省贫困劳动力就业方式分布

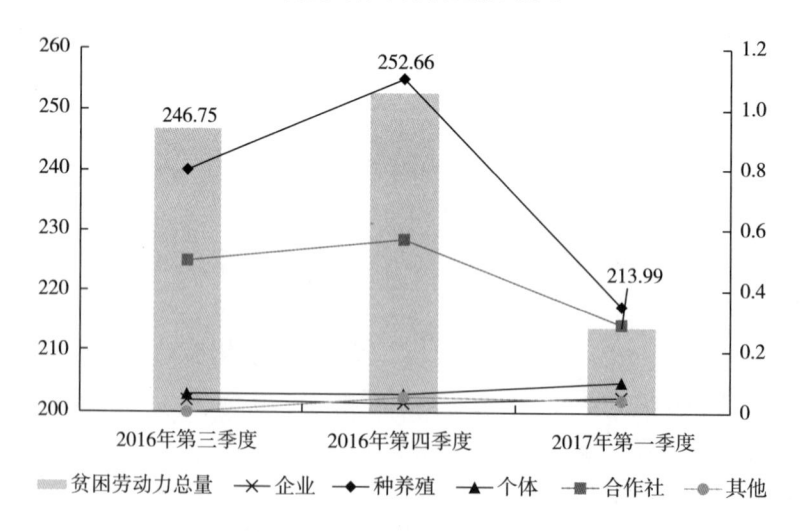

图10-13 2016年第三季度—2017年第一季度
贵州省贫困劳动力创业方式分布

第六节 经验借鉴

作为一个贫困历史长达千年的国家,学界关于贫困的研究较为丰富,现将部分研究做以下阐述,以期对贵州脱贫攻坚以及贫困人口就业起到借鉴作用。

一 转移就业模式

随着贫困地区农业劳动生产力的不断提升,更多从事农业的人口被逐渐解放,而经济发展水平相对落后的贫困地区却严重缺乏吸纳剩余劳动力的能力,因此应积极调整就业结构,促进贫困地区剩余劳动力转移就业。

童玉芬和戬广南(2000)通过对新疆的分析,指出少数民族人口的就业状况与他们的贫困状况有极为密切的关系,农村过剩的劳动力和片面单一的就业结构以及较低的就业人口素质等,不仅隐含着产生新的贫困人口的危险,而且对解决少数民族人口的贫困问题产生很大的阻力。作者指出,应该积极发展农业的多种经营,增大农业吸收农村剩余劳动力的能力、调整劳动力的就业结构,加快少数民族脱贫致富的步伐、对那些确实不具备发展条件的地方,要下决心把贫困户搬迁出来,实行异地开发,异地安置;应该组织少数民族劳动力在地区间的合理有序流动,走劳务输出脱贫的路子。

谢小青和吕珊珊(2015)指出,随着农村经济的快速发展,以及城镇化速度的加快,越来越多的农村剩余劳动力选择离开自己的家乡,转移到城市从事非农产业,我国农村剩余劳动力转移就业数量呈逐年上升的趋势。她们构建了贫困地区农村剩余劳动力转移就业质量评价指标体系,并对贫困地区农村剩余劳动力转移就业质量状况进行了实证研究。

汪三贵、殷浩栋和王瑜(2017)认为,自新中国成立以来中国扶贫开发主要经历了以下五个阶段:收入分配和社会发展减贫(1949—1978年)、体制改革主导的农村扶贫(1979—1985年)、解决温饱的开发式扶贫（1986—2000年）、巩固温饱的全面扶贫（2001—2010年）、全面小康的精准扶贫（2011年至今）。他认为组织贫困地区的贫困劳动力外出务工，改善了单一的贫困家庭收入结构，有效地促进了贫困人口收入的增长。现阶段就业扶贫的主要措施有以下几点：完善贫困劳动者技能培训制度、构建贫困人口转移就业平台以及推进就地就近转移就业。

因此，为进一步吸纳贫困地区剩余劳动力就业，可适当调整产业结构；根据贫困地区经济发展水平以及地域条件，大力培育优势特色产业；积极推行终身职业技能培训制度；维护劳动者平等就业权利；促进劳动力转移就业。

二 赋能式就业方面

授人以鱼，不如授人以渔。由于贫困地区劳动力缺乏在教育、培训等方面的必要投入，从而造成贫困地区劳动力技能水平不高，进一步影响劳动者获得更好的就业岗位。

李长安（2018）认为，我国就业扶贫有精确性、系统性和发展性的特点，其目的是通过增加贫困人口的非农收入，从而实现脱贫，目前来看，增加贫困农民的非农就业，继续实施以工代赈，提高农民工的就业质量，是缓解农村贫困现象的有效手段。他认为，应该构建政府、企业和贫困者"三轮联动"的就业扶贫模式，注重提高农村贫困人口的教育水平与职业技能，注重提高农村贫困人口的就业激励，注重提高农村贫困人口的就业质量以及加强对就业扶贫工作的绩效评估等五个方面为抓手，保障我国就业扶贫工作能够有效实现既定目标。

李鹏（2017）认为，可以通过就业帮扶使有劳动能力的建档立卡贫困人口早日通过自己的双手和努力，积极地融入社会，提升自我，进而从根本上摆脱贫困。研究发现，一些扶持政策的门槛条件较高，贫困家庭照料负担重、劳动力市场分割等也会影响政策的可及性。目前一些贫困地区公共服务体系需要更加完善，才能切实尊重和维护好贫困人员各项就业合法权益，并针对于此提出建议：以整体性治理统筹各项贫困人员就业促进政策，整合各项政策构建综合性就业援助体系；消除政策户籍壁垒，导入积极就业援助理念，以促进贫困人员就业为根本，加强区域之间的信息互通、政策衔接和帮扶资金融通，提高政策的可及性。

杨友国（2019）发现，很多贫困地区通过利用优惠政策、加强联系合作、建设培训基地等措施，让更多贫困人口走上了就业岗位，实现了脱贫。他指出，贫困地区要善用扶贫政策增加就业岗位、以市场为导向开展劳务输出、根据改革要求建设扶贫基地、强化贫困人口职业培训，帮助贫困人口参与就业，掌握一技之长，从而摆脱贫困。

因此，就业帮扶应注重提高农村贫困人口的教育水平与职业技能，注重提高农村贫困人口的就业激励，注重提高农村贫困人口的就业质量，利用优惠政策、加强各部门间的联系合作、建设培训基地等措施，让更多贫困人口走上就业岗位，实现脱贫。

三 引导创业模式

农民工返乡创业在脱贫攻坚中意义重大，一方面，农民工返乡创业有利于促进精准扶贫，增加农民收入。另一方面，农民工返乡创业能够促进欠发达地区产业结构的转型升级。同时，农民工返乡创业能够有力地推动欠发达地区、新农村建设和城镇化的进程。

张亮和李亚军（2017）认为，农民工返乡创业在脱贫攻坚中起到了重要作用，能够有效带动农村劳动力就近就业、增加农民收入，从而达到促进农村地区脱贫的作用。研究发现，现行的促进农民工返乡创业的政策中，仍然存在创业资金缺乏、培训针对性不强、扶持政策落实不到位、不及时、人才短缺、服务水平有待提高等问题。政府可以通过以下渠道来促进农民工返乡就业，以促进农村地区脱贫：拓宽财政金融资金来源渠道；根据本地创业的特点与需求制订培训计划；鼓励各地建立专门的农民工返乡创业的服务协调机制；多渠道共同解决人才缺乏问题；拓宽渠道和创新方式，加大政府支持力度；制定与落实帮扶政策评估考核机制等。

刘溢海和来晓东（2020）提出，乡村振兴重在产业兴旺，农民工返乡创业作为激活农村实体经济的创新要素，能够激发脱贫的内生动力，是助力精准扶贫、拉动农村经济增长的新动能。研究发现，农民工返乡创业与精准扶贫在时间、空间、效应、人才、机制、保障和政策七个方面存在共域性，两者之间能够有效连接从而形成联动发展。通过农民工返乡创业推动精准扶贫发展，以返乡创业驱动农村实体经济增长，为农民搭建就业平台、拓宽增收渠道，对缩小城乡发展差距、全面建成小康社会具有重要意义。

因此，加大对农村外出劳动力返乡就业的政策支持力度是提倡农村外出劳动力返乡就业的必要条件，应进一步加强农村外出劳动力返乡就业相关技能培训，对农村劳动力返乡就业提供有力的信贷扶持，降低农村外出劳动力返乡就业的风险程度以促进农民工返乡创业。

四 政府制度保障模式

科学合理的制度是推进脱贫攻坚的基础，为了制定科学合理的制度，有效推进脱贫攻坚，如期实现脱贫攻坚目标，政府采取了一系列切实可行的脱贫制度建设举措。穆维博（2019）认为，完善我国就业扶贫制度的一个重要思路，便是考虑如何在共享共建理念指导下构建多元就业扶贫责任主体体系。他认为，我国通过就业构建扶贫大格局应该从以下几个方面入手：第一，明确政府在就业扶贫中的主导职责；第二，加强除政府外多元主体协调的就业扶贫主体体系建设；第三，加强多元就业扶贫主体的责任协调。

徐阔丽（2017）认为，将人力资源就业与社会保障结合起来构建精准扶贫保障机制，让农村贫困人口有好工作、好收入、好保障，能够更加有效地巩固脱贫攻坚的成果。这个保障机制应该从以下几个方面来进行构建：组织领导、资金保障机制、信息统计机制、落实人力资源就业与社会保障精准扶贫进度计划以及加强精准扶贫宣传。

赵丽娜和田原（2018）认为，就业扶贫应当坚持问题导向、按照精准扶贫、精准脱贫的要求，将供给侧基本特征和贫困地区就业扶贫联动结合起来，从而形成供给侧推动的就业精准扶贫和精准脱贫策略。应该健全农村劳动力和失业人口档案管理、根据产业基础及供给侧结构性改革的要求，建立就业扶贫基地、完善上岗就业服务体系以及完善就业扶贫保障体系等方面推进农业供给侧结构性改革，提升扶贫精确性。

因此，为确保脱贫攻坚各项政策举措落到实处，切实提高脱贫成效，要建立健全并不断强化脱贫攻坚考核制度保障，督察制度保障等，这是保证扶贫的精准度与有效性的关键。

第七节 对策建议

贵州作为全国贫困人口最多、贫困面积最大、脱贫攻坚任务最重的省份，是全国脱贫攻坚冲刺期的主战场。因此，在总结就业扶贫巨大成就的同时，结合贵州实际情况，通过设计和实施有针对性的政策和措施，才能充分发挥就业扶贫在脱贫攻坚战役中的积极作用。

一 加强对男性贫困劳动力的扶志教育

有数据显示，男性贫困劳动力比女性多17%，与中国传统文化中"男性应当承担更多的家庭经济责任"观念相违。事实上，在当前就业形势下，男性比女性有更多的就业优势与机会，中国失业群体中也是女性多于男性。贵州省这一奇特现象产生的主要原因是男性贫困劳动力脱贫意愿缺失，因此扶志教育显得尤为重要。建议通过大力宣传各乡镇光荣脱贫的典型，不断激发内生动力，推动贫困男性的思想观念从"要我脱贫"到"我要脱贫"转变，增强贫困男性责任感、自强意识和脱贫增收的主观能动性，进而改善这部分男性所在家庭的经济状况，实现"就业一人，脱贫一户"。

二 扩大贫困劳动力省外劳务输出规模

截至2018年6月底，贫困劳动力就业区域仍以省内为主，通过发展劳务输出有利于解决贫困劳动力转移就业，加快脱贫增收。加强省内外劳务协作，尤其是省外劳务输出协作，在对口帮扶城市设立服务站，形成以对口帮扶城市为重点，辐射长三角、珠三角、京津冀等地区的劳务输出服务网。

三 提高园区就业吸纳能力

截至2017年6月底，通过园区安置的就业人数仅占全部就业人数的5.42%，园区对未就业人员的吸纳能力有待提高。政府应帮助贫困劳动力找准就业困难的病根，多形式促进就地就近就业，主动对接各类园区和在建项目，收集各类适合贫困劳动力的岗位需求信息，开展岗位精准推荐，促进贫困劳动力就近就业。

四 完善贫困劳动力的扶持机制

创业不仅能给贫困劳动力本人带来脱贫致富的机会，更能带动更多贫困劳动力就业。然而，目前以创办企业形式创业的人数仅占创业总人数的4%。除了对有创业意愿并有一定创业条件的贫困劳动力提供经济扶持外，也应加大对初创企业的中高层次人才供给帮扶力度，帮助这部分企业提升中高层次员工聘用效率，满足初创企业发展过程中的人才需求。同时，要强化宣传力度，及时挖掘和发布一批返乡创业的典型，树立"转移就业脱贫致富光荣"的价值导向，形成良好的社会舆论氛围，提高贫困劳动力就业积极性。

五 对"零就业"家庭进行精准帮扶

截至2018年6月，贵州省贫困劳动力未就业人员中约有一半分布在"零就业"家庭，"零就业"家庭就业扶贫现状不容乐观。应加强精准结对帮扶，定期走访帮扶对象，了解援助对象能力特长、就业愿意、享受政策等情况，积极主动向"零就业"家庭宣传就业扶持政策，通过提供岗位信息、政策咨询等措施，建立帮扶责任制度，落实援助责任人，开展"一对一"帮扶。

六 提高贫困劳动力职业素养

贵州省劳动年龄内贫困人口未就业人员比例较高，主动接受培训意愿低。主要原因如下：一是培训主题与贫困劳动力就业关联度不高，培训方式针对性不强；二是贫困劳动力个人积极性不高，对培训主题和内容不感兴趣。因此，政府部门应该精准对贫困劳动力的培训，丰富培训方式方法，加强与劳动年龄内贫困人口相关的就业培训，提升其职业技能。此外，实现就业的部分贫困劳动力因其劳动效率低、职业素养低，劳动效率可能只是深圳等地劳动者效率的一半。因此，针对贫困劳动力开展就业培训时，应鼓励和引导贫困群众外出就业，既能有效帮助贫困户增加工资性收入，又能促进其思想观念转变、劳动素质提升，一些学到了技术、积累了资金、提升了能力的务工人员，还能成为返乡创业的带头人。一是要加大培训资源的整合力度，充分发挥技能培训专项资金的导向作用，结合用工企业岗位需求和劳动力转移就业意愿，广泛发动职业院校、职业培训机构和用工企业面向贫困劳动力量身定制有针对性的技能培训，做到人岗相适应，实现培训与转移就业精准对接。二是要发展本地区劳务品牌，利用本地区传统特色产业、支柱产业，开展建筑劳务、苗绣、果蔬等传统行业的技能培训，促进本地区贫困劳动力就业。三是要加强与省外优质劳务用工企业协作，大力开展订单培训、定向输出，促进培训、转移"一条龙"服务，积极引导劳务协作企业对贫困劳动力开展顶岗带薪培训，提升技能素质，带动转移人员集中就业。四是要狠抓职业教育发展，引导未能继续升学的初、高中毕业生就读前景好的职业院校，提高新生劳动力技能和就业竞争力。五是要做好思想工作，既抓培训技能又抓思想教育，鼓励和引导贫困群众消除"等、靠、要"思想，实现扶贫与扶志、扶智相结合，不断提升贫困劳动力的适应性和职业素养。

七 提升就业稳定性

针对劳务输出中存在"待不下、稳不住"问题，要从优化服务入手，建立用工跟踪精准管理机制，实现精准掌握务工人员的就业状况和动态跟踪管理。一是各县市要结合实际，建立驻外劳务输出工作站，加强与输入地人社部门及劳务公司、用工企业的协调沟通，为外出务工人员提供权益保障，提高就业稳定率。二是要做好后续管理服务，提高综合服务能力，健全务工群体自我教育管理和服务机制，切实帮助解决户籍、子女入学等实际困难，为外出务工人员提供良好服务保障，促进稳定就业。三是要积极做好务工人员后方服务，充分发挥基层党组织作用，采取邻里结对、志愿帮扶等方式，帮助外出务工人员家庭解决农忙缺工、突发事件应急等困难；要充分发挥乡村教师、留守妇女等群体作用，引导留守儿童健康成长，让留守儿童有关爱、有温暖，让务工人员放心工作、安心就业。

附　录

贵州省人民政府关于进一步做好新形势下就业创业工作的实施意见

黔府发〔2015〕29号

各市、自治州人民政府，贵安新区管委会，各县（市、区、特区）人民政府，省政府各部门、各直属机构：

为认真贯彻《国务院关于进一步做好新形势下就业创业工作的意见》（国发〔2015〕23号），切实推动大众创业、万众创新，努力实现最广泛的就业。现提出以下实施意见：

一　实施就业优先战略

（一）着力稳定和扩大就业。将城镇新增就业、调查失业率作为宏观调控重要指标，纳入贵州省"十三五"国民经济和社会发展规划及年度计划。坚持发展经济与促进就业互动，以加快发展促进就业，扩大就业规模，改善就业结构。合理确定经济增长速度和发展模式，科学把握宏观调控方向和力度。加强财税、金融、产业、贸易等经济政策与就业政策的配套衔接，建立宏观经济政策对就业影响评价机制和公共投资、重大项目建设带动就业评估机制。各级各部门在研究出台改革发展、财税金融、产业调整、社会管理等重大政策时，要充分考虑政策对就业岗位变化、就业创业环境、社会保障及劳动关系等方面的影响；在安排公共投资与重大项目建设时，同等条件下优先安排创造就业岗位多、带动收入增长快、催生创业空间大的项目。〔牵头单位：省发展改革委；责任单位：省就业工作联席会议成员单位，各市（州）人民政府、贵安新区管委会、各县（市、区、特区）人民政府］

（二）发展吸纳就业能力强的产业。重点培育以大数据为引领的电子信息产业、以大健康为目标的医药养生产业、以绿色有机无公害为标准的现代山地高效农业、以民族和山地为特色的文化旅游业、以节能环保低碳为主导的新型建筑建材业五大战略性新兴产业。创新服务业发展模式和业态，支持发展商业特许经营、连锁经营，大力发展金融租赁、节能环保、电子商务、现代物流等生产性服务业和旅游休闲、健康养老、家庭服务、社会工作、文化体育等生活性服务业，打造新的经济增长点，提高服务业就业比重。大力推进产业转型升级和创新成果转化，创造更多就业岗位，更多地满足以高校毕业生、农民工为重点的青年就业需求。培养新型职业农民，鼓励有文化、有技术、有市场经济观念的各类城乡劳动者到农村就业创业。引导和促进资源加工型、劳动密集型产业快速发展，提高就业吸纳能力。［牵头单位：省就业工作联席会议成员单位；责任单位：各市（州）人民政府、贵安新区管委会、各县（市、区、特区）人民政府］

（三）发挥小微企业就业主渠道作用。继续落实"3个15万元"扶持政策，每年新增扶持微型企业2万户，带动就业10万人以上。引导银行业金融机构创新金融产品，服务小微企业。发展政府支持的融资性担保机构和再担保机构，为小微企业提供融资支持。强化市场监管执法和知识产权保护，对小微企业核心专利申请优先审查。发挥新型载体聚集发展的优势，引入竞争机制，开展小微企业创业创新基地城市示范建设。创新政府采购方式，消除中小企业享受相关优惠政策面临的条件认定、企业资质等不合理限制门槛。指导企业规范用工管理，建立小微企业目录，对小微企业发展状况开展抽样统计，对小微企业新招录劳动者，按相关规定给予就业创业支持。［牵头单位：省经济和信息化委、省工商局、省政府金融办；责任单位：省人力资源社会保障厅、人行贵阳中心支行，各市（州）人民政府、贵安新区管委会、各县（市、区、特区）人民政府］

二 大力推进创业带动就业

（四）营造宽松便捷的准入环境。全面清理非行政许可审批事项，不再保留"非行政许可审批"类别。继续取消和下放省级行政审批事项。及时制定并公开企业投资项目核准及强制性中介服务事项目录清单，简化、整合投资项目报建手续，创新投资管理方式。对保留的审批事项，规范审批行为，明确标准，缩短流程，实现"一个窗口"受理、网上关联审批等方式，限时办理。深化商事制度改革，全面落实先照后证登记制度，推进工商营业执照、组织机构代码证、税务登记证"三证合一"，全面实现"一照一码"，2015年年底前制定出台"三证合一"登记制度改革的实施办法。推动"一址多照"、集群注册等住所登记改革，依托企业信用信息公开系统，实现政策集中公示、扶持申请导航、享受扶持信息公示。[牵头单位：省政府法制办、省工商局、省发展改革委、省编委办；责任单位：省经济和信息化委，各市（州）人民政府、贵安新区管委会、各县（市、区、特区）人民政府]

（五）培育创新创业公共服务平台。鼓励发展技术转移转化、科技金融、认证认可、检验检测等科技服务业，积极推广创客空间、创业咖啡、创新工场等新型孵化模式，加快发展市场化、专业化、集成化、网络化的众创空间，实现创新与创业、线上与线下、孵化与投资相结合。可根据当地实际对众创空间的房租、宽带网络、公共软件等给予适当补贴，或通过盘活商业用房、闲置厂房等资源提供成本较低的场所。实施100个创业孵化基地和100个农民工创业园（点）"双百工程"建设，打造一批创业示范基地。鼓励企业由传统管控型组织转型为新型创业平台，鼓励员工成为平台的创业者，构建市场主导、风投参与、企业孵化的创业生态系统。[牵头单位：省科技厅；责任单位：省经济和信息化委、省人力资源社会保障厅、省政府金融办，各市（州）人民政府、贵安新区管委会、各县（市、区、特区）人民政府]

（六）落实减税降费奖补政策。落实高校毕业生等重点群体、自主就业复员退伍军人、军转干部及随军家属就业创业、扶持小微企业、科技企业孵化器等税收优惠政策。将企业吸纳就业税收优惠人员范围由失业1年以上人员调整为失业半年以上人员。对就业困难人员或自主创业高校毕业生从事个体经营的，享受相关税收减免政策。对企业当年新招录就业困难人员，享受相关税收减免政策。全面清理涉企行政事业性收费、政府性基金、具有强制垄断性的经营服务性收费、行业协会商会涉企收费，健全完善涉企收费清单管理制度和创业负担举报反馈机制。认真落实促进创业补贴政策，对登记失业的高校毕业生、复员退伍军人、农民工、失业人员自主创业或从事个体经营的，提供场地便利，符合条件的按规定给予场租补贴。对高校毕业生、就业困难人员、农民工自主创业并带动就业，连续正常经营1年以上的，按规定给予创业补贴。[牵头单位：省地税局、省国税局、省人力资源社会保障厅、省民政厅、省工商联；责任单位：省发展改革委、省经济和信息化委、省财政厅、省工商局，各市（州）人民政府、贵安新区管委会、各县（市、区、特区）人民政府]

（七）拓宽创业投融资渠道。积极支持风险投资、创业投资、天使投资等发展。运用市场调节机制，引导社会资金和金融资本支持创业活动，壮大创业投资规模。按照政府引导、市场化运行、专业化管理原则，引导新兴产业创业投资，带动社会资本对中小企业创业创新的投入。发挥多层次资本市场作用，积极支持符合条件的中小企业发行非金融企业债务融资工具，鼓励金融机构积极为符合条件的中小企业提供债券承销服务，规范发展服务小微企业的股权市场。开展股权众筹融资试点，推动多渠道股权融资，积极探索和规范发展互联网金融，发展新型金融机构和融资服务机构，促进大众创业。（牵头单位：省财政厅、省发展改革委、人行贵阳中心支行；责任单位：省政府金融办、省人力资源社会保障厅、省经济和信息化委）

（八）支持创业担保贷款业务发展。将小额担保贷款调整为创业担保贷款，对高校毕业生、农民工及复员退伍军人等群体和困难人员提供创业贷款扶持，贷款最高额度调整为10万元，创业担保贷款的期限最长不超过2年，可给予一次不超过1年期限的展期，展期不贴息。鼓励金融机构参照贷款基础利率，结合风险分担评估，合理确定贷款利率水平，对个人发放的创业担保贷款，在贷款基准利率基础上上浮3个百分点以内的，由财政给予贴息。对不以营利为目的、承担创业贷款担保工作的政策性、公益性担保机构，放宽许可。简化程序，细化措施，健全贷款发放考核办法和财政贴息资金规范管理约束机制，提高代偿效率，完善担保基金呆坏账核销办法；健全担保基金补充机制，强化落实创业担保贷款风险补偿机制和贴息奖补资金保障机制。各地可结合实际探索推行财政贴息周期政策基础上多元化的贴息协商模式，探索建立"三权抵押"（土地承包经营权、林权、农村居民房屋产权）、互相担保、信用社区担保等多种形式的反担保政策，降低反担保门槛。［牵头单位：人行贵阳中心支行、省财政厅、省人力资源社会保障厅；责任单位：省政府金融办，各市（州）人民政府、贵安新区管委会、各县（市、区、特区）人民政府］

（九）调动科研人员创业积极性。高校、科研院所等事业单位专业技术人员离岗创业，可在3年内保留人事关系，与原单位人员享有同等职称评聘、同等职级晋升和社会保险等方面的权利。原单位应当根据专业技术人员创业实际，与其签订或变更聘用合同，明确权利义务。探索事业单位科技成果转化使用、处置和收益管理改革政策。鼓励利用财政性资金设立的科研机构、普通高校、职业院校，通过合作实施、转让、许可和投资等方式，向高校毕业生创设的小微企业优先转移科技成果。完善科技人员创业股权激励政策，放宽股权奖励、股权出售企业设立年限和盈利水平限制。实施科技企业培育行动，每年重点培育一批科技小巨人（成长）企业和科技型种子企业，鼓励科技人员创业项目与科技金融融合。（牵头单位：省人力资源社会保障厅、省科技厅；责任单位：省教育厅、省财政厅）

（十）积极支持城乡劳动者创业。全面实施"雁归兴贵"农民工返乡创业就业行动计划，加大创业担保贷款、社会保障、信贷、税收等扶持政策落实力度，整合创建一批农民工返乡创业园，通过发展农民合作社、家庭农场等新型农业经营主体，落实普遍性降费政策，吸引更多农民工返乡就业创业。启动全民创业行动计划，组织实施大学生创业、农村致富带头人创业、妇女巾帼创业、科技人员创业、能人创业及失业人员创业、残疾人创业等扶持项目,给予创业更多"阳光雨露"。支持举办创业训练营、创业创新大赛、创新成果和创业项目展示推介等活动,搭建创业者交流平台。开展省级创业孵化示范基地和省级农民工创业示范园创建工作,对劳动者创办社会组织、从事网络创业的,给予相应创业扶持政策。各类创业人员创办的企业招录就业困难人员,与之签订劳动合同并缴纳社会保险费的,按其为困难人员实际缴纳的基本养老保险费、基本医疗保险费和失业保险费的2/3给予补贴。深入推进创业型城市建设,鼓励和支持创业型城市、创业型乡镇、创业型社区创建活动。[牵头单位:省人力资源社会保障厅、省农委;责任单位:省财政厅、省扶贫办、省政府金融办、人行贵阳中心支行、省农信社、省总工会,各市(州)人民政府、贵安新区管委会、各县(市、区、特区)人民政府]

三 统筹推进高校毕业生等重点群体就业

(十一)鼓励高校毕业生多渠道就业。落实公务员招考和遴选"两个80%"政策,完善工资待遇进一步向基层倾斜管理办法,健全高校毕业生到基层工作服务保障机制,鼓励高校毕业生到乡(镇)特别是困难乡(镇)机关事业单位工作。高校毕业生到艰苦边远地区和老工业基地县以下基层单位就业、期满3年,按规定给予学费补偿和国家助学贷款代偿。深入推进政府购买服务工作,在基层特别是街道(乡、镇)、社区(村)购买一批公共管理和社会服务岗位,优先用于吸纳高校毕业生就业。鼓励企业吸纳高校毕业生就业,小微企业和民营经济组织吸纳应届高校毕业生就业并与其签订1年以上劳动合同和缴纳社会保险费的,给予1年社会保险补贴;小微企业和民营经济组织每吸纳1名登记失业的高校毕业生就业并签订1年以上劳动合同和缴纳社会保险费的,给予800元的一次性奖励,所需资金从就业专项资金中列支。对高校毕业生见习期满留用率达到50%以上的见习单位,适当提高见习补贴标准,对见习单位(基地)留用见习期满高校毕业生的给予每人500元的一次性补助。将求职补贴调整为求职创业补贴,对象范围扩展到已获得国家助学贷款的毕业年度高校毕业生。[牵头单位:省人力资源社会保障厅、省教育厅;责任单位:省财政

厅、省发展改革委，各市（州）人民政府、贵安新区管委会、各县（市、区、特区）人民政府］

（十二）完善高校毕业生就业创业服务体系。实施离校未就业高校毕业生就业促进计划、万名大学生创业计划、高校毕业生就业见习计划。大力推进高校毕业生创业孵化（示范）基地、就业（见习）基地建设，搭建青年人才创业发展平台，着力吸引国内外人才到贵州创业发展。支持以创客空间为载体的创业要素生成发展，开拓社会资本支持青年就业创业新路径，开创政府购买社会就业创业服务模式。加大政府投入和就业资金筹集力度，整合运用各项引导基金，为高校毕业生就业创业提供融资重点支持。加强校园内外高校毕业生就业服务体系和工作队伍建设。建立高校毕业生创业跟踪扶持机制，强化高校毕业生创业指导服务，建设社会化、市场化程度较高的共享创业导师队伍。健全就业反馈机制，定期编制发布高校毕业生就业质量年度报告。各级公共就业人才服务机构提供优质的人事、劳动保障代理服务。技师学院、职业院校、技工学校高级工班、预备技师班和特殊教育院校职业教育类毕业生参照高校毕业生享受相关就业政策。［牵头单位：省人力资源社会保障厅、省教育厅；责任单位：省科技厅、省财政厅、省发展改革委，各市（州）人民政府、贵安新区管委会、各县（市、区、特区）人民政府］

（十三）加强对就业困难人员就业援助。对用人单位招录就业困难人员，签订劳动合同并缴纳社会保险费的，在一定期限内给予社会保险补贴；就业困难人员灵活就业后缴纳的社会保险费，按其实际缴费的2/3给予补贴。补贴年限距法定退休年龄不足5年的人员可延长至退休，其余人员最长不超过3年，补贴所需资金从县级就业专项资金中列支。通过市场渠道确实难以实现就业并符合相关规定的，可享受就业援助，社会保险补贴和公益性岗位补贴期限最长不超过3年，初次核定享受补贴政策距退休年龄不足5年的人员，可延长至退休。规范公益性岗位开发和管理，科学设定公益性岗位总量，适度控制岗位规模，制定完善岗位申报评估办法，严格按照法律规定安排就业困难人员，不得用于安排非就业困难人员。加强对就业困难人员在岗管理和工作考核，建立定期核查机制，完善就业困难人员享受扶持政策期满退出办法，做好退出后的政策衔接和就业服务。依法推进残疾人自立就业，加大对用人单位安置残疾人的补贴和奖励力度，建立用人单位按比例安排残疾人就业公示制度，加快完善残疾人集中就业单位扶持政策，推进残疾人辅助性就业和灵活就业，确保零就业家庭、最低生活保障家庭等困难家庭至少有一人就业。[牵头单位：省人力资源社会保障厅、省民政厅、省残联；责任单位：省财政厅、省总工会，各市（州）人民政府、贵安新区管委会、各县（市、区、特区）人民政府]

（十四）推进农村劳动力转移就业创业。结合新型城镇化战略和户籍制度改革工作，建立健全城乡劳动者平等就业制度，进一步清理农民工就业歧视性规定。深入开展农村劳动力转移就业工作示范县创建工作，进一步完善职业培训、就业服务、权益维护"三位一体"的农村劳动力转移就业工作机制，促进农村劳动力有序流动。开设"重点工程项目就业服务"专门窗口，及时发布岗位信息，鼓励省内重点工程优先安排使用本地农村劳动力，引导农民工就地就近就业。采取政府购买服务的方式做好农村劳动力资源调查、外出务工人员返乡回流、农村创业人员跟踪服务等工作。认真做好被征地农民和扶贫生态移民的就业工作，在制定征地补偿安置方案时，要明确促进被征地农民就业及长远发展具体政策措施。[牵头单位：省人力资源社会保障厅、省农委、省扶贫办；责任单位：省财政厅、省水库生态移民局、省总工会，各市（州）人民政府、贵安新区管委会、各县（市、区、特区）人民政府]

（十五）促进复员退伍军人就业。积极为复员退伍军人中的就业困难人员提供公共就业服务，落实各项优惠政策。扶持自主择业军转干部、自主就业退役士兵就业创业，组织实施职业技能培训和创业培训，加强就业创业指导和服务，搭建就业创业服务平台。将符合条件的复员退伍军人纳入城镇职工基本养老保险覆盖范围，对符合安排工作条件的退役士官、义务兵，要确保岗位落实，在公务员招录和事业单位招聘时同等条件下优先录用（聘用），国有、国有控股和国有资本占主导地位的企业,要按比例预留岗位用于择优招录复员退伍军人。退役士兵报考公务员、应聘事业单位职位的,在军队服现役经历视为基层工作经历,服现役年限计算为工作年限。[牵头单位:省人力资源社会保障厅、省民政厅;责任单位:省财政厅,各市(州)人民政府、贵安新区管委会、各县(市、区、特区)人民政府]

四 加强公共就业创业服务和职业培训工作

(十六)强化公共就业创业服务。加强公共就业创业工作机构建设和编制管理,建立村(社区)就业创业服务站,实现省、市、县、乡、村(社区)五级服务全覆盖,统一规范服务标准和流程,提升公共就业服务均等化、专业化、标准化水平。完善公共就业服务体系,充分发挥公共就业服务中心、中小企业服务中心、高校毕业生就业指导中心等机构的作用,为创业者提供项目开发、开业指导、融资服务、跟踪扶持等服务。创新服务内容和方式,健全公共就业创业服务经费保障机制,将职业介绍补贴和扶持公共就业服务补助合并调整为就业创业服务补贴。创新就业创业服务供给模式,向社会力量购买基本就业创业服务成果,形成多元参与、公平竞争格局。[牵头单位:省人力资源社会保障厅、省发展改革委;责任单位:省财政厅、省编委办、省总工会,各市(州)人民政府、贵安新区管委会、各县(市、区、特区)人民政府]

(十七)加快公共就业服务信息化建设。按照数据向上集中、服务向下延伸、网络到边到底、信息全省共享的总体要求,进一步完善就业信息系统建设,加快建设省级劳动力资源数据库,实现就业管理和就业服务工作全程信息化。推进公共就业信息服务平台建设,健全就业信息监测平台,实现各类就业信息统一发布和就业信息共享开放。支持社会服务机构开展专业化就业创业服务,推动政府、社会协同提升公共就业服务水平。(牵头单位:省人力资源社会保障厅;责任单位:省经济和信息化委)

(十八)加强人力资源市场建设。按照统一领导、统一制度、统一管理、统一服务标准、统一信息系统的工作要求,推进人力资源市场整合改革。消除城乡、行业、身份、性别、残疾等影响平等就业的制度障碍和就业歧视，形成有利于公平就业的制度环境。建立健全政府监管、机构公开、协会自律、社会监督的人力资源市场监管体系，加快人力资源市场诚信体系建设和标准化建设。［牵头单位：省人力资源社会保障厅；责任单位：各市（州）人民政府、贵安新区管委会、各县（市、区、特区）人民政府］

（十九）建立健全失业保险、社会救助与就业的联动机制。将失业保险基金支持企业稳岗政策实施范围由兼并重组企业、化解产能过剩企业、淘汰落后产能企业等三类企业扩大到所有符合条件的企业。困难企业可与职工集体协商，采取在岗培训、轮班工作、弹性工时、协商薪酬等办法尽量不裁员或少裁员，对确需裁员的，应制定人员安置方案，实施专项就业帮扶行动，妥善处理劳动关系和社会保险接续，促进失业人员尽快再就业。淘汰落后产能奖励资金、依据兼并重组政策规定支付给企业的土地补偿费要优先用于职工安置。完善失业监测预警机制，健全应对失业风险就业应急预案，将失业保险费率由3%降为2%。继续执行失业保险金当年征收部分按一定比例调剂用于就业专项资金的政策，推进保障生活、预防失业、促进就业"三位一体"的失业保险体系建设。对实现就业或自主创业最低生活保障对象，在核算家庭收入时，可以扣减必要的就业成本。（牵头单位：省人力资源社会保障厅；责任单位：省经济和信息化委、省民政厅、省财政厅、省国资委）

（二十）健全和完善失业登记制度。在法定劳动年龄内、有劳动能力和就业要求、处于无业状态的城镇常住人员，可以到常住地公共就业服务机构进行失业登记。各地公共就业服务机构要为登记失业的人员提供均等化的政策咨询、职业指导、职业介绍等公共就业服务。将《就业失业登记证》调整为《就业创业证》，免费发放，有条件的地方可积极推动社会保障卡在就业领域的应用。［牵头单位：省人力资源社会保障厅；责任单位：各市（州）人民政府、贵安新区管委会、各县（市、区、特区）人民政府］

（二十一）积极开展职业培训和创业培训。积极引导劳动者自主选择培训项目、培训方式和培训机构，依托职业院校、技工院校、民办职业培训机构，围绕产业政策和用工需求，开展订单式、定岗式培训，重点实施好农民工职业技能提升、失业人员转业转岗和扶贫生态移民就业等培训。发挥企业主体作用，实施企业新型学徒制试点，鼓励企业与职业院校、技工院校、职业培训机构合作开展学徒培训。制定并落实技师学院、技工学校与高职院校、中职学校统一的生均经费政策，按照"统一政策、统一支持、统一招生"的原则，大力发展中等职业教育，推进技工院校与职业院校"双挂牌""双证书"融合发展。认真落实地方教育附加费用于职业教育培训政策，提足用好企业职工教育经费。大力开展创业培训和创业实训，完善创业培训、实训补贴标准制度，符合条件的按规定享受创业培训补贴。（牵头单位：省人力资源社会保障厅；责任单位：省教育厅、省财政厅、省民政厅、省农委、省扶贫办、省经济和信息化委、省总工会、省妇联、团省委、省残联）

（二十二）积极推进职业资格管理改革。强化职业培训基础能力建设，改造提升一批高、中、初级技能培训实训和师资培训基地，支持高技能人才培训基地和大师工作室建设，实施技工院校教师国培计划。完善劳动者成长成才的培养、评价和激励机制，在基层和企业生产一线的高级技师、技师、高级工等高技能人才，符合机关、事业单位招考条件的，可参照本岗位的高级工程师、工程师、助理工程师参加机关、事业单位招考。技工院校取得高级工、预备技师职业资格证书的毕业生，可报考机关、事业单位，其学历参照全日制大专、本科毕业生执行并享受同等待遇。［牵头单位：省人力资源社会保障厅；责任单位：省教育厅，各市（州）人民政府、贵安新区管委会、各县（市、区、特区）人民政府］

五　狠抓工作落实

（二十三）强化协调配合。县级以上人民政府要加强对就业创业工作的领导，把促进就业创业提上重要议程，健全完善政府负责人牵头的就业工作联席会议制度。建立就业创业数据共享机制，加强就业形势分析研判，落实完善就业创业政策，协调解决重点难点问题，确保各项就业目标完成和就业形势稳定。进一步发挥各人民团体以及其他社会组织的作用,充分调动社会各方促进就业创业积极性。将就业创业工作纳入政绩考核,细化目标任务、政策落实、就业创业服务、资金投入、群众满意度等指标,抓好督促落实。对不履行促进就业职责,造成恶劣社会影响的,对当地人民政府有关负责人及具体责任人进行问责。[牵头单位:省人力资源社会保障厅;责任单位:省就业工作联席会议成员单位,各市(州)人民政府、贵安新区管委会、各县(市、区、特区)人民政府]

(二十四)保障资金投入。各级各部门要根据当地就业状况和工作目标,加大资金投入力度,调整财政支出结构,合理安排就业相关资金。按照系统规范、精简效能的原则,明确政府间促进就业政策的功能定位,严格支出责任划分。对县级公共就业服务机构和县级以下基层公共就业服务平台开展公共就业服务所需经费确有困难的,由上级财政部门给予补助,所需经费从就业专项资金中列支,补助方式可根据公共就业服务工作量和服务成效等确定。支持创业型城市创建工作,推动创业服务向基层延伸,形成省、市、县三级创业平台体系。认定为国家级、省级创业型城市的,省级从就业资金中分别给予500万元、200万元一次性补助,用于落实创业扶持政策和开展创业工作。规范就业专项资金管理,强化资金预算执行和监督,开展资金使用绩效评估,提高就业专项资金使用效益。[牵头单位:省财政厅;责任单位:省人力资源社会保障厅、省监察厅、省审计厅,各市(州)人民政府、贵安新区管委会、各县(市、区、特区)人民政府]

(二十五)健全和完善就业创业统计监测体系。健全就业统计指标体系,完善统计口径和统计调查方法,逐步将性别等指标纳入统计监测范围,探索建立创业工作统计指标体系。进一步完善劳动力调查制度建设,扩大调查范围,增加调查内容,强化质量控制。加大就业统计调查人员、经费和软硬件等保障力度,推进就业统计调查信息化建设。依托行业组织,建立健全行业人力资源需求预测和就业状况定期发布制度,探索建立第三方参与的就业创业政策落实效果调查评估制度。[牵头单位:省人力资源社会保障厅、省统计局;责任单位:

省就业工作联席会议成员单位、各市（州）人民政府、贵安新区管委会、各县（市、区、特区）人民政府］

（二十六）注重舆论引导。切实加大宣传工作力度，充分利用电视、报纸、网络、广播等新闻媒体，开展就业创业典型宣传报道，多渠道、多形式开展就业创业政策宣传，提高就业创业扶持政策的社会知晓度。通过开展高校毕业生基层就业创业典型事迹巡回宣讲报告活动及评选"返乡创业之星"等形式，打造就业创业品牌，发挥典型示范带动作用。加强舆论引导，及时回应社会关切问题，营造良好的就业创业社会氛围。［牵头单位：省就业工作联席会议成员单位；责任单位：各市（州）人民政府、贵安新区管委会、各县（市、区、特区）人民政府］

贵州省人民政府关于进一步做好为农民工服务工作的实施意见

黔府发〔2015〕31号

各市、自治州人民政府，贵安新区管委会，各县（市、区、特区）人民政府，省政府各部门、各直属机构：

为进一步做好新形势新常态下为农民工服务工作，切实解决我省农民工面临的突出问题，有序推进农民工市民化进程，按照《国务院关于进一步做好为农民工服务工作的意见》（国发〔2014〕40号），结合我省实际，现提出如下实施意见：

一　进一步做好为农民工服务工作

按照工业化、信息化、城镇化、农业现代化四化同步发展的要求，积极探索符合省情的农业劳动力转移模式，通过引导和扶持，着力稳定和扩大农民工就业创业，着力维护农民工劳动保障合法权益，着力推动农民工逐步实现平等享受城镇基本公共服务和在城镇落户，着力促进农民工社会融合，有序推进、逐步实现有条件有意愿的农民工市民化。

（一）基本原则。

——坚持以人为本、公平对待。公平保障农民工作为用人单位职工、作为城镇常住人口的权益，帮助农民工解决最关心最直接最现实的利益问题，实现改革发展成果共享。

——坚持统筹兼顾、优化布局。按照我省区域经济发展总体战略和山地特色新型城镇化规划，逐步完善生产力布局和城镇化布局，有序引导农民工在贵州省不同区域、大中小不同城市和小城镇合理分布。

——坚持城乡一体、改革创新。适应推动城乡发展一体化的需要，逐步建立完善有利于贵州省农民工市民化的基本公共服务、户籍、住房、土地管理、成本分担等制度。

——坚持分类推进、逐步实施。按照自愿、分类、有序的要求，因地制宜、存量优先、尽力而为、量力而行，重点促进长期在城镇居住、有相对稳定工作的农民工有序融入城镇，循序渐进地推进农民工市民化。

（二）目标任务。到2020年，转移农村劳动力总量继续增加，每年开展农民工"春潮行动"职业技能培训13万人次，农民工综合素质显著提高、劳动条件明显改善、工资基本无拖欠并稳定增长、参加社会保险全覆盖，引导农民工就近城镇化，努力实现300万农业转移人口在我省城镇落户，未落户的也能享受城镇基本公共服务，农民工群体逐步融入城镇，为实现农民工市民化目标打下坚实基础。

二 稳定和扩大农民工就业创业

（三）促进农民工就业创业。实施"雁归兴贵"促进返乡农民工创业就业行动计划，积极引导、鼓励农民工就地就近转移就业和返乡创业就业。切实保障城乡劳动者平等就业权利，实现就业信息省内联网，为广大农民工提供免费的就业信息服务。逐步完善城乡均等的公共就业服务体系，组织开展农民工就业服务"春风行动"、农民工就业专场招聘会等，有针对性地为农民工提供政策咨询、职业指导、职业介绍等公共就业服务。（牵头单位：省人力资源社会保障厅；责任单位：省农民工工作领导小组成员单位）

（四）完善和落实农民工就业创业政策。深入实施创业就业"双百工程"，大力推进100个农民工创业园（点）建设。依托现有产业园区等存量资源，深入开展整合创建一批农民工创业园，开展省级农村劳动力转移就业工作示范县创建活动，引导和鼓励农村劳动力转移到服务业特别是家庭服务业和中小微企业就业。将农民工纳入创业政策扶持范围，运用财政支持、创业投资引导和创业培训、政策性金融服务、小额担保贷款和贴息、生产经营场地和创业孵化基地等扶持政策，对农民工给予一次性创业补贴和场租补贴。农民工自主创业并带动就业，连续正常经营1年以上的，给予3500元一次性创业补贴；创业经营场所符合规划、安全和环保要求的，每月按300元标准给予经营场所租金补贴，对实际月租金低于300元的据实补贴，补贴期限最长不超过3年。探索开展金融产品和服务方式创新，拓宽农民工创业的融资担保物范围，积极打造好"农民工金融服务中心"，延伸金融服务农民工的范围。深化税收征管改革，开展"便民办税春风行动"，推进简政放权，为农民工做好涉税服务。促进留守儿童、困境儿童家庭劳动力返乡创业就业。切实做好返乡和就近转移的农民工就业服务工作。（牵头单位：省人力资源社会保障厅；责任单位：省发展改革委、省教育厅、省民政厅、省财政厅、省住房城乡建设厅、省农委、省商务厅、人民银行贵阳中心支行、省国税局、省地税局、省工商局、省扶贫办、省总工会、共青团省委、省妇联）

（五）加强实施农民工职业技能提升计划。全面实施"春潮行动""雨露计划"及科技工作星火培训等，加大农民工职业培训工作力度，结合农民工的不同需求和类型分类组织培训，对农村转移就业劳动力开展就业技能培训，对农村未升学的初高中毕业生开展劳动预备制培训，对在岗农民工开展岗位技能提升培训，对具备中级以上职业技能的农民工开展高技能人才培训，将农民工纳入终身职业培训体系，全面提高农民工创业就业能力。加强农民工职业培训工作的统筹管理，制订农民工培训综合计划，相关部门按分工组织实施。加大培训资金投入，合理确定培训补贴标准，落实职业技能鉴定补贴政策。改进培训补贴方式，重点开展订单式培训、定向培训、企业定岗培训，面向市场确定培训职业（工种），形成培训机构平等竞争、农民工自主参加培训、政府购买服务的机制。鼓励企业组织农民工进行培训，符合相关规定的，对企业给予培训补贴。鼓励大中型企业联合技工院校、职业院校，建设一批农民工实训基地。（牵头单位：省人力资源社会保障厅；责任单位：省发展改革委、省教育厅、省科技厅、省财政厅、省住房城乡建设厅、省农委、省安全监管局、省扶贫办、省总工会、共青团省委、省妇联）

（六）加快发展农村新成长劳动力职业教育。努力实现农村未升入普通高中、普通高等院校的应届初高中毕业"两后生"都能接受职业教育。全面实施我省教育"9+3"计划，中等职业教育农村学生免学费政策和家庭经济困难学生资助政策。鼓励各地根据需要因地制宜改扩建符合标准的主要面向农村招生的职业院校、技工院校。加强职业教育教师队伍建设，创新办学模式，提高教育质量。积极推进学历证书、职业资格证书"双证书"制度。（牵头单位：省教育厅、省人力资源社会保障厅；责任单位：省发展改革委、省财政厅、省扶贫办）

三　维护农民工的劳动保障权益

（七）规范和完善使用农民工的劳动用工管理。依法依规指导和督促用人单位与农民工普遍签订并严格履行劳动合同，在务工流动性大、季节性强、时间短的农民工中推广简易劳动合同示范文本，规范实施集体劳动合同制度。对小微企业经营者开展《劳动合同法》培训。严格依法规范劳务派遣用工行为，认真清理建设领域违法发包分包行为。整合劳动用工备案及就业失业登记、社会保险登记，推进劳动用工实名制，实现对企业使用农民工的动态管理服务。（牵头单位：省人力资源社会保障厅；责任单位：省住房城乡建设厅、省工商局、省总工会）

（八）保障和维护农民工工资报酬权益。在建设工程领域和其他容易发生欠薪的行业推行工资保证金制度，在省、市（州）、县（市、区、特区）建立健全欠薪应急周转金制度，完善并落实工程总承包企业对所承包工程的农民工工资支付全面负责、劳动保障监察执法与刑事司法联动治理恶意欠薪、欠薪地方政府负总责三项制度。引入失信惩戒机制，将用人单位拖欠农民工工资信息作为失信信息，纳入省企业公共信用信息平台,在工程招标、政府采购、信贷融资、表彰评优等活动中依法采取限制措施。在大中型用工企业和单位推广实名制工资支付银行卡。落实农民工与城镇职工同工同酬原则,根据我省经济社会发展水平适时合理调整最低工资标准,推动农民工参与工资集体协商,促进农民工工资水平合理增长。(牵头单位:省人力资源社会保障厅;责任单位:省公安厅、省住房城乡建设厅、省工商局、人民银行贵阳中心支行、省法院、省总工会)

(九)着力扩大农民工参加城镇社会保险覆盖面。实施"全民参保登记计划",推进农民工依法全面持续参加社会保险。按照《社会保险法》和《省人力资源社会保障厅省财政厅关于〈贵州省城乡养老保险制度衔接实施意见〉的通知》(黔人社厅发〔2014〕17号)等规定,依法将与用人单位建立劳动关系的农民工纳入城镇职工基本养老保险和城镇职工基本医疗保险。研究完善农民工参加基本养老保险政策,引导灵活就业农民工参加灵活就业人员医疗保险或城镇居民基本医疗保险。简化手续,逐步完善社会保险关系转移接续政策和流程,努力实现用人单位的农民工,尤其是高风险行业农民工全部参加工伤保险。切实推动建立稳定劳动关系的农民工与城镇职工平等参加失业保险、生育保险并平等享受待遇。对劳务派遣单位或用工单位侵害被派遣农民工社会保险权益的,依法追究连带责任。(牵头单位:省人力资源社会保障厅;责任单位:省发展改革委、省财政厅、省住房城乡建设厅、省交通运输厅、省卫生计生委、省工商局、省政府法制办、省总工会)

(十)加强农民工安全生产和职业健康保护。强化高危行业和中小企业一线操作农民工安全生产和职业健康教育培训,将相关知识纳入职业技能教育培训内容。严格执行特殊工种持证上岗制度、安全生产培训与企业安全生产许可证审核相结合制度,督促企业对接触职业病危害的农民工开展职业健康检查并建立监护档案。建立重点职业病监测哨点,完善职业病诊断、鉴定、治疗的规定、标准和机构。重点整治矿山、工程建设等领域农民工工伤多发问题。实施农民工职业病防治和帮扶行动,保障符合条件的无法追溯用人单位及用人单位无法承担相应责任的农民工职业病患者享受相应的生活和医疗待遇。（牵头单位：省安全监管局、省卫生计生委；责任单位：省发展改革委、省教育厅、省公安厅、省民政厅、省财政厅、省人力资源社会保障厅、省住房城乡建设厅、省交通运输厅、省国资委、省政府法制办、省总工会）

（十一）畅通农民工维权渠道。全面推进劳动保障监察网格化、网络化管理，加强用人单位用工守法诚信管理，完善劳动保障违法行为排查预警、快速处置机制，健全举报投诉制度，依法查处用人单位侵害农民工权益的违法行为。按照"鼓励和解、强化调解、依法仲裁、衔接诉讼"的要求，及时公正的处理涉及农民工的劳动争议。畅通农民工劳动争议仲裁"绿色通道"，实行快调、快受、快审、快结案"四快"办理，简化受理立案程序，缩短维权周期，提高仲裁效率。建立健全涉及农民工的集体劳动争议调处机制。大力加强劳动保障监察机构、劳动人事争议仲裁院和基层劳动争议调解组织的硬件、软件建设，完善服务设施，增强维护农民工权益的能力。（牵头单位：省人力资源社会保障厅；责任单位：省发展改革委、省公安厅、省司法厅、省国资委、省法院、省总工会）

（十二）强化对农民工的法律援助和法律服务。健全基层法律援助和法律服务工作网络，加大法律援助工作力度，使符合条件的农民工及时便捷地获得法律援助。简化法律援助申请受理审查程序，完善异地协作机制，方便农民工异地申请获得法律援助。畅通法律服务热线，加大普法力度，不断提高农民工及用人单位的法治意识和法律素质，引导农民工合法理性维权。（牵头单位：省司法厅；责任单位：省财政厅、省法院、省总工会）

四 推动农民工逐步实现平等享受城镇基本公共服务

（十三）逐步推动农民工平等享受城镇基本公共服务。深化基本公共服务制度改革，推进城镇基本公共服务由主要对本地户籍人口提供向对包括农民工及其随迁家属在内的常住人口提供转变，使农民工逐步平等享受市民权利。各地、各有关部门要逐步按照常住人口配置基本公共服务资源，明确农民工及其随迁家属可以享受的基本公共服务项目，不断提高综合承载能力，扩大基本公共服务项目范围。农民工及其随迁家属在省内务工输入地城镇未落户的，依法申领居住证，持证享受输入地城镇规定的基本公共服务。在省内县以上城市和有条件有需要的社区、乡镇，应整合各部门公共服务资源，建立农民工综合服务中心，为广大农民工提供便捷、高效、优质的"一站式"综合服务。（牵头单位：省农民工工作领导小组办公室；责任单位：省发展改革委、省教育厅、省公安厅、省民政厅、省财政厅、省人力资源社会保障厅、省住房城乡建设厅、省文化厅、省卫生计生委、省政府法制办）

（十四）切实保障农民工随迁子女平等接受教育的权利。各地政府要坚持"流入地政府管理为主，公办学校接纳为主"的原则，将符合规定条件的农民工随迁子女教育全部纳入教育发展规划和财政保障范围。合理规划学校布局，科学核定公办学校教师编制，加大公办学校教育经费投入，保障农民工随迁子女平等接受义务教育的权利。积极创造条件满足农民工随迁子女接受普惠性学前教育的需求，对在公益性民办学校、普惠性民办幼儿园接受义务教育、学前教育的，可采取政府购买服务等方式落实支持经费，指导和帮助学校、幼儿园提高教育质量。各地要进一步完善和落实好符合条件的农民工随迁子女接受义务教育后在务工输入地参加中考、高考的政策。开展关爱流动儿童少年同入学、同升学、同权益"三同"活动。（牵头单位：省教育厅；责任单位：省发展改革委、省公安厅、省财政厅、省人力资源社会保障厅、省住房城乡建设厅、共青团省委、省妇联）

（十五）加强农民工医疗卫生和计划生育服务工作。积极稳妥推进农民工卫生、计生基本公共服务均等化，扩大服务范围和功能，创新服务方式，重点做好新形势下农民工基本公共卫生、计划生育、职业病防治、宣传教育、奖励扶助等工作，实现农民工卫生和计划生育基本公共服务均等化，逐步满足农民工公共卫生和计划生育基本公共服务需求。继续实施国家免疫规划，保障省内农民工适龄随迁子女平等享受预防接种服务。加强农民工聚居地的疾病监测、疫情处置和突发公共卫生事件应对，强化农民工健康教育、妇幼健康和精神卫生工作。加强农民工艾滋病、结核病、血吸虫病等重大疾病防治工作，落实好艾滋病"四免一关怀"等相关政策。完善社区卫生计生服务网络,将农民工纳入服务范围。鼓励有条件的地方将符合条件的农民工及其随迁家属纳入当地医疗救助范围。加强考核评估,落实相关责任,巩固完善流动人口计划生育服务管理工作机制,全面落实国家规定的计划生育技术免费服务,对符合条件的流动人口计生家庭实施计划生育优惠奖励扶持政策覆盖。组织开展好流动人口卫生计生动态监测和"关怀关爱"活动。(牵头单位:省卫生计生委;责任单位:省发展改革委、省民政厅、省财政厅)

(十六)逐步改善农民工居住条件。各地政府要统筹规划城镇常住人口规模和建设用地面积,将解决农民工住房问题纳入住房发展规划,将符合条件的外来务工人员纳入公共租赁住房保障范围,规范房屋租赁市场,积极支持鼓励符合条件的农民工购买或租赁商品住房,并按规定享受购房相关税收等优惠政策。加快推进集中成片棚户区(危旧房)改造,积极推进非成片棚户区(危旧房)改造,稳步实施"城中村"改造。在农民工比较集中的开发区、产业园区,依据批准的城乡规划,按照集约用地的原则,集中建设宿舍型或单元型小户型公共租赁住房,面向用人单位或农民工出租。允许农民工数量较多的企业在符合规划和规定标准的用地规模范围内,利用企业办公及生活服务设施用地建设农民工集体宿舍,督促和指导建设施工企业改善农民工住宿条件。逐步将在城镇稳定就业的农民工纳入住房公积金制度实施范围。(牵头单位:省住房城乡建设厅;责任单位:省发展改革委、省财政厅、省国土资源厅、省地税局)

(十七)有序推进农民工在城镇落户。认真贯彻落实《省人民政府关于进一步推进户籍制度改革的实施意见》(黔府发〔2015〕16号),坚持以人为本、尊重群众意愿的原则,促进在城镇有合法稳定就业和住所(含租赁)的农民工及其随迁家属有序落户城镇并按有关法律、政策规定平等享有基本公共服务。(牵头单位:省公安厅、省发展改革委、省人力资源社会保障厅;责任单位:省教育厅、省民政厅、省财政厅、省国土资源厅、省住房城乡建设厅、省农委、省卫生计生委、省统计局、省政府法制办)

(十八)切实保障农民工土地承包经营权、宅基地使用权和集体经济收益分配权。认真细致组织做好农村土地承包经营权和宅基地使用权确权登记颁证工作,切实保护农民工土地权益。有序建立健全土地承包经营权流转市场,加强流转管理和服务。完善土地承包经营纠纷的调解仲裁体系和调处机制。深化农村集体产权制度改革,探索农村集体经济多种有效实现形式,保障农民工的集体经济组织成员权利。依照国家法律法规和相关政策,妥善处理好农民工及其随迁家属进城落户后的土地承包经营权、宅基地使用权、集体经济收益分配权问题。在现阶段,不得以退出土地承包经营权、宅基地使用权、集体经济收益分配权作为农民进城落户的条件。(牵头单位:省农委、省国土资源厅;责任单位:省政府法制办、省法院)

五 促进农民工社会融合

(十九)依法保障农民工依法享有民主政治权利。重视从农民工中发展党员,积极推荐优秀农民工作为各级党代会、人大、政协的代表、委员,在评选劳动模范、先进工作者和报考公务员等方面平等对待。支持农民工在职工代表大会和社区居民委员会等组织中经过相关民主程序担任职务,依法行使选举、决策、管理、监督等民主权利。(牵头单位:省农民工工作领导小组办公室;责任单位:省民政厅、省人力资源社会保障厅、省国资委、省总工会)

(二十)努力丰富农民工精神文化生活。把农民工纳入城市公共文化服务建设体系,免费开放图书馆、文化馆、博物馆等公共文化服务设施。继续推进"两看一上"(看报纸、看电视、有条件的能上网)和深入开展"职工书屋"创建工作等活动,引导农民工积极参与全民阅读活动。在农民工集中居住地规划建设简易实用的文化体育设施。利用社区文化活动室、公园、城市广场等场地经常性地开展群众文体活动,促进农民工与市民之间的交往、交流。举办示范性农民工文化活动。鼓励企业开展面向农民工的公益性文化活动,鼓励文化单位、文艺工作者和其他社会力量为农民工提供免费或优惠的文化产品和服务。(牵头单位:省文化厅、省农民工工作领导小组办公室;责任单位:省发展改革委、省民政厅、省财政厅、省委宣传部、省总

工会、共青团省委、省妇联）

（二十一）着力加强对农民工的人文关怀。各地要采取有效措施关心农民工工作、生活和思想状况，加强思想政治工作和科普宣传教育，引导农民工树立社会主义核心价值观。通过依托各类学校开设农民工夜校培训等方式，培养诚实劳动、爱岗敬业的作风和文明、健康的生活方式。对有需要的农民工开展心理疏导。组织开展"关怀关爱""五大幸福计生行动""万千才富行动""青春健康"、灾病紧急救助及生育关怀、"送技术、送信息、送服务、送温暖"等公益活动，努力推动农民工本人融入企业、子女融入学校、家庭融入社区、群体融入城镇。（牵头单位：省农民工工作领导小组办公室；责任单位：省教育厅、省卫生计生委、省总工会、共青团省委、省妇联）

（二十二）建立健全农村留守儿童、留守妇女和留守老人关爱服务体系。实施"共享蓝天"关爱农村留守儿童、困境儿童行动，完善工作机制、整合资源、增加投入，依托中小学、村民委员会普遍建立关爱服务阵地，做到有场所、有图书、有文体器材、有志愿者服务。继续实施学前教育行动计划，加快发展农村学前教育，着力解决留守儿童入园需求。全面改善贫困地区薄弱学校基本办学条件，加快农村寄宿制学校建设，优先满足留守儿童寄宿需求，落实农村义务教育阶段家庭经济困难寄宿生生活补助政策。实施农村义务教育学生营养改善计划，开展心理关怀等活动，促进学校、家庭、社区有效衔接，为留守儿童困境儿童创造温暖的成长环境。加强农村"妇女之家"建设，培育和扶持妇女互助合作组织，帮助留守妇女解决生产、生活困难。全面实施城乡居民基本养老保险制度，建立健全农村老年社会福利和社会救助制度，发展适合农村特点的养老服务体系，努力保障留守老人生活。加强社会治安管理，保障留守儿童、留守妇女和留守老人的安全。发挥农村社区综合服务设施关爱留守人员功能。（牵头单位：省民政厅、省妇联；责任单位：省发展改革委、省教育厅、省公安厅、省财政厅、省人力资源社会保障厅、共青团省委）

六　加强对农民工工作的保障

（二十三）建立健全农民工工作协调机制。各地政府要把农民工工作列入经济社会发展总体规划和政府工作目标内容，县级以上政府要成立农民工工作领导机构，加强统筹协调和工作指导。（牵头单位：省农民工工作领导小组办公室；责任单位：省农民工工作领导小组各成员单位）

（二十四）加大农民工公共服务等经费投入。深化公共财政制度改革，建立政府、企业、个人共同参与的农民工市民化成本分担机制和财政转移支付同农民工市民化挂钩机制。各级财政部门要将农民工工作经费纳入公共财政预算支出范围，按照推进基本公共服务均等化的要求，统筹考虑农民工培训就业、社会保障、公共卫生、随迁子女教育、住房保障、公共文化等基本公共服务的资金需求，加大投入力度，为农民工平等享受基本公共服务提供经费保障。（牵头单位：省财政厅、省农民工工作领导小组办公室；责任单位：省发展改革委、省教育厅、省民政厅、省人力资源社会保障厅、省住房城乡建设厅、省文化厅、省卫生计生委）

（二十五）创新和加强工青妇组织对农民工的服务。创新工会组织形式和农民工入会方式，以"建会、建制、建家"活动为载体，以非公企业为重点，最大限度地将农民工组织到工会中来。积极鼓励和吸纳农民工进入工会组织。以输入地团组织为主、输出地团组织配合，逐步建立农民工团员服务和管理工作制度，积极从青年农民工中发展团员。各级工会、共青团、妇联组织要切实履行维护农民工权益的职责，通过开展志愿者活动、"送温暖"活动、"梦圆金秋"助学行动、"女职工关爱行动"等方式，开展必要帮扶救助，关心关爱困难农民工及其子女，努力为农民工提供服务。（牵头单位：省总工会、共青团省委、省妇联；责任单位：省人力资源社会保障厅）

（二十六）发挥社会组织服务农民工的积极作用。积极鼓励支持成立促进农民工事业发展的社会组织。按照培育发展和管理监督并重的原则，对为农民工服务的社会组织正确引导、给予支持，充分发挥他们为农民工提供服务、反映诉求、协同社会管理、促进社会融合的积极作用。改进对服务农民工社会组织的管理，完善扶持政策，通过开展业务培训、组织经验交流、政府购买服务等方式，引导和支持其依法开展服务活动。(牵头单位：省民政厅；责任单位：省发展改革委、省教育厅、省公安厅、省司法厅、省财政厅、省人力资源社会保障厅、省文化厅、省卫生计生委、省工商局、省总工会)

(二十七)夯实做好农民工工作的基础性工作。加大投入，建立综合统计与部门统计相结合、标准统一、信息共享的农民工统计调查监测体系，做好农民工市民化进程动态监测工作。深入开展农民工工作的理论和政策研究，为政府相关决策提供依据。(牵头单位：省统计局、国家统计局贵州调查总队、省农民工工作领导小组办公室；责任单位：省农民工工作领导小组其他成员单位)

(二十八)进一步营造关心关爱农民工的社会氛围。坚持正确导向，组织引导新闻媒体运用多种方式，加强政策阐释解读，积极宣传农民工工作的好经验、好做法和农民工中的先进典型，对相关热点问题开展及时有效的舆论引导。对优秀农民工和农民工工作先进集体及个人按规定进行表彰奖励，开展农民工"创业之星"评选等活动，努力使尊重农民工、公平对待农民工、让农民工共享经济社会发展成果成为全社会的自觉行动。(牵头单位：省农民工工作领导小组办公室；责任单位：省农民工工作领导小组其他成员单位)

各地、各有关部门要按照本实施意见要求，结合实际抓紧制定和完善相应配套政策措施，研究解决工作中遇到的问题。省农民工工作领导小组每年要对市(州)、贵安新区和省相关部门进行工作督察，及时向国务院农民工工作领导小组报告贵州省农民工工作情况。

贵州省人民政府办公厅关于印发贵州省精准推进贫困劳动力全员培训促进就业脱贫工作方案的通知

黔府办发〔2017〕36号

各市、自治州人民政府，贵安新区管委会，各县(市、区、特区)人民政府，省政府各部门、各直属机构：

经省人民政府同意，现将《贵州省精准推进贫困劳动力全员培训促进就业脱贫工作方案》印发给你们，请认真组织实施。

贵州省人民政府办公厅
2017年8月19日

贵州省精准推进贫困劳动力全员培训促进就业脱贫工作方案

为贯彻落实习近平总书记在深度贫困地区脱贫攻坚座谈会上的重要讲话精神，深入推进大扶贫战略行动，促进贫困人口实现就业脱贫，特制定本方案。

一 目标任务

围绕省内外用工市场需求和贵州省产业发展需要，以14个深度贫困县、20个极贫乡镇和2760个深度贫困村为重点，由各级政府部门组织对全省农村建档立卡贫困户家庭中的未就业劳动力开展全员培训，使他们掌握一技之长，让他们有业可就，确保每一个农村建档立卡贫困户家庭至少有一人以上实现就业创业，努力实现"培训一人、就业一个、脱贫一户；创业一人、带动一片、激励一方"的目标。2017—2019年，全省计划培训84.53万人次以上。2017年培训20.53万人次以上，2018年培训34万人次以上，2019年培训30万人次以上。

二 组织发动

以扶贫云大数据精准识别的建档立卡贫困人口为基础，充分发挥乡镇干部、村支两委、驻村干部、劳动保障协理员、培训机构和基层服务平台人员、扶贫队员、结对帮扶人员的作用，通过信息比对、上门走访、电话联系等多种形式，进村入户、户户见面，全面摸准和充实现有基础数据，精准掌握有劳动能力的贫困劳动力的年龄结构、文化程度、身体状况、就失业状况、培训就业意愿等信息，有针对性地上门进行宣传发动，将合适的岗位信息、培训信息精准传递到每家每户,着力解决农村贫困劳动力"思想贫困"和观念落后的问题,使贫困劳动力达到从"要我学"到"我要学"的思想转变,对积极参加培训的贫困劳动力,可优先享受扶贫、贷款等各项政策,激发他们参加培训的内生动力,全面做到"因人施培、因产施培、因岗定培",确保培训全覆盖。

三 培训内容

根据贵州省产业发展、用工需求和工作实际,主要开展五大类培训,培训可分段实施,多轮次进行。

(一)就业技能培训。针对省内外企业用工需求和贫困劳动力特点,以制造业、建筑业、服务业、旅游业、电子商务等就业容量大的行业用工需求为重点规范开展培训,并根据国家职业资格证书(技能等级证书)或岗位实际需要合理确定天数(课时数)。各地还可根据实际需要,以实现就业创业和脱贫增收为目的,创造性地组织开展其他类型的技能培训。

1. 以制造业为主的电焊工、电工、钳工、车工、铸工、汽车维修工、电子产品加工等培训,一般为15—30天。

2. 围绕贵州省农村"组组通公路"、高铁、轨道交通等建筑业用工需求,开展混凝土工、钢筋工、抹灰工、管道工、架子工、筑路工、隧道工、沥青工、道路养护工等培训,一般为15—30天。

3. 以服务业为主的家政服务员、育婴员(月嫂)、养老护理员、病患陪护、烹饪(中式烹调、中式面点、西式烹调、西式面点)师、美容美发师等培训,一般为15—30天。

4. 围绕多彩贵州文化品牌和贵州省旅游业"井喷"式发展需要,开展餐饮服务、民族歌舞表演、民族乐器演奏、导游员、乡村旅游经营管理等特色培训,一般为5—30天。

5. 以电子商务为主的农村电商、物流、快递、仓库保管等培训,一般为5—15天。

(二)农村实用人才培训。围绕绿色农产品"泉涌"工程和校农结合工作需要,大力推广"龙头企业+合作社+农户"模式,开展食用菌、烟草、中药材、茶叶、果树、反季节蔬菜等种植技术培训,以及林下土鸡、构树养牛、养羊、养猪等特色养殖培训，开展沼气建设技术、农机具操作和维修等农村实用技术培训，一般为5—15天。

（三）民族特色手工艺培训。围绕刺绣、蜡染、石雕、银饰、民族服装服饰、编织等民族民间手工艺制作开展培训，重点针对留守妇女开展，一般为7—20天。

（四）技能教育长期培训。针对16—20岁留守农村未继续升学的青年劳动力，在各技工院校、职业院校开设技能扶贫培训专班，挑选一批就业前景好、工资待遇高的专业进行单独招生，按有关规定享受国家助学金、免学费、精准扶贫教育资助、生均财政拨款等政策，通过3—5年规范化技能教育培训，使其熟练掌握一门终身受用的实用技能，从根源上阻断贫困的代际传递。针对14个深度贫困县和20个极贫乡镇，省教育厅组织13所省属优质职业院校开办精准脱贫班，主要招收贫困学生入学就读。

（五）扫盲培训。对农村及少数民族聚集地区55岁以下的文盲群体，开展扫盲和扫盲后继续教育，让他们听得懂汉语、看得懂新闻、写得了汉字。由省教育厅会同省民宗委、省文化厅、省妇联等有关部门，认真摸底排查，制订工作方案，拿出有力措施，确保3年内完成文盲群体扫盲和扫盲后继续教育。

四 培训体系建设

（一）构建高效培训网络。探索人力资源产业园、公共实训基地建设，整合各类培训资源。盘活省内现有培训资源，充分发挥贵州省现有60多家技工院校、190多家职业院校、280多家民办培训机构和50多家农广校的阵地作用。通过引进一批省外优质培训机构，弥补贵州省培训资源不足，促进培训机构不断提升培训质量，形成良性竞争的态势。按照"条件公开、平等竞争、合理布局、扶优扶强"的原则，公开招标或竞争性遴选一批社会信誉度高、教学质量好、培训后就业率高的培训机构承担培训任务。

（二）加强培训机构管理。各级培训教育主管部门要安排各培训机构主动承接培训任务，对培训机构的培训师资、培训人数、培训质量、就业率进行动态管理，并将相关情况作为机构年检和年度绩效目标考核的重要依据。充分调动各类培训机构专兼职教师、企业技能人才、科研院所、农业技术专家等师资力量，主动承担培训任务，对授课教师、专家和组织管理等人员可从培训补贴中给予合理劳动报酬。

（三）合理分配培训任务。由省制定总体培训目标，各级进行层层分解。各市（州）要将各自的培训目标分解到各县（市、区、特区），认真制定贫困劳动力培训项目计划和资金预算。各县（市、区、特区）根据本辖区贫困人口的培训就业需求，制定实施细则，明确责任部门、责任人、培训人数、培训内容、培训天数、资金预算、就业输出渠道等内容。

（四）形式多样开展培训。培训机构通过在学校集中办班或通过派教师、送设备、送教材在各乡镇的中小学教室、村支两委会议室、乡镇空闲办公场地办班培训；也可将贫困劳动力输送到企业，通过"校企合作""师带徒"等方式灵活开展培训。各地要根据实际需要规范课程设置，培训内容分为基本素质培训和专业技能培训，基本素质培训以提高思想认识为主要内容，对学员全面灌输"扶贫扶志"教育；专业技能培训以学习实用技能为主，强化技能实操培训，切实保证培训的针对性、实用性和有效性。

五　就业服务

（一）拓宽劳务输出门路。加强与重点地区的沟通对接，以北京、对口帮扶城市和长三角、珠三角等经济发达地区为重点，开展劳务协作，拓宽劳务输出渠道，促进贫困劳动力实现转移就业。依托公益性劳务输出公司，以中铁、中建等建筑央企为重点，加强政企劳务协作，建立长期稳定大规模的有组织输出渠道，促进贫困劳动力转移和稳定就业。

（二）促进就地就近就业。加强与各类产业、工业园区对接，收集整理适合贫困劳动力的就业岗位；围绕当地特色种养殖、农产品深加工、休闲农业、农村电商、乡村旅游等产业发展，开发挖掘就业岗位；鼓励引导农民专业合作社、种养大户、家庭农场等各类生产经营主体，吸纳贫困劳动力就业。支持有条件的贫困劳动力自主创业。按照"总量控制、适度开发"原则开发公益性岗位，优先安置符合条件的深度贫困地区贫困劳动力就业。购买岗位吸纳贫困劳动力就业,企业吸纳贫困劳动力签订劳动合同一年以上并缴纳社会保险的,给予企业一次性就业补助。

(三)不断加强就业服务。各地要充分做好深度贫困地区各项要素的调查论证,针对不同家庭、不同劳动力的需求,制订专项就业帮扶计划,做到"一户一策、一人一策"。开展形式多样的公共就业服务活动,搭建企业与贫困劳动力的用工平台。要多渠道收集岗位信息,确保岗位储备数量大于本地贫困劳动力数量。加强跟踪服务,及时了解贫困劳动力就失业状况,对就业的继续做好跟踪服务,促进稳定就业;对未就业的,每年向每位贫困劳动力至少推荐3个以上就业岗位。

六 保障措施

(一)加强组织领导。各市(州)、县(市、区、特区)人民政府要成立贫困劳动力全员培训促进就业领导小组,由主要领导任组长,分管领导任副组长兼办公室主任,财政、人社、扶贫、教育、农业、民政、商务、文化、移民、旅游、工会、团委、妇联、残联等部门作为成员单位,切实加强组织领导,按照"任务统一安排,工作统一部署,资金统一使用,目标统一考核"要求,统筹好各部门职责,制定切实可行的实施方案,确保工作落到实处,取得实效。

(二)加大资金投入。整合人社、扶贫、教育、农业、民政、商务、文化、移民、旅游、妇联、残联、工会等部门用于贫困劳动力培训的资金。其中,省人力资源社会保障厅每年安排不低于1亿元,省扶贫办每年从中央及地方财政专项扶贫资金中安排不低于4亿元,其他部门也要积极安排资金,用于贫困劳动力全员培训工作。市级财政匹配资金不低于省级培训资金的10%,县级财政匹配资金不低于省级培训资金的10%。每年筹集的贫困劳动力规范化技能培训资金,由省级财政会同各相关部门按照部门预算管理规定分别下达到各县级财政,由县级财政将各级各部门资金进行整合、集中管理,由县级培训工作领导小组统筹使用,并根据实际需要细化分解培训任务和培训资金,以县、乡(镇)、村为单位精心组织开展培训,提高培训质量和效益。

(三)统一补贴标准。全省各级各部门执行统一的补贴标准,每天培训课时不低于6课时,每课时45分钟,培训期间统一安排学员食宿。一般技能培训补贴按每人每天100元执行;护工家政培训补贴按每人每天110元执行。一般创业培训补贴按每人每天120元执行,网络创业培训补贴按每人每天200元执行。初级职业资格证书技能鉴定补贴每人200元;专项能力证书技能鉴定补贴每人100元。农村贫困劳动力参加培训每人每天的生活补助费40元。

(四)强化资金监管。各地要按照"谁组织、谁监管、谁负责"的原则,强化培训质量和资金监管。各级纪委、财政、审计等部门要加强资金检查,保证培训的合规性、有效性和资金安全。建立培训和就业的挂钩机制,制定培训质量考核细则,对培训后实现就业的按100%拨付培训补贴,未实现的按70%拨付培训补贴,生活补助根据贫困劳动力参加培训的到课率据实发放。各地在确保资金安全的前提下,可向培训机构预拨30%的培训补贴用于启动培训工作,培训结束后据实结算。

(五)严格目标考核。要建立目标责任制度,将资金筹集、培训人数、培训阵地建设和就业人数任务细化分解,层层签订目标责任书,列入各级政府专项考核,对完成情况进行综合排名,对工作不力的进行约谈和问责。各县(市、区、特区)要建立培训实名制数据库。建立深度贫困地区全员培训促进就业脱贫周调度、月调度制度,及时掌握贫困劳动力就业创业情况。省培训工作领导小组要加强对各地培训就业脱贫工作推进情况的督查,培训结束后,采取第三方评估等方式,对各市(州)、县(市、区、特区)目标完成情况进行考核。

贵州省人民政府关于做好当前和今后一个时期促进就业工作的实施意见

黔府发〔2018〕34号

各市、自治州人民政府,贵安新区管委会,各县(市、区、特区)人民政府,省政府各部门、各直属机构:

为贯彻落实《国务院关于做好当前和今后一个时期促进就业工作的若干意见》（国发〔2018〕39号）文件精神，进一步做好我省当前和今后一个时期促进就业工作，提出如下实施意见。

一 支持企业稳定发展

（一）发展实体经济，稳住就业基本盘。坚持稳中求进工作总基调，盯紧国民经济和社会发展主要指标，加强经济运行调度，强化重点地区、重点行业、重点企业跟踪分析，努力化解市场、价格等各种因素影响。全力实施大扶贫、大数据、大生态三大战略行动，大力发展数字经济、旅游经济、绿色经济和县域经济，增强经济发展吸纳就业的能力，确保城镇新增就业、城镇登记失业率和调查失业率保持稳定。〔省发展改革委、省工业和信息化厅、省财政厅、省人力资源社会保障厅、省商务厅、省大数据局、省地方金融监管局、省统计局、人行贵阳中心支行、国家统计局贵州调查总队、各市（州）人民政府、贵安新区管委会、各县（市、区、特区）人民政府。列第一位者为牵头部门，下同〕

（二）加大稳岗支持力度。经失业保险参保地人力资源社会保障部门核定不裁员或少裁员（上年度裁员率低于当地上年度城镇登记失业率）的参保企业可到失业保险经办机构申领其上年度实际缴纳失业保险费50%的稳岗补贴返还。职工人数在30人以下的参保小微企业，若上年度裁员不超过1人的，视同符合少裁员条件，可以申领稳岗补贴，稳岗补贴所需资金由失业保险基金列支。2019年1月1日至12月31日，对面临暂时性生产经营困难且恢复有望、坚持不裁员或少裁员的参保企业，稳岗补贴返还标准可按6个月的当地月人均失业保险金和参保职工人数确定，或按6个月的企业及其职工应缴纳社会保险费50%的标准确定。面临暂时性生产经营困难且恢复有望、坚持不裁员或少裁员的参保企业标准，由人力资源社会保障、财政、工业和信息化、国资、发展改革、商务、海关、工商联等部门另行制定。上述部门应建立联席会议制度，按照标准审核企业资格，返还所需资金由失业保险基金列支。〔省人力资源社会保障厅、省发展改革委、省工业和信息化厅、省财政厅、省商务厅、省国资委、贵阳海关、省工

商联、各市（州）人民政府、贵安新区管委会、各县（市、区、特区）人民政府〕

二　促进高质量就业

（三）培育壮大新动能，创造就业岗位。实施贵州省"十三五"工业发展规划和"十三五"新兴产业发展规划，促进基础能源、现代化工、优质烟酒等传统产业改造升级，带动工业企业扩大用工需求，增强吸纳就业能力。积极推动大数据、大健康、现代山地高效农业、文化旅游、新型建筑建材五大新兴产业骨干企业发展壮大，创造新就业岗位。加快发展现代服务业，开发更多服务型就业岗位。大力发展人工智能、前沿新材料、健康医药等人才密集型产业。积极发展数字经济、平台经济、众包经济、共享经济等新业态新模式，释放新动能带动就业效应。〔省工业和信息化厅、省发展改革委、省科技厅、省财政厅、省人力资源社会保障厅、省住房城乡建设厅、省农业农村厅、省文化和旅游厅、省大数据局、各市（州）人民政府、贵安新区管委会、各县（市、区、特区）人民政府〕

（四）完善城市服务功能，增强吸纳就业能力。推进交通畅通、水环境治理、供水安全、城乡洁净、管网建设、景观提升、配套服务等城市服务工程建设，创造就业岗位。加快发展研究设计、电子商务、文化创意、全域旅游、健康养老、家政服务、人力资源服务、服务外包等现代服务业，培育一批领军企业，开发更多生活性服务业就业岗位。合理引导产业梯度转移，推进城镇基本公共服务常住人口全覆盖，积极创建特色小镇，不断增强城镇聚集产业、吸纳就业能力。〔省发展改革委、省工业和信息化厅、省民政厅、省财政厅、省住房城乡建设厅、省交通运输厅、省商务厅、省文化和旅游厅、省卫生健康委、各市（州）人民政府、贵安新区管委会、各县（市、区、特区）人民政府〕

（五）支持乡村振兴，扩宽农村就业渠道。支持发展农产品加工、休闲农业和乡村旅游、电子商务、传统民俗民族工艺和编织、乡村特色制造等特色产业，促进就业创业。鼓励支持各类市场主体创新发展基于互联网的新型农业产业模式，加快培育专业大户、家庭农场、农民合作社、农业企业等新型企业经营主体，扩大新型职业农民就业规模。引导银行业金融机构单列涉农信贷计划，确保信贷资源向"三农"、小微企业倾斜，催生更多就业岗位。鼓励银行金融机构立足本土、结合实际，探索农村财产抵（质）押方式，扩大农村担保物范围。[省农业农村厅、省发展改革委、省科技厅、省自然资源厅、省商务厅、贵州银保监局、各市（州）人民政府、贵安新区管委会、各县（市、区、特区）人民政府]

（六）实行失业登记常住地服务，创新公共服务供给方式。失业人员可在常住地公共就业服务机构办理失业登记，申请享受当地就业创业服务、就业扶持政策、重点群体创业就业税收优惠政策。其中：大龄、残疾、低保家庭等劳动者可在常住地申请认定为就业困难人员，享受就业援助。落实政府购买基本公共就业创业服务制度，充分运用就业创业服务补贴政策购买社会服务，为劳动者提供职业指导、创业指导、信息咨询等专业化服务。加大对基本公共就业服务薄弱地区扶持力度，重点支持易地扶贫搬迁安置点、14个深度贫困县、贫困发生率较高的罗甸县及锦屏县、20个极贫乡镇和2760个深度贫困村通过购买服务，充实公共就业服务工作力量，提高服务水平。[省人力资源社会保障厅、省发展改革委、省财政厅、各市（州）人民政府、贵安新区管委会、各县（市、区、特区）人民政府]

三　鼓励创业创新

（七）鼓励政府性融资担保机构支持小微企业。充分发挥国家融资担保基金作用，引导更多金融资源支持创业就业。引导金融机构进一步优化贷款管理流程，创新金融产品和服务方式，为创业群体提供优质金融服务。各地政府性融资担保基金应优先为符合条件的小微企业提供低费率的担保支持，提高小微企业贷款可获得性。[省财政厅、省工业和信息化厅、省人力资源社会保障厅、省市场监管局、人行贵阳中心支行、贵州银保监局、各市（州）人民政府、贵安新区管委会、各县（市、区、特区）人民政府]

（八）支持创业载体建设。鼓励各地加快建设重点群体创业孵化载体，为创业者提供低成本场地支持、指导服务和政策扶持。落实

"3个15万元"扶持微型企业发展政策,依托产业园区和小城镇建设,推进创业园(孵化基地)和产业园建设,创造就业岗位。持续推进创业孵化基地、众创空间等"双创"孵化载体建设,鼓励高新区、经开区、各级工业园区建立"双创"孵化载体,鼓励县域围绕电商、民族特色手工艺品等特色产品建设孵化载体。根据入驻实体数量、带动就业成效、提供的创业服务、开展的创业活动等,对创业孵化基地给予一定奖补:对促进创业带动就业成效明显的各类创业孵化基地(园区),认定为省级创业孵化示范基地的,从省级就业补助资金中给予一次性补助50万元。认定为省级农民工创业示范园的,从省级就业补助资金中给予一次性补助50万元。认定为省级农民工创业示范点的,从省级就业补助资金中给予一次性补助5万元。各地可参照制定本级示范基地(园、点)补助标准和补助资金使用范围。对确有需要的创业企业,可适当再延长不超过2年的孵化期。〔省发展改革委、省科技厅、省工业和信息化厅、省财政厅、省人力资源社会保障厅、省住房城乡建设厅、省市场监管局、贵州银保监局、人行贵阳中心支行、各市(州)人民政府、贵安新区管委会、各县(市、区、特区)人民政府〕

(九)提高自主创业补贴及创业场所租赁补贴标准。对首次创办小微企业或从事个体经营,且所创办企业或个体工商户自工商登记注册之日起正常运营1年以上并带动就业的离校2年内高校毕业生、就业困难人员、农民工、复员退伍军人,按规定给予5000元一次性创业补贴。租用符合规划、安全和环保要求的经营场地创业,并且未享受场地租赁费用减免的,给予每月500元场地租赁补贴,对实际月租金低于500元的,据实补贴,补贴期限最长不超过3年。支持稳定就业压力较大的地区为失业人员自主创业免费提供经营场地。〔省人力资源社会保障厅、省财政厅、人行贵阳中心支行、各市(州)人民政府、贵安新区管委会、各县(市、区、特区)人民政府〕

(十)加大创业担保贷款贴息及奖补政策支持力度。符合创业担保贷款申请条件的人员自主创业的,可申请最高不超过15万元的创业担保贷款。小微企业当年新招用符合创业担保贷款申请条件的人员数量达到企业现有在职职工人数25%（超过100人的企业达到15%）并与其签订1年以上劳动合同的，可申请最高不超过300万元的创业担保贷款，各地可因地制宜适当放宽创业担保贷款申请条件，由此产生的贴息资金由地方财政承担。按各地当年新发放创业担保贷款总额的一定比例，奖励创业担保贷款基金运营管理机构等单位，引导其进一步提高服务创业就业的积极性。〔省财政厅、省人力资源社会保障厅、人行贵阳中心支行、贵州银保监局、各市（州）人民政府、贵安新区管委会、各县（市、区、特区）人民政府〕

四 提升劳动者素质

（十一）实施农民全员培训计划。持续推进"春潮行动"农民工职业技能提升计划，针对农村转移就业劳动者、下岗失业人员，围绕建筑业、服务业、旅游业、民族手工业用工需求大的产业，大力开展就业技能培训、岗位技能提升培训和创业培训。每年元旦、春节前后有针对性地集中组织返乡农民工参加各类培训活动。针对现代服务业的用工需求重点开展家政、护工等紧缺劳务人员培训。加强高技能人才培训基地和技能大师工作室建设，发挥技能大师带徒传技、技能推广、带动就业的作用。聚焦深度贫困地区和特殊贫困群体，全面精准抓好对农民的全员培训、规定培训、精准培训、建档培训、持续培训，大力开展感恩教育，教授"五步工作法""八要素"、实用技术等，不断提升劳动者素质和技能水平。充分挖掘农业内部就业潜力，深入推进农村产业革命，大力培育农业企业、农民专业合作社等，为农民就地就近就业提供更多机会。结合农业园区、农业企业、农民专业合作社自主用工和岗位需求，支持企业自主开展技能型农民培训，加快构建一支有文化、懂技术、会管理的新型职业农民队伍。〔省人力资源社会保障厅、省民政厅、省财政厅、省住房城乡建设厅、省农业农村厅、省商务厅、省文化和旅游厅、省总工会、省妇联、各市（州）人民政府、贵安新区管委会、各县（市、区、特区）人民政府〕

（十二）支持困难企业开展职工在岗培训。强化企业主体责任，大力开展岗前培训、职工岗位技能培训和新技术新技能培训，推动企业对在岗技术工种职工每年组织一次岗位技能提升培训。2019年1月1日至12月31日，困难企业组织开展职工在岗培训，所需经费按规定从企业职工教育经费中列支，不足部分经所在地人力资源社会保障部门审核评估合格后，可由就业补助资金予以适当支持。〔省人力资源社会保障厅、省工业和信息化厅、省财政厅、省国资委、各市（州）人民政府、贵安新区管委会、各县（市、区、特区）人民政府〕

（十三）开展失业人员培训。支持各类职业院校（含技工院校）、普通高等学校、职业培训机构和符合条件的企业承担失业人员职业技能培训或创业培训。对培训合格的失业人员给予职业培训补贴，补贴标准根据培训成本、培训时长、市场需求和取得相关证书情况等确定。2019年1月1日至2020年12月31日，对其中就业困难人员和零就业家庭成员在培训期间再给予每人每天40元的生活费补贴，所需资金从就业补助资金列支。生活费补贴政策每人每年只能享受一次，且不可同时领取失业保险金。〔省人力资源社会保障厅、省教育厅、省财政厅、各市（州）人民政府、贵安新区管委会、各县（市、区、特区）人民政府〕

（十四）放宽技术技能提升补贴申领条件。2019年1月1日至2020年12月31日，将技术技能提升补贴申领条件由企业在职职工参加失业保险3年以上放宽至参保1年以上。参保职工取得职业资格证书或职业技能等级证书的，可在参保地申请技术技能提升补贴，所需资金由失业保险基金列支。〔省人力资源社会保障厅、省财政厅、各市（州）人民政府、贵安新区管委会、各县（市、区、特区）人民政府〕

五　突出抓好重点群体就业

（十五）构建长效机制，支持引导返乡农民工创业就业。将农民工创业就业与新农村建设、小城镇发展、县域经济和现代高效农业发展结合起来，提高农民工收入水平，加快农村同步小康进程。整合社会资源，创新培训机制，加大培训力度，以产业发展和劳动力市场的需求为导向，积极开展多种培训，不断提升返乡农民工创业就业能力。支持就业创业"双百工程"建设,鼓励返乡农民工在创业孵化基地和农民工创业园中创办企业(农民合作社)。按规定对农民工返乡创业就业给予相关税费手续费减免。农民工返乡创办企业,吸纳失业人员、安置残疾人的,按照国家规定享受税收优惠政策。鼓励各银行业金融机构创新针对返乡农民工创业就业、农村青年创业的信贷产品。引导银行业金融机构与省农业信贷担保公司合作,充分发挥政策性担保分险增信作用,建立政府、银行、融资担保机构共同参与、合理分担风险的可持续模式,支持农民工创业就业发展。健全覆盖城乡的公共创业就业服务体系,加强基层公共创业就业服务平台建设,健全服务网络,完善服务功能,建立农民工综合服务中心,为农民工返乡创业就业提供亲民、便民、贴心的服务。[省人力资源社会保障厅、省发展改革委、省农业农村厅、团省委、省税务局、贵州银保监局、各市(州)人民政府、贵安新区管委会、各县(市、区、特区)人民政府]

(十六)提高劳务组织化程度,促进贫困劳动力就业。依托东西部对口扶贫协作机制,加强与对口帮扶城市人力资源社会保障部门联系沟通,通过签订劳务协议、召开专场招聘会等方式,建立长期稳定的合作关系。充分发挥我省各级各部门驻外工作站、劳务协作工作站(点)、驻外就业创业服务中心的作用,切实加强与域外企业联系,收集企业用工信息,搭建供需平台,引导我省劳动力有组织跨省输出就业。依托各地产业发展,精准实现岗位需求与劳动力资源有效匹配。理顺扶贫车间、基地建设职能归口,人力资源社会保障部门要对车间、基地做好后续的招工、培训等服务工作,引导和鼓励企业吸纳劳动者在家门口实现就业,不断扩大就地就近就业规模。对企业吸纳建档立卡贫困劳动力就业和对输出就业的建档立卡贫困劳动力开展跟踪服务的人力资源服务机构等,符合条件的,可给予每人500元的企业吸纳建档立卡贫困劳动力一次性补贴和每人400元的跟踪服务一次性补贴。对贫困劳动力通过有组织劳务输出到户籍所在县以外省内就业的,给予每人500元一次性求职创业补贴;输出到户籍所在省以外就业的,给予每人1000元一次性求职创业补贴。[省人力资源社会保障

厅、省就业工作联席会议各成员单位、各市（州）人民政府、贵安新区管委会、各县（市、区、特区）人民政府］

（十七）推行用工调剂，稳妥分流安置职工。鼓励行业协会、社区基层就业服务平台、人力资源中介机构等社会组织搭建平台，开展用工峰谷及余缺调剂，引导鼓励相近行业企业吸纳因市场因素造成失业的职工。鼓励各地政府指导、督促所监管企事业单位开发、调配一批就业岗位，优先吸纳返乡农民工、残疾人、失业人员等群体。［省人力资源社会保障厅、省财政厅、省工商联、各市（州）人民政府、贵安新区管委会、各县（市、区、特区）人民政府］

（十八）扩大见习补贴范围。从2019年1月1日起，将就业见习补贴范围由离校未就业高校毕业生扩展至16—24岁失业青年；组织失业青年参加3—12个月的就业见习，按规定给予就业见习补贴，对见习期满留用率达到50%以上的见习单位，适当提高补贴标准，按最低工资标准的80%进行补贴。［省人力资源社会保障厅、省财政厅、各市（州）人民政府、贵安新区管委会、各县（市、区、特区）人民政府］

（十九）保障困难群众基本生活。对符合条件的失业人员，由失业保险基金发放失业保险金，其个人应缴纳的基本医疗保险费从失业保险基金中列支。对符合条件的生活困难下岗失业人员，给予临时生活补助，补助标准根据家庭困难程度、地区消费水平等综合确定。对易地扶贫搬迁劳动力和建档立卡贫困劳动力中的大龄、残疾等就业困难人员实现就业的，在2021年12月（含12月）前，按规定给予400元/人/月的就业扶贫援助补贴，所需资金从就业补助资金支出。对符合最低生活保障条件的家庭，及时纳入最低生活保障范围。对符合临时救助条件的，给予临时救助，通过综合施策，帮助困难群众解困脱困。［省人力资源社会保障厅、省教育厅、省民政厅、省财政厅、省扶贫办、省生态移民局、省总工会、团省委、省残联、省税务局、各市（州）人民政府、贵安新区管委会、各县（市、区、特区）人民政府］

六 强化工作责任加强就业保障

（二十）强化政府促进就业责任。各级人民政府要积极履行促进就业工作的主体责任，建立由政府负责人牵头、相关部门共同参与的工作机制，出台失业分级预警、分层响应、分类施策相关措施，因地制宜，多措并举，统筹做好本地区促进就业工作。要抓紧研究制定本地实施细则，不折不扣、创造性地落实国家和省的政策，避免简单转发、照搬照抄，确保市（州）级实施细则于本实施意见印发之日起30日内出台。要根据企业的困难原因、发展前景、对就业影响程度等因素，合理确定享受政策的困难企业范围，突出重点帮扶对象，合理确定补贴等标准，确保各项政策尽快落地。[各市（州）人民政府、贵安新区管委会、各县（市、区、特区）人民政府]

（二十一）加强部门协作，形成工作合力。各地要强化部门协同配合，凝聚各方共识，形成工作合力。财政部门要加大资金支持力度，保障促进就业政策落实。发展改革、财政、人行等部门要着眼于经济运行状况和就业走势，加大政策预调微调，提高宏观调控的前瞻性和预见性。商务、海关等部门要着眼于稳外贸、降成本，出台有针对性的措施，引导鼓励企业积极开拓多元化的外贸市场。其他有关部门及人民团体、社会组织要立足职能履行责任，积极出台促进就业创业的政策措施或开展有利于促进就业的专项活动，共同做好促进就业工作。[各有关部门和单位、各市（州）人民政府、贵安新区管委会、各县（市、区、特区）人民政府]

（二十二）切实抓好政策服务。各地各有关部门要做好政策推介，依托网站、移动客户端、政府办事大厅等线上线下平台，及时向社会公布政策清单、申办流程、补贴标准、服务机构及联系方式、监督投诉电话。对重点企业、困难群众，要入企入户开展点对点宣讲，精准推送政策。要加强政策培训，特别是基层经办人员要开展政策集中学习、专题研讨，学深悟透文件精神，准确掌握政策内容、经办流程等，确保政策尽快落地，对有明确时间要求的政策要于2019年1月1日起全面兑现。对申请享受就业创业扶持政策和就业创业服务的困难企业、下岗失业人员，要实行实名制管理，由人力资源社会保障部门按要求通过实名制系统逐级上报,各地要严把实名制数据质量关,密切跟踪困难企业、下岗失业人员享受政策服务信息,做好数据动态更新、跟踪服务工作。〔省人力资源社会保障厅、各有关部门和单位、各市(州)人民政府、贵安新区管委会、各县(市、区、特区)人民政府〕

(二十三)指导企业等各方履行社会责任。要引导困难企业更加注重运用市场机制、经济手段,通过转型转产、培训转岗、支持"双创"等,多渠道分流安置职工,依法处理劳动关系。引导职工关心企业生存与发展,困难企业与职工协商一致的,可采取协商薪酬、调整工时、轮岗轮休、在岗培训等措施,保留就业岗位、稳定劳动关系。引导劳动者树立正确就业观,主动提升就业能力,通过自身努力实现就业创业。广泛调动社会各界积极性,形成稳定扩大就业的合力。〔各有关部门和单位、各市(州)人民政府、贵安新区管委会、各县(市、区、特区)人民政府〕

落实国家从工业企业结构调整专项奖补资金中安排部分资金,由地方统筹纳入就业补助资金管理的相关政策,做好当前稳就业工作。各地要对现有补贴项目进行梳理,在保持政策连续性、稳定性的基础上,对补贴项目、补贴方式进行归并简化、提高资金使用效益。各地实施细则的制定出台情况、贯彻落实本实施意见的有关情况及发现的重要问题,要及时报送省人力资源社会保障厅。

贵州省人民政府办公厅关于进一步加强易地扶贫搬迁群众就业增收工作的指导意见

黔府办发〔2020〕11号

各市、自治州人民政府,各县(市、区、特区)人民政府,省政府各部门、各直属机构:

为深入贯彻习近平新时代中国特色社会主义思想,精准落实党中央、国务院关于做好易地扶贫搬迁后续扶持工作的重要部署,根据国家发展改革委、国务院扶贫办等部门工作要求，现就促进易地扶贫搬迁群众就业增收工作提出如下指导意见。

一 巩固劳务输出成果，保障外出务工搬迁群众基本权益

（一）强化劳务输出组织化程度。依托现有人力资源服务机构，通过政府购买服务等方式强化劳务输出组织化程度，优先为搬迁群众提供岗位推荐、开展培训、组织外出务工、权益维护保障等服务。（责任单位：县级人民政府，省人力资源社会保障厅、省生态移民局等部门。以下均需县级人民政府落实，不再列出）

（二）强化跟踪服务和权益保障。对搬迁群众外出务工情况按月进行跟踪，明确帮扶责任人，并将就业信息及时录入贵州省劳动力培训就业信息系统。畅通司法、仲裁、维权渠道，切实维护外出务工搬迁群众合法权益。在新冠肺炎疫情等特殊时期可通过政府购买服务或者补贴部分包车费用、用工集中地区和企业组织专车等方式为搬迁群众返程复工提供"点对点"服务。（责任单位：省人力资源社会保障厅、省司法厅、省卫生健康委、省交通运输厅、省生态移民局等部门）

二 拓宽就业渠道，确保有劳动力搬迁家庭"一户一人"以上稳定就业

（三）制订就业增收帮扶计划。以安置区为单元制定搬迁群众就业增收帮扶计划，做到"一户一策、一人一策"，落实就业帮扶措施和责任。（责任单位：省人力资源社会保障厅、省扶贫办、省生态移民局等部门）

（四）用好资源增加就业。充分挖掘城镇产业园区、工业园区、扶贫基地、安置点商业门面等现有就业岗位资源，做好就业组织引导和服务工作。（责任单位：省人力资源社会保障厅、省扶贫办、省生态移民局等部门）

（五）落实产业扩大就业。结合城镇化进程和乡村振兴战略实施，因地制宜发展产业，推动安置区配套产业项目尽快落地，以产业发展带动就业增收。（责任单位：省农业农村厅、省扶贫办、省文化旅游厅、省林业局、省人力资源社会保障厅、省生态移民局等部门）

（六）引进企业促进就业。充分利用东西部扶贫协作、对口支援等政策，重点引进适合搬迁群众特点的劳动密集型、弹性工作制企业，把吸纳就业能力作为发展配套产业的重要因素。（责任单位：省投资促进局、省扶贫办、省商务厅、省工业和信息化厅、省农业农村厅、省文化旅游厅、省生态移民局等部门）

（七）加强就业扶贫载体建设促进就地就近就业。结合搬迁群众特点，在安置区或安置区周边兴建一批扶贫车间、扶贫基地、小微企业促进就近就业，积极扶持已建扶贫车间和基地，要将扶贫车间和基地带贫成效与政策支持挂钩，建立正向激励机制。（责任单位：省人力资源社会保障厅、省扶贫办、省市场监管局、省财政厅、省生态移民局等部门）

（八）鼓励创业带动就业。鼓励和支持搬迁群众在城镇创业，符合条件的给予预留安置区场地、场地租赁、用水用电等创业扶持。不断激发内生动力，强化主体意识，通过勤劳奋斗实现光荣脱贫。（责任单位：省人力资源社会保障厅、省扶贫办、省财政厅、省生态移民局等部门）

（九）鼓励开发公益性岗位。按照"总量控制、适度开发"的原则，鼓励各地根据实际开发和挖掘公益性岗位，优先用于城镇安置区建档立卡搬迁群众中的就业困难人员。原则上每年新增或调剂公益性岗位不低于30%用于搬迁群众就业。各地就业扶贫援助补贴指标要重点解决建档立卡贫困劳动力和易地扶贫搬迁劳动力的就业困难人员。（责任单位：省人力资源社会保障厅、省民政厅、省扶贫办、省生态移民局、省财政厅等部门）

（十）落实兜底保障政策。对搬迁群众中的特殊困难群体，符合政策规定的要及时纳入兜底保障范围，确保"应保尽保"，不漏一户、不掉一人。（责任单位：省民政厅、省人力资源社会保障厅、省医保局、省扶贫办、省生态移民局等部门）

三　强化就业增收政策扶持，促进搬迁群众稳定就业增收

（十一）外出务工和就近就业扶持政策。（1）给予市场主体一次性跟踪服务补贴。对人力资源服务机构、劳务公司、劳务合作社、劳务经纪人等市场主体针对搬迁劳动力开展职业指导、专场招聘会等就业服务活动，实现有组织劳务输出，输出的易地扶贫搬迁劳动力稳定就业6个月以上，且提供1年跟踪服务的，按规定给予市场主体500元每人的一次性跟踪服务补贴。鼓励有条件的地方采取多种方式对劳务输出贡献大的劳务输出机构给予奖励。（2）给予搬迁群众一次性求职创业补贴。对搬迁劳动力通过有组织输出到户籍所在县外省内新就业的，给予500元每人的一次性求职创业补贴；输出到户籍所在省以外新就业的，给予每人1000元的一次性求职创业补贴。政策实施期限截至2021年12月31日。（3）给予就业扶贫援助补贴。搬迁劳动力中的就业困难人员通过巡防巡护岗位、邻里互助类岗位、一线公共服务类岗位、协助管理类岗位，以及通过各类农民专业合作社（种养大户、家庭农场）、就业扶贫车间、就业扶贫示范基地及各类园区企业实现就业或从事刺绣、来料加工等居家就业且收入较低的，可按规定申请就业扶贫援助补贴，补贴标准为每人每月400元，补贴截止时间2021年12月31日。（责任单位：省人力资源社会保障厅、省扶贫办、省财政厅、省生态移民局等部门）

（十二）培训扶持政策。（1）给予一般技能培训补贴。全省各级各部门执行统一的补贴标准，一般技能培训补贴按每人每天100元执行；急需、紧缺工种培训补贴标准可适当提高。（2）给予培训生活补助。搬迁劳动力每人每天的培训生活补助费40元，建档立卡搬迁群众参加培训的生活补贴由扶贫资金列支，同步搬迁群众参加培训的生活补贴从就业补助资金中列支。（3）给予职业技能鉴定补贴。对通过初次职业技能鉴定并取得职业资格证书或职业技能等级证书（不含培训合格证）或专项能力证书的，按照我省职业技能鉴定收费标准给予搬迁劳动力职业技能鉴定补贴。（4）给予职业培训补贴。对各类生产经营主体吸纳搬迁劳动力就业并开展以工代训的，根据吸纳人数，按照原则上不超过每人每月500元给予生产经营主体最长不超过6个月的职业培训补贴，政策实施期限截至2021年12月31日。（责任单位：省人力资源社会保障厅、省扶贫办、省财政厅、省教育厅、省农业农村厅、省商务厅、省文化旅游厅、省生态移民局、省总工会、团

省委、省妇联、省残联等部门）

（十三）给予市场经营主体奖励优惠政策。（1）给予吸纳就业一次性补贴。对各类生产经营主体，每吸纳1名搬迁劳动力稳定就业3个月以上，签订1年以上劳动合同，并缴纳社会保险费的，按规定给予每人500元的吸纳就业一次性补贴，政策实施期限截至2021年12月31日。（2）给予社会保险补贴政策。鼓励企业吸纳搬迁群众中"4050"人员和贫困人员就业，对符合条件的可按规定享受社会保险补贴。对企业吸纳搬迁劳动力就业的，参照就业困难人员落实社会保险补贴。对受疫情等特殊时期影响面临暂时性生产经营困难，确实无力足额缴纳社会保险费的吸收搬迁群众就业的中小企业，可按规定申请缓缴企业基本养老保险、失业保险和工伤保险费，职工可按规定依法享受社会保险待遇。（3）给予资金奖补。省级每年认定一批吸纳搬迁劳动力就业数量多、成效好的就业扶贫基地和扶贫车间，按规定给予每个先进就业扶贫基地3万元、每个先进就业扶贫车间1万元的一次性资金奖补。（4）鼓励县级人民政府结合实际出台优惠政策。对本县搬迁群众在就业扶贫车间工作满6个月的，可给予搬迁群众一定的一次性就业奖励，每人每年仅能享受一次；自然年内就业扶贫车间吸纳搬迁群众稳定就业6个月及以上的，按吸纳就业人数给予扶贫车间稳岗就业奖励，具体标准和实施办法由县级人民政府根据情况制定。（责任单位：省人力资源社会保障厅、省扶贫办、省财政厅、省生态移民局等部门）

（十四）创业扶持政策。（1）给予搬迁群众创业担保贷款政策。对搬迁劳动力创办企业的，符合创业担保贷款申请条件的个人，可申请最高不超过15万元的创业担保贷款。对个人发放的创业担保贷款期限最长不超过3年，财政部门给予3年的全额贴息。对已发放的个人创业担保贷款，借款人如患新冠肺炎的，可向贷款银行申请展期还款，展期期限原则上不超过1年，财政部门继续给予贴息支持。（2）给予搬迁群众创业补贴政策。对符合条件的搬迁群众首次创办小微企业或从事个体经营，正常运营6个月以上，按规定给予一次性5000元创业补贴。（3）给予搬迁群众场地租赁政策。对符合条件的搬迁群众创办小微企业或从事个体经营，租用符合规划、安全和环保要求的经营场地创业，并且未享受场地租赁费用减免的，给予每月500元场地租赁补贴，对实际月租金低于500元的据实补贴，补贴期限最长不超过3年。（4）给予企业水、电优惠政策。县级人民政府对吸纳搬迁群众10人及以上、实现6个月及以上稳定就业的企业或市场主体，按照相关政策规定，鼓励供水、供电部门在用水、用电等方面给予支持。（5）给予企业场所租赁、物业管理优惠政策。县级人民政府对使用易地扶贫搬迁安置区商业门面、停车场等固定场所并吸纳搬迁群众稳定就业在6个月以上的市场主体，可在场所租赁、物业管理等方面给予优惠政策，具体标准和实施办法由县级人民政府根据情况制定。（6）给予企业吸纳搬迁群众资金奖励政策。鼓励县级人民政府统筹对县域内企业吸纳搬迁群众，稳定就业1年及以上的，可给予企业一次性资金奖励；吸纳搬迁群众就业10人以上的企业，年均税收达到30万元以上（含30万元）的，县级可按相关政策规定加大对企业的奖励补助，具体标准和实施办法由县级人民政府根据情况制定。（责任单位：省人力资源社会保障厅、省财政厅、省水利厅、省生态移民局、人行贵阳中心支行、省电网公司等部门）

（十五）税收优惠政策。建档立卡贫困人口、持《就业创业证》（注明"自主创业税收政策"或"毕业年度内自主创业税收政策"）或《就业失业登记证》（注明"自主创业税收政策"）的搬迁劳动力，从事个体经营，符合享受重点群体创业税收优惠政策条件的，自办理个体工商户登记当月起，在3年（36个月）内按每户每年14400元为限额依次扣减其当年实际应缴纳的增值税、城市维护建设税、教育费附加、地方教育附加和个人所得税。

企业招用建档立卡贫困人口以及在人力资源社会保障部门公共就业服务机构登记失业半年以上且持《就业创业证》或《就业失业登记证》（注明"企业吸纳税收政策"）的搬迁劳动力，与其签订1年以上期限劳动合同并依法缴纳社会保险费，符合享受吸纳重点群体就业税收优惠政策条件的，自签订劳动合同并缴纳社会保险当月起，在3年内按实际招用人数予以定额每人每年7800元依次扣减增值税、城市维护建设税、教育费附加、地方教育附加和企业所得税优惠。

上述政策执行期限为2019年1月1日至2021年12月31日，纳税人在2021年12月31日享受此税收优惠政策未满3年的，可继续享受至3年期满为止。（责任单位：贵州省税务局、省财政厅、省人力资源社会保障厅、省扶贫办、省生态移民局等部门）

（十六）金融扶持政策。鼓励各类金融机构根据自身定位和业务范围创新金融产品，提供便捷金融服务，支持搬迁安置区后续产业发展和搬迁群众生产生活。通过落实降准政策、运用扶贫再贷款等方式，撬动金融机构加大对安置区后续产业的信贷投入。给予吸纳搬迁群众企业或市场主体，以及搬迁群众个人创业融资优惠政策。（责任单位：省地方金融监管局、人行贵阳中心支行等部门，各金融机构）

（十七）财政资金扶持政策。按照"因需而安"的原则，做好财政专项扶贫资金的统筹和精准使用管理。建档立卡搬迁群众迁入城镇后，各县在安排财政专项扶贫资金时，对易地扶贫搬迁城镇安置区建档立卡搬迁群众的后续产业发展要给予支持。

对于跨县区搬迁的建档立卡农户，按照"资金跟着人走"的原则，由市（州）扶贫开发领导小组统筹组织相关县（市、区）做好搬迁建档立卡农户管理工作交接，并以市（州）扶贫开发领导小组正式文件报省扶贫开发领导小组进行搬迁建档立卡农户行政区域变更及相关工作，省级财政专项扶贫资金管理部门依据变更后的贫困人口信息按照"因素法"将资金分配到跨区域迁入地，统筹用于搬迁安置区建档立卡贫困群众的后续产业发展。［责任单位：市（州）人民政府，省扶贫办、省财政厅、省生态移民局等部门］

参考文献

[1] 卢中原:《目前我国经济发展面临的挑战与机遇》,中国改革网,http://www.chinareform.net/index.php?m=content&c=index&a=show&catid=416&id=35332。

[2] 刘玉琴、韩孺眉、戴金辉:《我国地区城镇就业状况的综合比较》,《辽宁大学学报》(自然科学版)2006年第1期。

[3] 李茜:《我国31省市各行业就业情况分析》,《纳税》2018年第12期。

[4] 宋锦、李曦晨:《产业转型与就业结构调整的趋势分析》,《数量经济技术经济研究》2019年第10期。

[5] 陈冲、吴炜聪:《制造业产业升级对就业数量的影响研究——基于西部地区26个子行业的实证检验》,《西北人口》2019年第5期。

[6] 臧旭恒、赵明亮:《垂直专业化分工与劳动力市场就业结构——基于中国工业行业面板数据的分析》,《中国工业经济》2011年第6期。

[7] 都阳:《制造业企业对劳动力市场变化的反应:基于微观数据的观察》,《经济研究》2013年第1期。

[8] 姜乾之、权衡:《劳动力流动与地区经济差距:一个新的分析框架》,《上海经济研究》2015年第9期。

[9] 范剑勇、王立军、沈林洁:《产业集聚与农村劳动力的跨区域流动》,《管理世界》2004年第4期。

[10] 吴昌林、王光栋:《跨区域流动就业:缓解中部地区就业压力的必然选择》,《求实》2007年第5期。

［11］莫旋、唐成千、阳玉香：《城镇化进程中流动人口就业影响因素与就业选择——分层异质视角下多元选择模型的实证分析》，《商业研究》2019 年第 7 期。

［12］李嘉惠：《河北省流动人口收入状况及其影响因素研究》，硕士学位论文，河北大学，2019 年。

［13］于潇、孙悦：《城镇与农村流动人口的收入差异——基于 2015 年全国流动人口动态监测数据的分位数回归分析》，《人口研究》2017 年第 1 期。

［14］罗俊峰、童玉芬：《流动人口工作时间及影响因素研究——基于 2013 年流动人口动态监测数据的经验分析》，《贵州财经大学学报》2016 年第 3 期。

［15］李培林、李炜：《近年来农民工的经济状况和社会态度》，《中国社会科学》2010 年第 1 期。

［16］陈传波、阎竣：《大众创业 难在融资——百名农民工调查》，《银行家》2015 年第 1 期。

［17］王宁：《劳动力迁移率差异性研究：从"推—拉"模型到四因素模型》，《河南社会科学》2017 年第 5 期。

［18］潘丹丹、王子敏：《互联网、技能偏向与劳动力区域流动模式研究》，《人口与社会》2017 年第 4 期。

［19］李实：《农村妇女的就业与收入——基于山西若干样本村的实证分析》，《中国社会科学》2001 年第 3 期。

［20］徐克娟：《试论农村女性的人力资源培训与开发——以临夏地区为例》，《商讯》2019 年第 7 期。

［21］苏群、刘华：《农村女性劳动力流动的实证研究》，《农业经济问题》2003 年第 4 期。

［22］张川川：《子女数量对已婚女性劳动供给和工资的影响》，《人口与经济》2011 年第 5 期。

［23］张琪、张琳：《生育支持对女性职业稳定的影响机制研究》，《北京社会科学》2017 年第 7 期。

［24］罗俊峰、苗迎春：《生育孩子数对女性劳动参与率的影响——基

于 2014 年流动人口动态监测数据》,《调研世界》2018 年第 12 期。

[25] 熊瑞祥、李辉文:《儿童照管、公共服务与农村已婚女性非农就业——来自 CFPS 数据的证据》,《经济学(季刊)》2017 年第 1 期。

[26] 沈可、章元、鄢萍:《中国女性劳动参与率下降的新解释:家庭结构变迁的视角》,《人口研究》2012 年第 5 期。

[27] 潘锦棠:《性别人力资本理论》,《中国人民大学学报》2003 年第 3 期。

[28] 卢萍、代春柳:《日本促进女性就业的经验对我国的借鉴》,《东北亚论坛》2009 年第 4 期。

[29] 王金翠:《高校在促进女大学生就业中的作用分析》,《教育现代化》2018 年第 49 期。

[30] 陈英姿、荣婧:《东北地区女性就业与经济增长研究》,《经济问题》2019 年第 2 期。

[31] 史昭乐:《高等教育大众化进程对欠发达地区社会发展的影响——以贵州省为例》,《贵州社会科学》2007 年第 10 期。

[32] 周彰波:《贵州省高校毕业生就业难原因分析及对策建议》,《湖北函授大学学报》2014 年第 11 期。

[33] 鞠斌杰、夏丹:《当前大学生就业心理问题分析及调适策略研究》,《中国地质教育》2019 年第 4 期。

[34] 桂晓玲、王瑞、李牧:《贵州省大学生就业困难群体的援助策略研究》,《科技资讯》2018 年第 35 期。

[35] 韩红玲、王畅、马斌:《人工智能时代大学生职业素养与就业能力培养探究》,《智库时代》2019 年第 50 期。

[36] 李婉:《大学生就业能力培养组织行为学课程能力培养目标探析——基于组织行为学课程能力培养目标需求调查》,《智库时代》2019 年第 52 期。

[37] 罗洋、黎雯、周善菊:《新常态下推进贵州省地方高校大学生创业教育工作研究》,《中国大学生就业》2016 年第 9 期。

[38] 魏顿:《校企合作背景下大学生创新创业课程建设与实践》,《智库时代》2019 年第 51 期。

[39] 邱佩钰:《高质量就业视域下高校开展职业指导工作新思路》,《长春教育学院学报》2019 年第 10 期。

[40] 胡远华、柯慧飞:《区域吸引新生代农民工就业的影响因素研究——基于浙江省杭州市的实证》,《中国软科学》2013 年第 9 期。

[41] 周闯:《农民工与城镇职工的就业稳定性差异——兼论女性农民工就业稳定性的双重负效应》,《人口与经济》2014 年第 6 期。

[42] 冯虹、汪昕宇、陈雄鹰:《农民工城市就业待遇与其行为失范的关系研究——基于北京农民工调查的实证分析》,《管理世界》2013 年第 11 期。

[43] 赵维姗、曹广忠:《农民工就业稳定性特征及职业类型的影响——基于全国 13 省 25 县 100 村调查数据的分析》,《人口与发展》2017 年第 4 期。

[44] 任义科、王林、杜海峰:《人力资本、社会资本对农民工就业质量的影响——基于性别视角的分析》,《经济经纬》2015 年第 2 期。

[45] 张原:《农民工就业能力能否促进就业质量?——基于代际和城乡比较的实证研究》,《当代经济科学》2020 年第 2 期。

[46] 纪韶:《中国农民工就业状态的调研》,《经济理论与经济管理》2011 年第 2 期。

[47] 赵德昭:《农民工返乡创业绩效的影响因素研究》,《经济学家》2016 年第 7 期。

[48] 罗竖元:《农民工市民化意愿的模式选择:基于返乡创业的分析视角》,《南京农业大学学报》(社会科学版)2017 年第 2 期。

[49] 庄晋财、芮正云、曾纪芬:《双重网络嵌入、创业资源获取对农民工创业能力的影响——基于赣、皖、苏 183 个农民工创业样本的实证分析》,《中国农村观察》2014 年第 3 期。

[50] 冯国基：《我国失业问题的现状及解决策略》，《现代经济信息》2019年第20期。

[51] 甘元薪：《我国当前失业问题浅析》，《商讯》2019年第21期。

[52] 常文涛：《我国劳动力市场结构性失业现状、原因及对策分析》，《当代经济》2016年第14期。

[53] 王敏：《产业结构调整下的结构性失业问题研究》，《赤峰学院学报》（自然版）2017年第4期。

[54] 中农办：春节前2000万农民工失业返乡》，2009年2月2日，网易财经. http://money.163.com/09/0202/10/5152AQQA00252G50.html。

[55] 任栋、李萍：《中国失业率影响因素的再认识：一个计量实证研究》，《四川大学学报》（哲学社会科学版）2013年第5期。

[56] 吴碧英、吴晓琪：《失业持续期影响因素的地区比较分析》，《统计与决策》2013年第10期。

[57] 方婷、谭焱云、付娆等：《北京某社区失业人员再就业状况调查与分析》，《劳动保障世界》2019年第24期。

[58] 童玉芬、戢广南：《论新疆少数民族人口的就业与脱贫》，《新疆大学学报》（哲学·人文社会科学版）2000年第4期。

[59] 谢小青、吕珊珊：《贫困地区农村剩余劳动力转移就业质量实证研究——以鄂西为例》，《中国软科学》2015年第12期。

[60] 汪三贵、殷浩栋、王瑜：《中国扶贫开发的实践、挑战与政策展望》，《华南师范大学学报》（社会科学版）2017年第4期。

[61] 李长安：《乡村振兴战略背景下就业扶贫的机制与措施》，《中国高校社会科学》2018年第6期。

[62] 李鹏：《精准扶贫视阈下就业扶贫：政策分析、问题诠释与治理路径》，《广西财经学院学报》2017年第6期。

[63] 杨友国：《就业扶贫一刻不能放松》，《人民论坛》2019年第11期。

[64] 张亮、李亚军：《就近就业、带动脱贫与农民工返乡创业的政策环境》，《改革》2017年第6期。

[65] 刘溢海、来晓东：《农民工返乡创业与精准扶贫共域性研究——

基于乡村振兴战略视域》，《技术经济与管理研究》2020年第1期。

［66］穆维博：《就业扶贫需要构建多元责任主体体系》，《人民论坛》2019年第24期。

［67］徐阔丽：《人力资源就业与社会保障精准扶贫思考》，《科学发展》2017年第7期。

［68］赵丽娜、田原：《供给侧结构性改革下提高就业扶贫精准度路径研究——河北省视角》，《现代商贸工业》2018年第6期。

后　记

本书受贵州省人力资源和社会保障厅、贵州省发展和改革委员会、贵州财经大学国家级专业技术人员继续教育基地等单位资助，历时1年时间终于成型并成功面世。在此过程中，笔者衷心感谢潘荣、徐海涛、彭显华等领导的关心与支持，正是因为他们的高屋建瓴提升了本书的写作格局；同时，非常感谢彭建中、倪伟、许碧、张传胜、曹志明等领导悉心指导与亲自参与，正是他们在框架论证、调研过程协调、成书审改方面所作出的努力，让本书在理论与实践方面实现了有机结合。

感谢田芳芳、龙文国、罗亚梅、蒋骊、周胤、国琳、李小沙、董永超等就业局的同人给予数据支持、调研协调、内容校对等方面的专业支持，特别是董永超先生全程给予的专业支持与帮助，对本书的出版做出了不可磨灭的贡献。

同时，也非常感谢王武林、谭俊英、雍新艳等老师的全程参与，为本书提供了专业指导。最后，衷心感谢先国鹏、赵飞、康峻辉、汪玉莲、毕婷、钟鑫、冯银美、朱晓晓、杜志婕、岳海燕、罗靖之、刘思琪、孙旸、纪庚、郑珏、蒋金芯、魏婕、钟静远、冯碧楠、吴俊佳、李玉琴、王大权、李明泰、樊纯、杨欢等贵州财经大学公管学院公共管理学科的研究生小伙伴，他们对该课题的数据收集与分析提供了专业、细致的支持，对本书的校改做出了卓越贡献。

准确地说，本书是团队合作的成果，是群体智慧贡献的结晶！与这样一群优秀的领导、同事与同学们共同完成这篇著作，是笔者的荣幸。再次表示感谢！

王见敏

2020年1月于贵阳